目次

4 本書の使い方

⑩ 大名庭園を訪れる

- 12 浜離宮恩賜庭園
- 14 小石川後楽園
- 16 六義園
- 18 清澄庭園
- 20 旧芝離宮恩賜庭園

㉑ 都心東部

- 22 谷中・根津・千駄木
- 28 浅草
- 32 本郷・湯島
- 36 上野
- 40 京橋・日本橋
- 44 銀座
- 50 築地・月島・佃島
- 54 皇居周辺
- 58 九段

- 202 索引
- 206 東京中心部地図
- 220 東京都内の交通

東京 散歩マップ

62 東京カレンダー＆東京花祭り

65 南東部
- 66 目黒
- 70 北品川
- 74 池上
- 78 芦花公園
- 82 豪徳寺
- 86 東京ショッピングSTREET① 合羽橋道具街　甘酒横丁

87 都心西部
- 88 新宿
- 94 神楽坂
- 100 四ツ谷
- 106 渋谷
- 110 青山・表参道
- 116 恵比寿・代官山
- 122 東京タワー・芝大門
- 126 赤坂
- 132 麻布・六本木
- 136 白金・高輪

142 ちょっと贅沢。絶品ランチ おすすめ

149 北西部
- 150 中野
- 154 石神井公園
- 160 雑司が谷・池袋
- 164 王子
- 168 東京ショッピングSTREET② 阿佐ヶ谷　西荻窪

169 北東部
- 170 柴又
- 174 森下・深川
- 180 錦糸町・亀戸
- 184 両国
- 188 向島
- 192 東京ショッピングSTREET③ 巣鴨　戸越銀座

193 多摩
- 194 深大寺
- 198 吉祥寺・三鷹

148 初めてのお台場を歩いてみる。

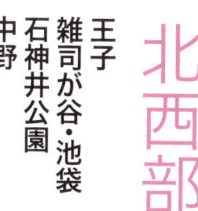

本書の使い方

● 本書中のデータは2008年11～12月現在の取材・調査に基づくものです。いずれも諸事情により変更されることがありますので、事前にご確認ください。
● 掲載写真は取材時のもので、とくに料理、商品などのなかにはすでに取り扱っていない場合もありますので、ご了承ください。
● 休業日は基本的に定休日のみを記載しており、とくに記載のない場合でも祝日や夏季、年末年始などに休業することがあります。
● おすすめメニュー、予算は、取材および各店へのアンケートをもとに記載しています。

● データの見方

☐ 観光スポット

❹ 浅草花やしき ──── 紹介スポット名
あさくさはなやしき

150年以上親しまれる下町の老舗遊園

江戸末期の嘉永6年(1853)開園。けっして広くはないが、下町らしい個性的なアトラクションが揃う。きしみながら走るローラーコースターはスリル満点。

📞 03-3842-8780 ──── 電話番号
東京都台東区浅草2-28-1 ──── 所在地
営 10:00～18:00（天候により変更あり） 休 無休 ──── 拝観時間、開館時間 　閉門、閉館日
料 900円、子供400円 ──── 入場料、入館料など
HP http://www.hanayashiki.net/ ──── 公式サイトのURL

☐ レストラン、食事処

どぜういいだや
どぜう飯田屋 　　　どじょう ──── 店名　カテゴリー

東京でも数少ないどじょう専門店。人気の柳川鍋は丸のまま煮込む丸鍋や骨抜き鍋がある。

📞 03-3843-0881 ──── 電話番号
東京都台東区西浅草3-3-2 ──── 所在地
営 11:30～21:00(LO) ──── 営業時間(LOはラストオーダーの時間)
休 水曜 ¥ L 2000円～ ──── 定休日　予算　ランチの予算
D 4000円～ 予約 可 ──── ディナーの予算　予約の要不要、可否
MAP P.30 A-2 ──── 地図掲載位置

複数の地図に重複して記載されている場合は、紹介エリアでの掲載ページを優先して記載しています。

☐ ショップ

たけこうげい みどりや
竹工芸 翠屋 　　　　　　　竹工芸 ──── 店名　カテゴリー

竹製品の専門店。十二支をかたどった箸置き500円～などがある。使い込むほどに味の出るバッグが揃う。

📞 03-3828-1746 ──── 電話番号
東京都荒川区西日暮里3-13-5 ──── 所在地
営 10:00～18:30 ──── 営業時間
休 水曜 ──── 定休日
MAP P.25 C-1 ──── 地図掲載位置

複数の地図に重複して記載されている場合は、紹介エリアでの掲載ページを優先して記載しています。

東京 散歩マップ

● 地図の見方

□ 本書で掲載している地図はすべて、上が北になっています。

□ 各散歩ルートに記した時間は50mで1分として計算しています。また、「歩く時間」は移動時間のみを示したものであり、途中立ち寄るスポットでの時間を含めた所要時間ではありません。

スタート地点
鉄道駅、バス停からのコースになっています。スタート地点までのアクセスは、各コース1ページ目に記載しています。

紹介スポット
番号の入っているものが、コース中で紹介しているスポットです。また、青字で記載しているものは、各該当ページに、紹介記事があります。

スタート地点からの距離
スタート地点から1kmごとに記載しています。

ゴール地点
ゴール地点からターミナルとなる地点へのアクセスは、各コース1ページ目に記載しています。

コースの高低差
スタート地点からゴール地点までの道の上り下りを示しています。赤い矢印は上り、青い矢印は下りを示しており、それぞれの地点は上の地図に対応しています。

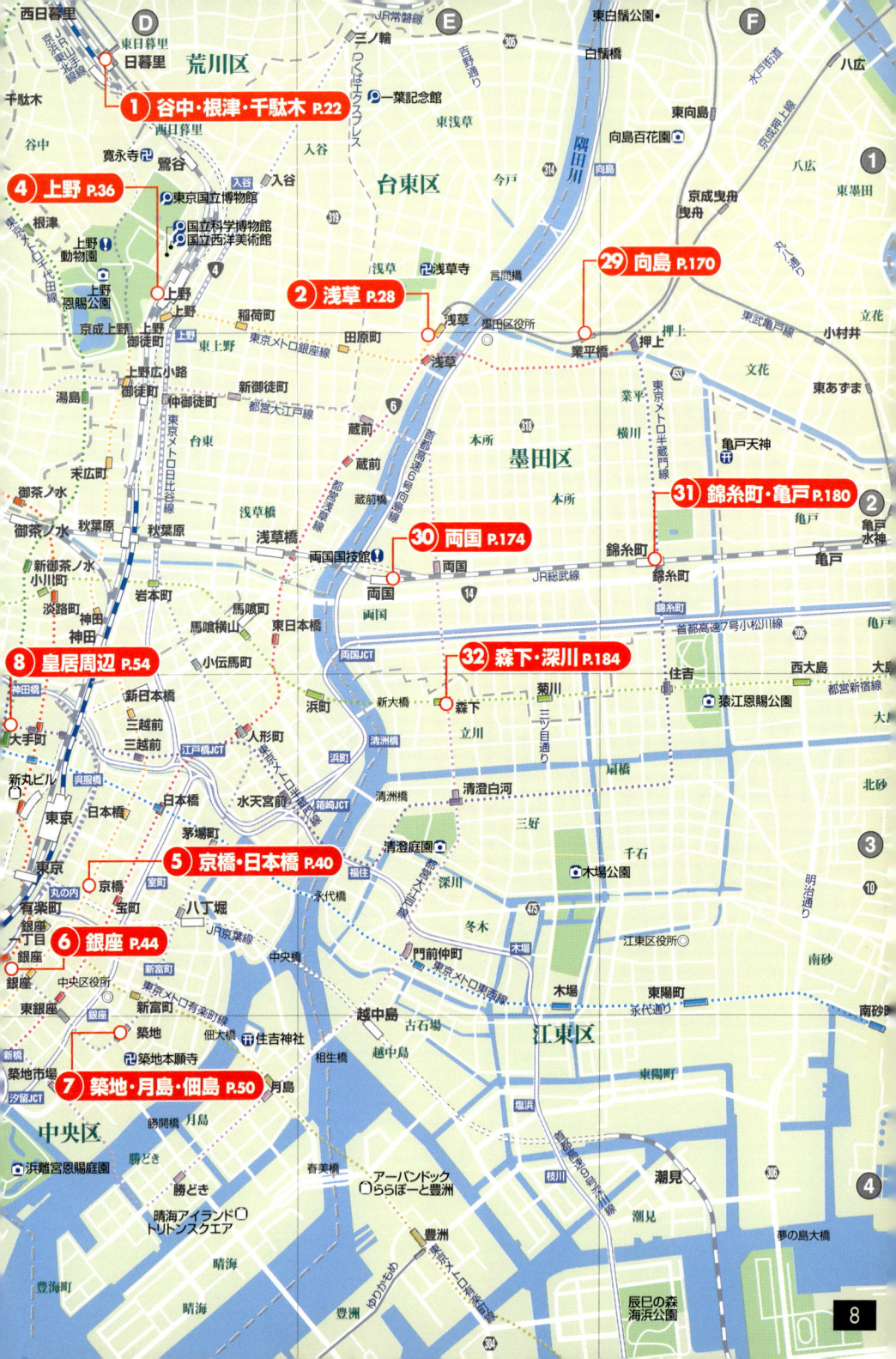

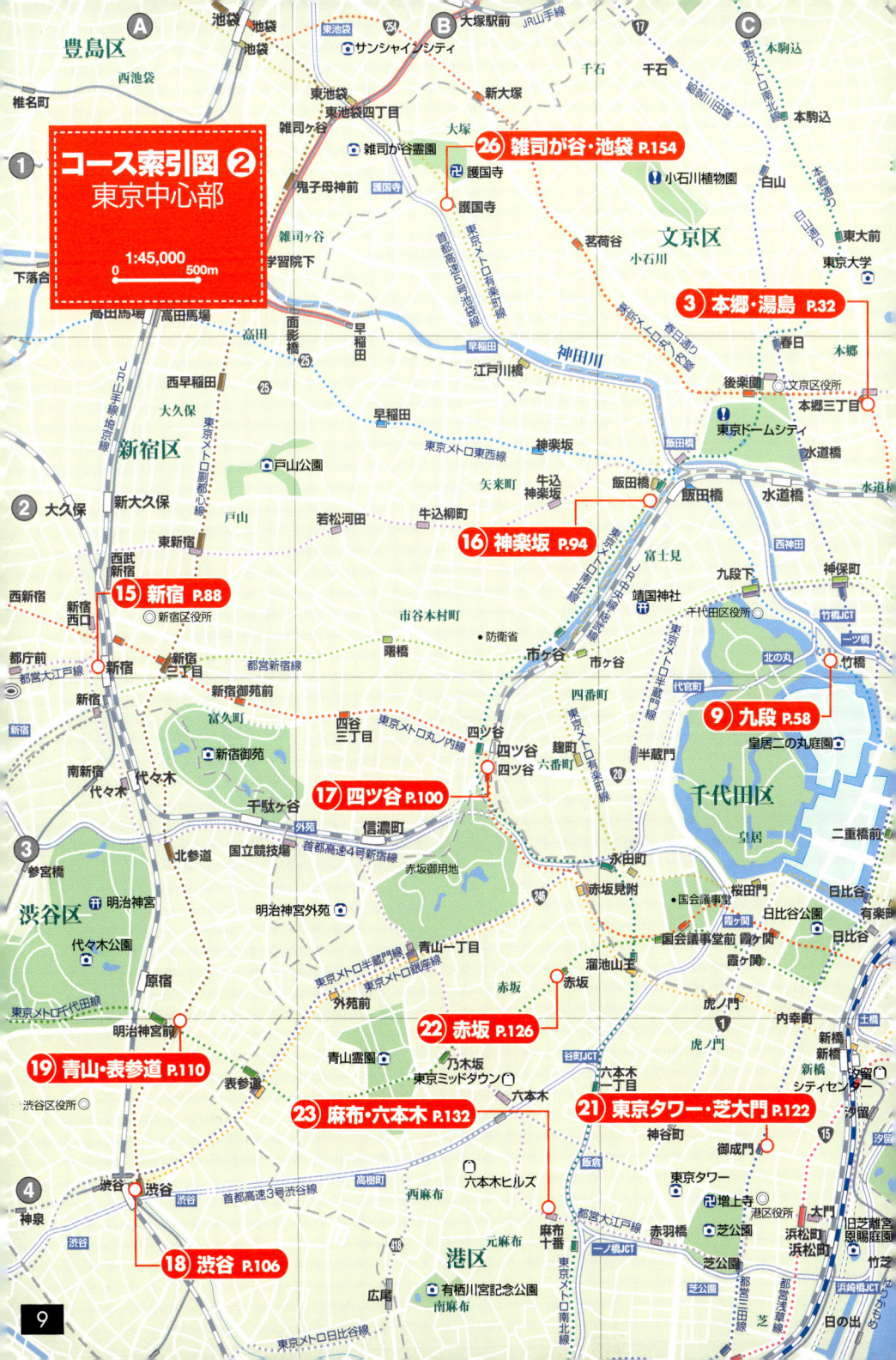

浜離宮恩賜庭園のお伝い橋と中島の御茶屋。潮入の池に架かるお伝い橋を渡って中島の御茶屋へ。水面に映る高層ビルとのコントラストが都会的な風景美を醸し出している

大名庭園を訪れる

徳川政権下の江戸時代、各藩の大名たちが造園技術を競い合い、築造した庭園の数々。日本の造園技術の礎を築いた当時の庭園は、脈々と受け継がれ現在においても色あせることはない。日本の歴史とともに生きてきた名勝の圧倒的な存在感に酔う

庚申堂鴨場の大覗
元溜りと呼ばれる池で、アヒルを囮に鴨を必要数おびき寄せ、引堀から叉手網で捕獲するのが、鴨場での鴨猟のやり方だった。大覗はいくつもの覗き穴から池や鴨の様子を探るのに使われた

将軍家から皇室、国民へと遷った海辺の庭

小覗
鴨場に入ってくる野生の鴨の様子を確認するために使用されていたもの。鷹匠やお客に手信号で知らせていた

浜離宮恩賜庭園
はまりきゅうおんしていえん

江戸時代　1654年完成
MAP P.217 B-3

寛永年間(1624〜1644)まで徳川将軍家の鷹狩り場だった地をのちの甲府宰相が埋め立て、下屋敷を形成。その子綱豊(家宣)が将軍家の養子になるにともない、将軍家の別荘となった。その後、将軍家の別邸・浜御殿が建てられた。歴代の将軍が庭園に手を加え、現在の姿となったのは11代将軍・家斉の時代。明治維新後に皇室の離宮となり、浜離宮と名付けられた。都内で唯一、海水を引き入れた、潮入の池が広がる。

☎03-3541-0200
(浜離宮恩賜庭園サービスセンター)
▶大手門口 都営大江戸線・築地市場駅から徒歩7分 中の御門口 都営大江戸線・汐留駅から徒歩5分
所 東京都中央区浜離宮庭園1-1
開 9:00〜17:00(入園は〜16:30)　休 無休
料 300円、65歳以上150円、小学生以下および都内在住・在学の中学生は無料
HP http://teien.tokyo-park.or.jp/contents/index028.html

東京湾を見据える海岸沿い。水門を隔てて、将軍お上がり場、水上バス発着所がある

梅林とお花畑
早春には紅白の梅や菜の花の黄色が庭園を美しく染める。桜やアジサイ、花菖蒲、コスモスなど季節の花が楽しめる

富士見山からの眺め。眼下には潮入の池が広がり、中島の御茶屋、お伝い橋を眺めることができる

TOKYO SAMPO MAP

大名庭園を訪れる

横堀水門
潮入の池と東京湾をつなぐ水門。海水を引き入れている庭園の池にとって重要な役割を果たしている

三百年の松
約300年前、6代将軍家宣が庭園を改修した際に植えられた。都内最大級の堂々たる黒松

大泉水と徳大寺石
庭園の中心にある大泉水は、琵琶湖をイメージしたもの。中央に浮かぶ蓬莱島には徳大寺石が配されている。かつて、この池で舟遊びをしたという

中国と日本の風趣が溶け合う光圀公の庭

白糸の滝
大泉水の奥に野趣溢れる風景を醸し出す。6代・治保の時代に造られたといわれる

内庭
水戸藩上屋敷の書院にあった純和風庭園。かつては唐門によって、大泉水のある庭と隔てられていた

小石川後楽園
こいしかわこうらくえん

江戸時代　1629年

MAP P.213 A-2

水戸徳川家の上屋敷跡にある庭園。初代藩主の頼房が造園を開始し、2代光圀の代にようやく完成した。中央に池を配した回遊式泉水庭園。北側には稲田のある、のどかな田園風景が広がる。光圀が儒学思想をもとにして造園したため、随所に中国風の趣を見ることができる。琵琶湖や京都嵐山の大堰川など、日本の名所を模した景観も存在感を放つ。

☎ **03-3811-3015**
（小石川後楽園サービスセンター）
▶ JR総武線、東京メトロ有楽町線・東西線・都営大江戸線 飯田橋駅から徒歩2分
所 東京都文京区後楽1
開 9:00～17:00(入園は～16:30)　休 無休
料 300円、65歳以上150円、小学生以下および都内在住・在学の中学生は無料
HP http://teien.tokyo-park.or.jp/contents/index030.html

円月橋
明の儒学者・朱舜水が設計したとされる石橋。水面に映る姿が満月のように丸く見えたことから名付けられた

大堰川にかかる西湖の堤。湖面を直線的に分ける役割がある

TOKYO SAMPO MAP

大名庭園を訪れる

小廬山
中国の景勝地・廬山に似ていることから、儒学者・林羅山が命名した築山。一面がブンコザサに覆われている

得仁堂
光圀は『史記』の「伯夷列伝」を読んで感銘を受け、儒教の聖人である伯夷と叔斉の木像をここに安置した

大堰川
京都嵐山の大堰川を表現した風景。渡月橋に見立てた小さな橋も見られる。昔は神田上水の水を水車で汲み上げていた

出汐の湊
池畔の眺めが素晴らしい「出汐の湊」。写真正面に架かるのが田鶴橋。左手には中の島や蓬莱島、対岸の吹上浜を一望できる

しだれ桜
入口を進み内庭大門をくぐると、正面に立派なしだれ桜が姿を見せる。3月末頃になると、大木が薄紅色の花々に包まれる

枕流洞と水分石
水の流れを分ける水分石。その左の洞は枕のような石があることから枕流洞という

つつじ茶屋
明治時代に岩崎弥太郎氏が、ツツジの古木を用いて建てた東屋。秋にはモミジの紅葉が取り囲む

TOKYO SAMPO MAP — 大名庭園を訪れる

繊細かつ雅な世界が広がる和歌の庭

六義園
りくぎえん

江戸時代　1702年完成
MAP P.209 A-2

渡月橋
「和歌のうら 芦辺の田鶴の鳴声に 夜わたる月の 影そさひしき」の歌から名付けられた石橋

側用人の柳沢吉保が5代将軍綱吉から拝領した下屋敷の庭園。吉保みずから設計を手がけ、7年の歳月をかけて完成させた、池や築山を設けた回遊式築山泉水庭園。和歌に造詣の深い吉保は、『古今和歌集』や『万葉集』に詠まれた、「和歌の浦」などの名勝を随所にちりばめた。小石川後楽園とともに「江戸の二大庭園」と呼ばれる。明治維新後は三菱創始者の岩崎弥太郎氏の別邸となり、のちに一般公開された。

☎ 03-3941-2222
JR山手線、東京メトロ南北線 駒込駅から徒歩7分
所 東京都文京区本駒込6
開 9:00～17:00（入園は～16:30）　休 無休
料 300円、65歳以上150円、小学生以下および都内在住・在学の中学生は無料
HP http://teien.tokyo-park.or.jp/contents/outline031.html

泉水
4つの島を配した大池。かつて、隅田川から水を引いていたころには、潮の干満で微妙に風景を変えたという

富士山
庭園で最も大きな築山。築山の頂上には、富士山の溶岩が用いられている

伊豆磯石
個性的な形をした磯石。園内には全国の奇岩・銘石が集まる

摂津御影石
摂津御影石でできたなつめ型の水鉢。旧摂津国の神戸は古くからの御影石の産地

紀州青石
和歌山産の青石。色や肌合いが美しく、古くより庭園に用いられた

佐渡赤玉石
新潟佐渡島の佐渡市（旧両津市）でしか産出されない貴重な赤い石

TOKYO SAMPO MAP　大名庭園を訪れる

多彩な庭石が野趣を添える明治の代表的庭園

清澄庭園
きよすみていえん

江戸時代　1716〜1736年

MAP P.216 F-1

　江戸の豪商・紀伊國屋文左衛門の別邸跡と伝えられ、のちに下総国の大名・久世大和守の下屋敷となり庭園の基礎が築かれた。幕末には荒廃してしまうが、明治期に所有者となった実業家・岩崎弥太郎氏が造園。氏の没後、現在の回遊式林泉庭園が完成した。緑に囲まれた池を中心に各地の銘石が園内各所に置かれ、池畔には数寄屋造りの涼亭がたたずむ。

📞 **03-3641-5892**
（清澄庭園サービスセンター）
▶ 東京メトロ半蔵門線、都営大江戸線 清澄白河駅から徒歩3分
所 東京都江東区清澄2・3
開 9:00〜17:00（入園は〜16:30）
休 無休
料 150円、65歳以上70円、小学生以下および都内在住・在学の中学生は無料
HP http://teien.tokyo-park.or.jp/contents/index033.html

磯渡り
泉水の淵に飛び石が並び風流な景色を見せる。石を渡りながらさまざまな角度で、間近に池の風景を眺めることができる

西湖の堤

泉水に築かれた石造りの堤は、中国・杭州にある西湖の堤を模したもの。中島へと続く堤が、他の庭園にない風景を見せる。

湖と海の風景を巧みに配した江戸初期の名園

洲浜と雪見灯籠
玉石が敷きつめられた州浜。ここから雪見灯籠越しに見る泉水の風景は、庭園の名勝のひとつ

石柱
もともとは相模の戦国武将・松田憲秀旧邸の門柱で、茶室の柱にするために運ばれてきた

旧芝離宮恩賜庭園
きゅうしばりきゅうおんしていえん

江戸時代　1678年

MAP P.217 B-4

旧小田原藩大久保氏の上屋敷に造られた庭園「楽寿園」が原型。明治に入って皇室の芝離宮となり、現在は都の庭園として一般公開されている。典型的な回遊式泉水庭園。中央の泉水はかつて、海水を引き入れた潮入の池だった。石造りの西湖の堤と木橋が、泉水を二分するように延びる。池畔には砂浜や築山が配され、眺める場所により異なる印象を与える。

📞 **03-3434-4029**
（旧芝離宮恩賜庭園サービスセンター）
▶ JR浜松町駅から徒歩1分、都営浅草線・大江戸線 大門駅から徒歩3分
所 東京都港区海岸1
開 9:00〜17:00（入園は〜16:30）　休 無休
料 150円、65歳以上70円、小学生以下および都内在住・在学の中学生は無料
HP http://teien.tokyo-park.or.jp/contents/index029.html

大山から望む庭園の全景。池面に映り込むビル群としっとりとした緑のコントラストが美しい

都心東部

昔ながらの下町風情や江戸文化、近代歴史建築物が残る、東京の中心エリア

TOKYO EAST

昭和な風情が残っている
月島界隈の裏路地風景

歩く時間 約1時間30分

歩く距離 約4.3km

コース①

スタート 日暮里駅
JR山手線・京浜東北線・常磐線・京成本線

① 全生庵
② 大名時計博物館
③ 根津神社
④ 台東区立下町風俗資料館付設展示場
⑤ 谷中霊園
⑥ 天王寺

ゴール 日暮里駅
JR山手線・京浜東北線・常磐線・京成本線

谷中・根津・千駄木
やなか・ねづ・せんだぎ

夕焼けに映える昔ながらの風景
ほのぼのと歴史を感じる
緑豊かな散歩道

日暮里駅からほど近い
緑に囲まれた本行寺

気ままに階段を闊歩する猫たち。
谷中周辺にはなぜか猫が多い

東京の散策エリアのなかでも人気の高い谷中、根津、千駄木界隈。通称、谷根千と呼ばれ親しまれている。下町情緒が色濃く残るこのあたりには、食の名店、伝統の技を今に伝える店が建ち並ぶ。

JR日暮里駅西口から御殿坂を歩き始めて、夕焼けだんだんを下れば、人情味溢れる谷中銀座商店街。また、谷中界隈には伝統技術を今に伝える工芸品の店などが数多く軒を連ねる。言問通りから、谷中霊園を通ってふたたびJR日暮里駅に戻る。

22

谷中銀座商店街へ向かう途中の御殿坂

❶ 全生庵
ぜんしょうあん

山岡鉄舟、三遊亭圓朝ゆかりの寺

山岡鉄舟が、幕末・明治維新の際、国事に殉じた人々の菩提を弔うために明治16年(1883)に建立した。寺内には山岡鉄舟とゆかりがあった落語家の三遊亭圓朝の墓所がある。

☎ 03-3821-4715
東京都台東区谷中5-4-7
開 参拝自由
HP http://www.theway.jp/zen/

写経教室や仏教講座も定期的に開催している

☆ここにも注目
全生庵は、圓朝遺愛の幽霊画50幅を所蔵。毎年、三遊亭圓朝の命日8月11日を中心に、毎年8月の1カ月間、谷中圓朝まつりが開かれ、怪談噺創作の元になった幽霊画を公開し、落語を奉納している。

❷ 大名時計博物館
だいみょうどけいはくぶつかん

江戸時代の和時計が面白い

人情味ある谷中銀座商店街は、下町の代表的風景を醸し出す商店街

江戸時代の大名お抱えの時計師たちが作った櫓時計、台時計、枕時計、尺時計、香盤時計など、さまざまな和時計、枕時計、尺時計が展示されている。

☎ 03-3821-6913
東京都台東区谷中2-1-27
開 10:00～16:00 休 月曜(祝日の場合は翌日) 料 300円、大学生・高校生200円、小・中学生100円

陶芸家の故上口愚朗氏が、生涯を通じて収集した大名時計を展示

 おさんぽごはん、おさんぽショッピング。

やなかせんべい
谷中せんべい　　　煎餅

大正2年(1913)の創業からの変わらぬ味を守り続ける。一番人気は堅丸(かたまる)1枚65円。
☎ 03-3821-6421
東京都台東区谷中7-18-18
営 9:30～18:20 休 火曜
MAP P.25 C-1

かわむら
川むら　　　そば

栃木産のそば粉を使った手打ちそばは、ほどよいコシと喉ごしの良さが自慢。
☎ 03-3821-0737
東京都荒川区西日暮里3-2-1
営 11:30～20:30(LO)
休 木曜 L 500円～
D 4000円前後 予約 不可
MAP P.25 C-1

谷中・根津・千駄木

TOKYO SAMPO MAP

夕焼けだんだん
日暮里駅西口から西へ進むと谷中銀座商店街に着く。手前にある石段は、夕焼けだんだんと呼ばれている。

初音の森
平成19年(2007)に整備された防災広場。緑の芝生が突然広がっている。

谷中の小さなギャラリーを巡って。

銭湯だった建物など
谷中には建物自体も面白いギャラリーが多い

古建築を生かしたアートスペース
すぺーす小倉屋
すぺーすおぐらや

MAP P.25 C-2

江戸期の質屋店舗、大正期の土蔵を改装。古い建造物の中でさまざまなジャンルのアートが楽しめると評判。

☎ 03-3828-0562
東京都台東区谷中7-6-8
開 10:00〜17:00 休 月・火曜(不定休あり)
料 無料

元銭湯の現代美術ギャラリー
SCAI THE BATHHOUSE
スカイ ザ バスハウス

MAP P.24 D-3

200年の歴史を持つ由緒ある銭湯だった建物を活用したギャラリー。高い天井から自然光が入り込むユニークな造り。

☎ 03-3821-1144
東京都台東区谷中6-1-23 柏湯跡
開 12:00〜19:00 休 土・日曜、祝日
料 無料

台東区立下町風俗資料館付設展示場は、言問通りに面して、ぽつりと建っていて、界隈ではかなり目をひく存在だ

楼門・唐門を含め、社殿はすべて国の指定文化財

❸ 根津神社
ねづじんじゃ

古来より領主から
篤い信仰を受けた名社

この地は、もとは6代将軍家宣が生まれた甲府中納言の屋敷だった。今の社殿は宝永3年(1706)に建立されたもので、壮麗な権現造りの建築。祭神は須佐之男命。

☎ 03-3822-0753
東京都文京区根津1-28-9
開 夏季5:00〜16:00
冬季6:00〜17:00
HP http://www.nedujinja.or.jp/

❹ 台東区立下町風俗
資料館付設展示場
たいとうくりつしたまちふうぞくしりょうかんふせつてんじじょう

旧商家の吉田屋酒店を
移築・復元

明治43年(1910)に建てられ、昭和61年(1986)まで生活が営まれていた商家を移築、復元し公開。台東区有形民俗文化財。

☎ 03-3823-4408
東京都台東区上野桜木2-10-6
開 9:30〜16:30 休 月曜(祝日の場合は翌日) 料 無料
HP http://www.taitocity.net/taito/shitamachi/husetsu.html

ねづのたいやき
根津のたいやき
たい焼

半世紀愛される、下町の名物たい焼専門店。しっかり甘いのに、いくつでも食べられる上品なおいしさ。

☎ 03-3823-6277
東京都文京区根津1-23-9-104
営 10:30〜売り切れ次第閉店
休 不定休 ¥ 140円〜
MAP P.25 B-4

谷中界隈は民家と寺院が点在する

❺ 谷中霊園
（やなかれいえん）

約7000基の墓碑が立つ

もとは主として天王寺の境内だったが、明治7年(1874)に都の一般墓地となった。徳川15代将軍慶喜の墓をはじめ、渋沢栄一、横山大観など、著名人の墓も多い。

📞 03-3821-4456
東京都台東区谷中7-5-24
開 終日開放

春には桜の名所としても知られる谷中霊園

台東区立下町風俗資料館付設展示場から坂を上り、三叉路を右へ。すぐに谷中霊園が見えてくる

**谷中霊園には
こんな人たちが眠っています**

● 文芸・創作
上田敏（1874～1916）
獅子文六（1893～1969）
福地桜痴（1841～1906）
佐々木信綱（1872～1963）

● 芸能
花柳寿輔（1821～1903）
川上音二郎（1864～1911）
澤田正二郎（1892～1929）
長谷川一夫（1908～1984）

横山大観の墓

● 芸術
横山大観（1868～1958）
鏑木清方（1878～1972）
宮城道雄（1894～1956）

● 政治・経済
伊達宗城（1818～1892）
徳川慶喜（1837～1913）
渋沢栄一（1840～1931）
鳩山一郎（1883～1959）

徳川慶喜の墓

❻ 天王寺
（てんのうじ）

**江戸講談や落語に登場
富くじで有名だった寺**

五重塔が建っていた場所で、鎌倉時代後期に創建された名刹。かつては感応寺と称した。江戸幕府公認の富くじが興行され、目黒不動尊、湯島天神とともに「江戸の三富」として賑わった。

📞 03-3821-4474
東京都台東区谷中7-14-8
開 参拝自由

境内では大仏を見ることもできる

TOKYO SAMPO MAP　谷中・根津・千駄木

🌸 おさんぽごはん、おさんぽショッピング。

きくじゅどう いせたつ やなかほんてん
菊寿堂 いせ辰 谷中本店　　江戸千代紙

日本古来の図柄や配色を使った江戸千代紙の専門店。著名な絵師の作品や伝統柄には版権があるが、東京の千代紙店で唯一版権を持つのがここ。

📞 03-3823-1453
東京都台東区谷中2-18-9
営 10:00～18:00　休 無休
MAP P.25 B-2

たけこうげい みどりや
竹工芸 翠屋　　竹工芸

竹製品の専門店。十二支をかたどった箸置き500円～などがある。使い込むほどに味の出るバッグが揃う。

📞 03-3828-1746
東京都荒川区西日暮里3-13-5
営 10:00～18:30　休 水曜
MAP P.25 C-1

歩く時間 約1時間
 歩く距離 約2.8km

コース②

スタート 浅草駅
東武伊勢崎線、東京メトロ銀座線、都営浅草線
↓
❶ 雷門
↓
❷ 浅草寺
↓
❸ 浅草演芸ホール
↓
❹ 浅草花やしき
↓
❺ 浅草神社
↓
❻ 吾妻橋
↓
ゴール 浅草駅
東武伊勢崎線、東京メトロ銀座線、都営浅草線

街並に合うレトロな雰囲気が目をひく、銀座線・浅草駅前

浅草
あさくさ

都内最古の寺、江戸の伝統芸能と文化
今も下町人情に溢れている
日本を代表する粋な観光スポット

みやげ物店かずらりとひしめく仲見世通り

江戸っ子の粋と下町風情を色濃く残す浅草は、世界各地から人々が訪れる国際観光地。銀座線浅草駅から浅草のシンボル・雷門の巨大赤提灯をくぐり、観光客でごった返す仲見世通りを歩く。味わいある和雑貨店や老舗和菓子屋が軒を連ねる通りを進めば、古建築の並ぶ浅草寺にたどり着く。

浅草演芸ホールの建つ六区ブロードウェイは、大物芸能人を輩出した古くからの大衆演芸の聖地。レトロな遊園地・浅草花やしきで遊び、隅田川沿いを歩いて浅草駅へ戻る。

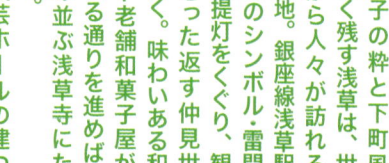

仲見世通り"粋な"名店。
日本で最も古い商店街の老舗で和の小物とめぐり合う

和装に合う小物が並ぶ
松ヶ枝屋
まつがえや

MAP P.30 B-3

浅草に仲見世ができたときから店舗を構え、店頭には見事な色合いの和装小物が花を咲かせる。

☎ 03-3841-0161
東京都台東区浅草1-31-1
営 9:00〜19:00　休 木曜不定休

扇子商い約110年の名店
荒井文扇堂
あらいぶんせんどう

MAP P.30 B-3

名だたる役者や噺家が訪れる。粋な江戸扇子を揃え、2000円〜あるので、おみやげに最適。

☎ 03-3844-9711
東京都台東区浅草1-30-1
営 10:30〜18:00
休 毎月20日過ぎの月曜

❶ 雷門
かみなりもん

観光はじめはここから
浅草の象徴・赤い大提灯

浅草寺の総門で、創建は天慶5年（942）。浅草の象徴として存在感を放つ。現在の門は松下電器産業（現パナソニック）創始者である松下幸之助氏によって寄進されたもの。

☎ 03-3842-0181
東京都台東区浅草1-3-1
開 見学自由

重厚な門構え、真っ赤な大提灯は、何度見ても印象深い

❷ 浅草寺
せんそうじ

浅草観音と親しまれる
都内最古の寺院

創建は推古天皇36年（628）と、寺院としては都内最古。本尊は聖観世音菩薩で秘仏となっている。本堂のほかに五重塔や薬師堂など、歴史ある建造物が多く、一年中賑わいを見せるが、正月の初詣や羽子板市はとくに多くの人が訪れる。

☎ 03-3842-0181
東京都台東区浅草2-3-1
開 参拝自由
HP http://www.senso-ji.jp/

本堂の観音堂周辺は参拝客で賑わいを見せる。境内は数度の火災により炎上したがその度に復興された

おさんぽごはん、おさんぽショッピング。

まんがんどう
満願堂　和菓子

きんつばと焼きいもソフト、サツマイモを使った2つのお菓子が好評。イモの風味と甘さがダイレクトに味わえる逸品。

☎ 03-5828-0548
東京都台東区浅草1-21-5
営 10:00(土・日曜、祝日9:30)〜20:00　休 無休
MAP P.30 B-3

あさくさ うめその
浅草 梅園　甘味処

創業は安政元年（1854）。観光の際に訪れる人が引きもきらない人気店。人気の粟ぜんざいは熱いうちにと、店内のみの販売。

☎ 03-3841-7580
東京都台東区浅草1-31-12
営 10:00〜20:00(LO)
休 毎月2回木曜　￥ 157円〜
MAP P.30 B-3

浅草花やしきのシンボルタワー「Beeタワー」は、浅草の街を一望できる

落語芸術協会と落語協会によって、10日ごと交互に高座が開かれている

❹ 浅草花やしき
あさくさはなやしき

150年以上親しまれる下町の老舗遊園

　江戸末期の嘉永6年(1853)に開園。けっして広くはないが、下町らしい個性的なアトラクションが揃う。きしみながら走るローラーコースターはスリル満点で、眼下に民家が迫ってくる勢い。

📞 03-3842-8780
東京都台東区浅草2-28-1
営 10:00〜18:00(天候により変更あり)
休 無休(メンテナンス休園あり)
料 900円、子供400円
HP http://www.hanayashiki.net/

❸ 浅草演芸ホール
あさくさえんげいホール

萩本欽一ら有名人を生み出した笑いの殿堂

　六区ブロードウェイにあり、過去から現在まで愛され続けている、老舗の演芸場。昭和39年(1964)、東洋劇場が浅草演芸ホールとしてリニューアルされた。

📞 03-3841-6845
東京都台東区浅草1-43-12
営 11:40〜21:00 休 無休
料 2500円(通常公演)
HP http://www.asakusaengei.com/

TOKYO SANPO MAP
浅草

❻ 吾妻橋
あづまばし

背景には有名なオブジェ 隅田川にかかる深紅の橋

　創架は安永3年(1774)。「竹町の渡し」という渡し船があった場所に架けられた。西岸の浅草駅、東岸にはアサヒビール本社を含む墨田リバーサイド地区をつなぐ。
東京都墨田区吾妻橋1〜3

人力車に乗って、江戸情緒溢れる街並を堪能することもできる

❺ 浅草神社
あさくさじんじゃ

江戸時代に建てられた国重要文化財の社殿

　江戸時代初期の神社建築様式を知るうえでも貴重とされる神社。5月に行なわれる江戸三大祭りのひとつ、三社祭でも有名。

📞 03-3844-1575
東京都台東区浅草2-3-1
営 参拝自由
HP http://www.asakusajinja.jp/

明治の神仏分離令により、浅草寺と分けられた経緯を持つ

知る人ぞ知る天然温泉の湯「浅草観音温泉」

　外壁にはツタがからまり、鄙びた雰囲気を醸し出す「浅草観音温泉」は台東区でも有名な温泉入浴施設として知られる。浅草寺の本堂脇にあるので覗いてみるのもいい。

観光汽船の隅田川くだりの拠点・浅草ステーションが西側に設けられている

🌸 おさんぽごはん、おさんぽショッピング。

なみきやぶ
並木藪　　　　　そば

大正2年(1913)創業の老舗そば屋。細めのそばに風味豊かなカツオだしがマッチする。

📞 03-3841-1340
東京都台東区雷門2-11-9
営 11:00〜19:30(LO)
休 木曜 ¥ L・D 700円〜
予約 可
MAP P.30 B-4

どぜういいだや
どぜう飯田屋　　　　　どじょう

東京でも数少ないどじょう専門店。人気の柳川鍋は丸のまま煮込む丸鍋や骨抜き鍋がある。

📞 03-3843-0881
東京都台東区西浅草3-3-2
営 11:30〜21:00(LO)
休 水曜 ¥ 2000円〜
D 4000円〜 予約 可
MAP P.30 A-2

歩く時間 約1時間45分

歩く距離 約5.6km

コース③

スタート 本郷三丁目駅
東京メトロ丸ノ内線、都営大江戸線
↓
① 樋口一葉旧居跡
↓
② 弥生美術館・竹久夢二美術館
↓
③ 旧岩崎邸庭園
↓
④ 湯島天神
↓
⑤ 神田明神
↓
⑥ 湯島聖堂
↓
ゴール 御茶ノ水駅
東京メトロ丸ノ内線

本郷・湯島
ほんごう・ゆしま

明治の文豪たちが暮らし
近代教育が産声を上げた
江戸時代からの文教地区を歩く

一葉が暮らした菊坂 本郷は著名な作家が暮らし、活躍した街

昌平坂学問所（現湯島聖堂）周辺の坂は一様に昌平坂と呼ばれた

湯島・本郷は夏目漱石、石川啄木、樋口一葉ら多くの文豪が暮らした文学の街であり、近代教育発祥の地でもある。

菊坂には樋口一葉の旧居跡が残る。周囲の街並に、一葉が暮らした明治の面影がしのばれる。弥生美術館・竹久夢二美術館は、かつて夢二が寄宿した菊富士ホテルがあった場所。東京大学正門前から不忍池を通って、学問の神様・湯島天神へ。5代将軍・徳川綱吉が建造した湯島聖堂には、のちの幕府直轄の学問所・昌平坂学問所が併設され、東京大学の前身となった。

❷ 弥生美術館・竹久夢二美術館
やよいびじゅつかん・たけひさゆめじびじゅつかん

時代情緒溢れる大正ロマンの世界観

大正時代の挿絵画家・高畠華宵を中心に、明治から昭和にかけての挿絵・雑誌を展示する弥生美術館。竹久夢二美術館とは館内でつながり、2館ともまわることができる。

弥生美術館
☎ 03-3812-0012
竹久夢二美術館
☎ 03-5689-0462
東京都文京区弥生2-4-2
休 月曜（祝日の場合は翌日）
料 2館共通で800円、高校・大学生700円、小・中学生400円
HP http://www.yayoi-yumeji-museum.jp/

竹久夢二美術館では、日本画や版画を多数展示。3カ月ごとにテーマを変え、企画展を開催

❶ 樋口一葉旧居跡
ひぐちいちようきゅうきょあと

長屋の風情が漂う一葉の慎ましい生活風景

父を亡くした樋口一葉は明治23年（1890）から3年間、母と妹と暮らしていた。一葉が針仕事や洗濯仕事をしながら小説を書く決意をした場所でもある。

☎ 03-3812-7111
東京都文京区本郷4-32
開 見学自由

菊坂の一葉旧居に残る共同井戸の一角は明治・大正の面影を残す街並がある

画聖・横山大観の旧邸跡

横山大観記念館
よこやまたいかんきねんかん

MAP P.34 C-2

数々の作品が生み出された横山大観の数寄屋造りの旧邸を生かした記念館。大観が使用した画材などのゆかりの品を公開している。

☎ 03-3821-1017
東京都台東区池之端1-4-24
開 10:00～16:00（入館は～15:45）
休 月～水曜（臨時休館あり）
料 500円

❸ 旧岩崎邸庭園
きゅういわさきていえん

明治建築を代表する壮大な英国風洋館

江戸が開府される以前の天正18年（1590）に拝領された江戸で最も古い武家屋敷のひとつ。維新後は三菱財閥の本邸となり、現存する洋館は、当時の建築界の礎を築いたJ・コンドル氏が設計。

☎ 03-3823-8340
東京都台東区池之端1-3-45
開 9:00～17:00（入園は～16:30）
休 無休
料 400円、65歳以上 200円、小学生以下および都内在住・在学の中学生は無料

木造2階建て、地下室付の洋館は本格的なヨーロッパ式邸宅で、随所に繊細なデザインが施されている

 おさんぽごはん、おさんぽショッピング。

あまのや
天野屋
甘味処

江戸末期から神田明神前に店を構える甘味処。自家製甘酒は砂糖を加えず、自然な甘み。

☎ 03-3251-7911
東京都千代田区外神田2-18-15
営 9:00～17:30（日曜、祝日は～17:00）
休 日曜（12月第2日曜～4月第2日曜は無休）
¥ 500円～ MAP P.34 C-4

きんぎょさか
金魚坂
喫茶・食事処

江戸時代から続く金魚の卸問屋が営むお店。店内は、金魚をモチーフにした雑貨が飾られた癒しのある雰囲気。

☎ 03-3815-7088
東京都文京区本郷5-3-15
営 11:30～22:30（日曜、祝日は12:00～20:00）
休 月曜
¥ 650円～ MAP P.34 A-2

④ 湯島天神
（ゆしまてんじん）

合格祈願の絵馬が並ぶ受験生に大人気の神社

関東三大天神のひとつで、学問の神様・菅原道真公を祀り、多くの受験生が訪れることで有名。境内には300本の梅の木が並び、2～3月には梅まつりで賑わう。

📞03-3836-0753
東京都文京区湯島3-30-1
開 参拝自由　HP http://www.yushimatenjin.or.jp/pc/index.htm

江戸中期には富くじが売り出され、賑わいを見せていた

サッカー専門のミュージアム

日本サッカーミュージアム
（にほんサッカーミュージアム）

MAP P.34 B-3

日本サッカーの歴史をたどる資料やトロフィーを展示。サッカーをあまり知らない人でも楽しめる造りの館内。

📞03-3830-2002
東京都文京区本郷3-10-15 JFAハウス内
開 13:00～18:00(土・日曜、祝日は10:00～19:00) 入館は各閉館30分前まで　休 月曜(祝日の場合は翌日)　料 500円、小・中学生300円

⑤ 神田明神
（かんだみょうじん）

神田祭の舞台としても知られる歴史深き古社

天平2年(730)に平将門の首塚のある場所(大手町)に創建。徳川家康が関ヶ原の戦いの前に戦勝祈祷を行なった。幕府開府後の元和2年(1616)に現在の場所に移転。幕府から庶民にいたるまで、「江戸総鎮守」として崇敬された。

📞03-3254-0753
東京都千代田区外神田2-16-2
開 参拝自由(資料館は土・日曜、祝日10:00～16:00、300円)
HP http://www.kandamyoujin.or.jp/top.html

正式名称は「神田神社」。東京の守護神として、「准勅祭社」に定められた

⑥ 湯島聖堂
（ゆしませいどう）

古くから世に名高い近代教育発祥の地

元禄3年(1690)に5代将軍綱吉が孔子廟を創建。100年あまりのち、昌平坂学問所が開設。幕府の正式な学校となってからは優秀な子弟が集まる最高学府となった。

📞03-3251-4606
東京都文京区湯島1-4-25
開 9:30～17:00(冬季は～16:00)
休 8/13～17、12/29～31
HP http://www.seido.or.jp/

文学作品にも登場する聖橋。名は湯島聖堂とニコライ堂の2つの聖堂を結ぶことにちなむ

明治維新の変革後は、大学校と改称され存続したが、明治4年(1871)長い歴史に幕を下ろした

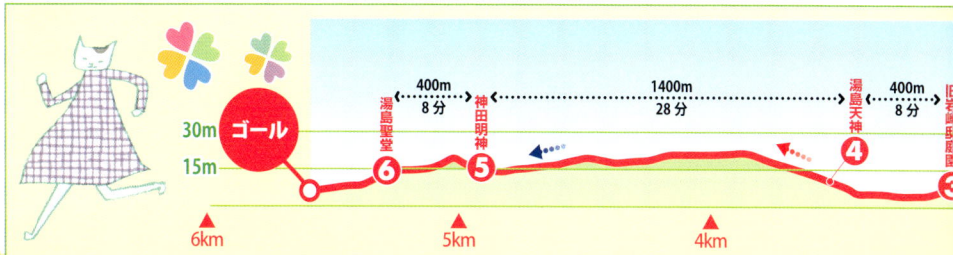

TOKYO SAMPO MAP　本郷・湯島

歩く時間 約1時間15分
 歩く距離 約3.7km

コース ④

スタート **上野駅**
JR京浜東北線・山手線、
東京メトロ銀座線・日比谷線

↓
❶ 東京国立博物館
↓
❷ 上野東照宮
↓
❸ 不忍池弁天堂
↓
❹ 台東区立
　下町風俗資料館
↓
❺ アメ横商店街
↓
ゴール **上野駅**
JR京浜東北線・山手線、
東京メトロ銀座線・日比谷線

明治31年（1898）建立の西郷隆盛像の高さは台の高さと同じ3.71m

上野
うえの

賑やかさと憩いが融合した公園に
芸術と歴史を教えてくれる
スポットが目白押し

毎年行なわれる桜祭りには多くの観光客が訪れる

JR上野駅の西に広がる上野恩賜公園。花見や上野動物園で知られ、博物館や美術館、音楽ホールのほか、歴史的建造物の集まるカルチャースポットでもある。

上野公園口から博物館や美術館の建ち並ぶ緑の園内を通って、東京国立博物館を見学。東洋と日本の美術や考古学の展示を楽しみたい。動物園に隣接する上野東照宮は、徳川3将軍を祀る御宮。江戸建築の荘厳な堂宇がひと際目をひく。不忍池に浮かぶ弁天堂をお参りし、JR上野駅へと戻る。

36

上野公園周辺にある美術館や博物館を巡る。

アートスポットとして知られる上野には多くの美術館が点在。
紹介するミュージアムはどちらも外せない。今日の気分はどっち？

国立科学博物館
こくりつかがくはくぶつかん

MAP P.38 C-2

　国内唯一の総合科学博物館。生物の進化や科学を体験できるように工夫されたスポットで恐竜の骨格標本は圧巻。

☎ 03-3822-0111
東京都台東区上野公園7-20
開 9:00～17:00(金曜は～20:00) 入館は各閉館30分前まで
休 月曜(祝日の場合は翌日)
料 600円、高校生以下無料(特別展別途)
HP http://www.kahaku.go.jp/

地球館に展示されている迫力ある全身の骨格標本は16体にもおよぶ

国立西洋美術館
こくりつせいようびじゅつかん

MAP P.38 B-2

　ロダンの彫刻やドラクロワ、クールベ、ルノワール、モネなどフランス近代美術作家の作品を数多く常設展示。

☎ 03-5777-8600 (ハローダイヤル)
東京都台東区上野公園7-7
開 9:30～17:30(金曜は～20:00、冬期は～17:00) 入館は各閉館30分前まで
休 月曜(祝日の場合は翌日)
料 420円、大学生130円、高校生以下・65歳以上無料(企画展別途)
HP http://www.nmwa.go.jp/

ロダンの「地獄の門」。彼の多くの独立した作品がこの「地獄の門」の世界から生み出された

❶ 東京国立博物館
とうきょうこくりつはくぶつかん

**所蔵品は11万件以上
国内最大級の博物館**

　本館、東洋館、平成館、法隆寺宝物館、表慶館の5つの展示館があり、日本と東洋の美術、考古遺物を展示。特別展も数多く開催。

☎ 03-5777-8600
(ハローダイヤル)
東京都台東区上野公園13-9
開 9:30～17:00(4～12月の特別展開催時の金曜は～20:00 4～9月の土・日曜、祝日、振替休日は～18:00) 入館は各閉館30分前まで
休 月曜(祝日の場合は翌日)
料 600円(特別展の場合は別途)
HP http://www.tnm.jp/

重要文化財に指定されている本館は瓦屋根をのせたコンクリート建築で「帝冠建築」の代表的な建物

❷ 上野東照宮
うえのとうしょうぐう

**徳川家康をはじめ
3人の将軍を祀る御宮**

　正式名称は東照宮。権現造りの総金箔の華麗な本堂や幣殿、拝殿、唐門、透塀がそのまま残る。高さ6.8mのお化け灯籠やぼたん園も見どころ。徳川家康、吉宗、慶喜が祀られている。

☎ 03-3822-3455
東京都台東区上野公園9-88
開 9:30～17:30(本殿)

本堂は、慶安4年(1651)建造で、3代将軍家光が改装

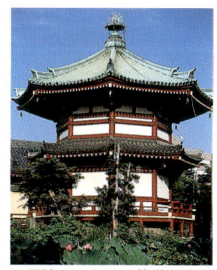

不忍池のほとりに荘厳な姿でそびえる不忍池弁天堂

おさんぽごはん、おさんぽショッピング。

黒船亭
くろふねてい　　レストラン

人気の特選ハヤシライスなど洋食メニューがずらりと揃う。

☎ 03-3837-1617
東京都台東区上野2-13-13
キクヤビル4F
営 11:30～22:45(LO22:00)
休 無休　￥ 2000円～
D 3000円～　予約 可
MAP P.38 B-3

あんみつ みはし
　　　　　　　　甘味処

十勝産小豆を使った餡と沖縄八重山の黒砂糖から作った蜜が奏でるハーモニーは絶妙。

☎ 03-3831-0384
東京都台東区上野4-9-7
営 10:30～21:30(LO21:00)
休 不定休　￥ 430円～(持ち帰りは350円～)
MAP P.38 B-3

上野

1:12,000
0　　　　200m
周辺図 P.213

上野大仏
江戸時代から「上野大仏」として親しまれてきた。震災・大戦を経て、現在は顔面部を残すのみとなっている。

① 東京国立博物館

② 上野東照宮

③ 不忍池弁天堂

④ 台東区立下町風俗資料館

⑤ アメ横商店街

清水観音堂
寛永8年(1631)、京都の清水寺を模して創建された、寛永寺のお堂のひとつ。重要文化財指定。

凡例
- 見どころ
- 博物館・美術館
- 神社
- 飲食店
- カフェ
- 劇場／ホール
- 演芸場
- デパート・ショップ
- 宿泊施設
- コンビニ
- トイレ
- ガソリンスタンド
- 駐車場

コースの高低差

区間	距離	時間
④台東区立下町風俗資料館 → ③不忍池弁天堂	700m	14分
③不忍池弁天堂 → ②上野東照宮	500m	10分
②上野東照宮 → ①東京国立博物館	1000m	20分
①東京国立博物館 → スタート	—	—

38

清水観音堂付近の階段を下れば、不忍池の目の前に出ることができる

TOKYO SAMPO MAP

上野

❸ 不忍池弁天堂
しのばずのいけべんてんどう

**弁財天が祀られた
不忍池に浮かぶ中島の堂**

　不忍池の中央浮かぶ弁財天を祀るお堂は、東叡山寛永寺建立の際に、琵琶湖の竹生島を模して造られたもの。

☎03-3821-4638
東京都台東区上野公園2-1
開 参拝自由

もともとは陸続きではなく、船で行き来していたという

不忍池は夏には美しいハスの花が咲き誇る

❹ 台東区立
下町風俗資料館
たいとうくりつ
したまちふうぞくしりょうかん

**昔ながらの
下町庶民の生活を再現**

　1階では明治から大正にかけての商家や長屋を再現。2階では下町の歴史に関する資料や生活用具、玩具などを展示している。

☎03-3823-7451
東京都台東区上野公園2-1
開 9:30～16:30(入館は～16:00)
休 月曜(祝日の場合は翌日)
料 300円、小・中・高校生100円
HP http://www.taitocity.net/taito/shitamachi/

❺ アメ横商店街
あめよこしょうてんがい

**ヤミ市の性質を残す
ごった煮的商店街**

　前身は終戦直後に生まれたヤミ市で、飴屋が多かったことからその名がついた。以来そのゴチャゴチャしたごった煮的性質をなくすことなく今日にいたる。とにかく品揃え豊富で乾物や菓子からブランド小物、輸入雑貨までなんでも揃う。とくに年末の賑わいは冬の風物詩。

☎03-3832-5053
(アメ横商店街連合会)
東京都台東区上野6-10-7 アメ横プラザ
営 休 店舗により異なる
HP http://www.ameyoko.net/

個性的な店が多いアメ横。商店街はつねに活きのいいかけ声がこだまする

展示物の多数は区民から寄贈品なので当時のありのままの雰囲気を感じられる

ゴール

アメ横商店街 ❺

20m
10m

6km　　5km　　4km

39

歩く時間 約1時間
歩く距離 約3.0km

コース ⑤

| スタート | **京橋駅** 東京メトロ銀座線 |

↓
❶ 警察博物館
↓
❷ 京橋の親柱
↓
❸ ブリヂストン美術館
↓
❹ 凧の博物館
↓
❺ 日本橋
↓
❻ 日本銀行本店
↓

| ゴール | **三越前駅** 東京メトロ銀座線・半蔵門線 |

京橋・日本橋
きょうばし・にほんばし

往時の面影と現代の喧騒が交差する
江戸城下からの商業繁華街
近代的な街並に点在する歴史を巡る

歴史を積み重ねてきた日本橋
燦然と輝く意匠は見事

日本橋には、近代建築の意匠をとどめた老舗百貨店が並ぶ

かつては海辺の湿地帯だった日本橋・京橋界隈。江戸の開府当時に埋め立てられ、のちに江戸一番の商業地へと発展した。

京橋駅から博物館や美術館を巡りながら、五街道の起点・日本橋を目ざす。今や一大ビジネス街に変貌した日本橋だが、中央通り周辺には、千疋屋、山本山、にんべんなどの江戸から続く老舗商店が現代においても健在だ。高速道路の下で今も風格漂う日本橋を渡り、明治の名建築の日本銀行本店を見学したら、ぶらりショッピングへと出かけたい。

40

❷ 京橋の親柱
きょうばしのおやばしら

京橋の名残を
現代に伝える3本の親柱

　京橋は明治8年（1875）、江戸時代の木造から、石造単アーチ橋に架け替えられた。明治・大正・昭和と架け替えが行なわれたが、昭和34年（1959）の京橋川埋め立てとともに消滅。現在は明治8年のものが2本、大正11年（1922）のものが1本残されている。

📞 03-3546-6525
東京都中央区京橋3-5先、銀座1-2先、銀座1-11先　🈺 見学自由

京橋には江戸から京都に向かう途中、最初に渡る橋という意味がある

銀座を照らした京橋ガス灯
　明治初頭、文明開化のシンボルとしてレンガ建築がなされた際、街灯照明にはガス燈が使用された。燈柱は当時の実物を使用。燈具は忠実に復元した。

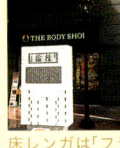

床レンガは「フランス積み」を再現

❶ 警察博物館
けいさつはくぶつかん

日本の警察の歴史資料を
展示する博物館

　警察の草創期からの資料を公開。事件・事故の記録や、武器や凶器などを展示するほか、制服の移り変わり、ブランド品の正規品と贋作を並べて展示するなど興味深い展示が多数。

📞 03-3581-4321
東京都中央区京橋3-5-1
🈺 10:00～18:00　🈳 月曜（祝日の場合は翌日）　💰 無料

入口ではピーポくんと、白バイが出迎えてくれる

❸ ブリヂストン美術館
ブリヂストンびじゅつかん

著名作家の名作が並ぶ
一見の価値ありの美術館

　昭和27年（1952）開館。世界でも屈指の作品が、サロンのような空間にずらりと並べられている。

📞 03-3563-0241
東京都中央区京橋1-10-1
🈺 10:00～20:00（日曜、祝日は～18:00）　🈳 月曜（祝日の場合は翌日）
💰 800円、65歳以上600円、高校生・大学生500円（企画展は別途料金）
🌐 http://www.bridgestone-museum.gr.jp/

マネ、モネ、セザンヌなど精選された作品のほか、藤島武二や安井曽太郎といった明治以降の日本の洋画も充実

柳通りから明治屋の横を通り過ぎ、中央通りを日本橋方面へ

TOKYO SAMPO MAP　京橋・日本橋

🌸 おさんぽごはん、おさんぽショッピング。

日本橋長門
にほんばしながと　　和菓子

将軍家の菓子司として代々仕えてきた名店。一番人気の半生菓子は、季節感溢れる10種類以上のお菓子の詰め合わせ。

📞 03-3271-8966
東京都中央区日本橋3-1-3
🈺 10:00～18:00
🈳 日曜、祝日　💰 310円～
MAP P.42 B-3

山本山
やまもとやま　　茶屋

煎茶の創製、玉露の発明など緑茶の普及に貢献してきた歴史ある茶舗。喫茶室も利用可能。

📞 03-3281-0010
東京都中央区日本橋2-5-2
🈺 10:00～18:00（喫茶は～17:30LO）　🈳 無休
💰 600円～（喫茶）
MAP P.42 B-2

41

京橋・日本橋

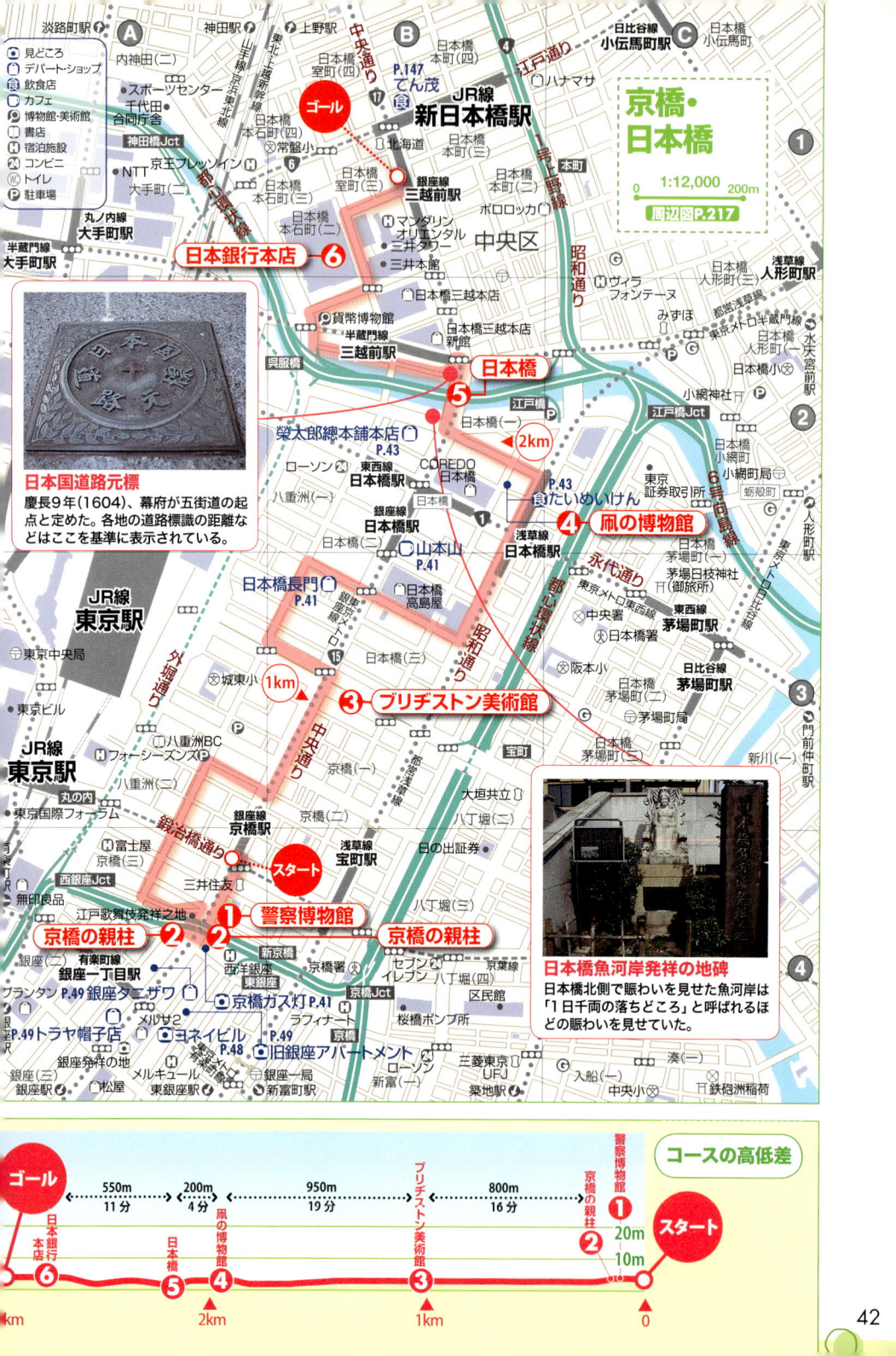

1:12,000　200m
周辺図 P.217

凡例:
- 見どころ
- デパート・ショップ
- 飲食店
- カフェ
- 博物館・美術館
- 書店
- 宿泊施設
- コンビニ
- トイレ
- 駐車場

コース上のポイント

日本国道路元標
慶長9年(1604)、幕府が五街道の起点と定めた。各地の道路標識の距離などはここを基準に表示されている。

日本橋魚河岸発祥の地碑
日本橋北側で賑わいを見せた魚河岸は「1日千両の落ちどころ」と呼ばれるほどの賑わいを見せていた。

コースの高低差

スタート → ① 警察博物館 → ② 京橋の親柱 (800m / 16分) → ③ ブリヂストン美術館 (950m / 19分) → ④ 凧の博物館 (200m / 4分) → ⑤ 日本橋 (550m / 11分) → ⑥ 日本銀行本店 → ゴール

距離標: 0 / 1km / 2km
高さ: 10m / 20m

42

橋灯に施された獅子像、麒麟像の装飾は朝倉文夫氏の兄で、彫刻家・渡辺長男氏によるもの

❺ 日本橋
にほんばし

五街道制定以来の
日本の道路の起点

　江戸の中心として、また全国里程の原点として知られる日本橋。慶長19年(1614)創架といわれ、以後架け替え・改修が行なわれてきた。明治44年(1911)に架けられた現役の国道日本橋で、初の重要文化財に指定されている。

東京都中央区日本橋1〜室町1
開 見学自由

❹ 凧の博物館
たこのはくぶつかん

鎖国時代に開花した
日本の独自文化を知る

　絵師・橋本禎造氏が描いたオリジナルばかり。日本全国からコレクションした郷土色豊かな凧や世界の凧も展示している。

☎ 03-3275-2704
東京都中央区日本橋1-12-10
開 11:00〜17:00　休 日曜、祝日
料 無料　HP http://www.taimeiken.co.jp/museum.html

迫力ある凧がずらり。中国やアジア各国の珍しい凧もある

TOKYO SAMPO MAP
京橋・日本橋

諸国へつながる街道の起点
お江戸の中心、「日本橋」

　江戸開府当時は、海の底にあったというこの界隈は、徳川家康の大規模な埋め立てと都市計画で伊勢や近江、京都などから多くの商人や職人を呼び寄せ、一大商業地へと生まれ変わった。なかでも本町通り〜日本橋通りは、越後屋や白木屋などの名だたる大店が建ち並ぶメインストリート。上等な呉服や小間物などが揃う、江戸の庶民にとって流行の最先端をリードする憧れのショッピングエリアだったといえる。

『名所江戸百景するがてう』広重 安政3年(1856)
(中央区立京橋図書館蔵)

❻ 日本銀行本店
にっぽんぎんこうほんてん

日本経済の中枢を担った
明治期を誇る建造物

　日本銀行の建物の中で最も古く、明治期の西洋式建造物では、迎賓館に並ぶ傑作。一般見学では、本館旧地下金庫、日本銀行関連の史料展示室、営業場などの見学案内も行なっている。

☎ 03-3277-2815
(日本銀行情報サービス局)
東京都中央区日本橋本石町2-1-1
開 9:45〜、11:00〜、13:30〜、15:00〜の1日4回(館内見学は1週間前までに要予約)　休 土・日曜、祝日
料 無料　HP http://www.boj.or.jp/type/etc/service/annai03.htm

本館は明治29年(1896)完成で、国の重要文化財に指定

🌸 おさんぽごはん、おさんぽショッピング。

えいたろうそうほんぽほんてん
榮太樓總本舗本店　　和菓子

日本橋魚河岸で「金鍔」を焼き売りしたのが始まり。手包みの丸い形が特徴の「名代金鍔」189円〜など変わらぬ味を伝える。

☎ 03-3271-7785
東京都中央区日本橋1-2-5
営 9:00〜18:00(喫茶は〜17:30LO)　休 日曜、祝日
MAP P.42 B-2

たいめいけん　　洋食

タンポポオムライスで有名な、洋食好きでなくてもその名を聞いたことのある老舗。

☎ 03-3271-2464
東京都中央区日本橋1-12-10
営 11:30〜20:30(日曜、祝日は〜20:00)　休 無休
¥ L 2000円〜　D 3500円〜
予約 可　MAP P.42 B-2

43

歩く時間 約1時間
歩く距離 約3.0km

コース ⑥

銀座駅
スタート
東京メトロ銀座線・丸ノ内線・日比谷線

❶ 泰明小学校
↓
❷ 交詢ビル
↓
❸ 銀録館
↓
❹ 和光
↓
❺ ヨネイビル
↓
❻ 旧銀座アパートメント
↓
❼ 歌舞伎座
↓
東銀座駅
ゴール
東京メトロ日比谷線、都営浅草線

銀座Velvia館。銀座の街には華やかなランドマークが建ち並ぶ

銀座
ぎんざ

つねに流行の最先端を走ってきた街で
時代の流れを見つめてきた建物に
荘厳な意匠と存在感を見せつけられる

銀座のちょうど中心に位置する銀座4丁目交差点

銀座がハイカラな街として人々で賑わうようになったのは、明治の文明開化以降のこと。その後関東大震災や空襲により、当時の建物は消失してしまった。それでも通りを歩けば、存在感を示す明治～大正初期の建築物を見つけることができる。

モダンな昭和建築の泰明小学校、ゴシック風の交詢ビル、ルネッサンス調の和光ビルなどを巡る。東銀座に威風堂々と建つ歌舞伎座は、2010年4月に休館して複合ビルに生まれ変わる。今のうちに見学しておきたい。

44

❷ 交詢ビル
こうじゅんビル

福沢諭吉が創設
生き続ける3代目の建造物

福沢諭吉が創設した日本最古の社交倶楽部。震災により全館焼失したが、昭和4年（1929）にゴシック調の第2代交詢ビルが再建。現在の3代目は建築美を持つ2代目のメインエントランスのファサードを保存。個性豊かな店舗が揃う、近代的なビルとして生き続けている。

東京都中央区銀座6-8-7
開 11:00～20:00（飲食店11:30～23:00 店舗により異なる）
HP http://www.midcity.jp/kojun/index.html

伝統を保ちつつ、進化を続ける由緒ある空間。旧玄関はガラスの箱に包まれるように保存されている

❶ 泰明小学校
たいめいしょうがっこう

銀座の歴史を語り継ぐ
美しい昭和建築の校舎

北村透谷、島崎藤村の出身校。関東大震災で倒壊したが、復興。校舎は昭和初期の建築で、正面玄関の門柱やアーチ型の窓など、随所に見られるデザインが特徴的。

東京都中央区銀座5-1-13

門や校舎にはツタがからまり、独特な雰囲気を感じさせる

化粧文化と銀座の歴史を学ぶ
HOUSE OF SHISEIDO
ハウス オブ シセイドウ

MAP P.47 B-3

化粧文化や資生堂および銀座の歴史に関する資料、過去のCM映像を展示する、美のエッセンスが詰まったミュージアム。

☎ 03-3571-0401
東京都中央区銀座7-5-5 資生堂本社ビル2F
開 11:00～19:00（入館は～18:30）
休 日曜、祝日　料 無料

❸ 銀緑館
ぎんろくかん

レトロなムードが漂う
銀座最古の現役雑居ビル

関東大震災の翌年、大正13年（1924）に大震災復興の先駆けとして建てられ、雑居ビルとしては今も現役。最上部に中世ロマネスク風なロンバルディア帯があしらわれている。

東京都中央区銀座6-12-14

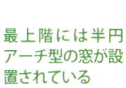

最上階には半円アーチ型の窓が設置されている

🌸 おさんぽごはん、おさんぽショッピング。

茶房 鳴神
さぼう なるかみ　　カフェ

和菓子はもちろんのこと、お茶との相性によって、トリュフや大阪寿司も出す小粋なカフェ。

☎ 03-6226-4360
東京都中央区銀座4-13-3
営 10:00～20:00（土・日曜、祝日は～18:00）
休 無休　￥ 600円～
MAP P.46 D-3

銀座 佐人
ぎんざ さじん　　カフェ

日本茶のおいしさを再認識させてくれるカフェ。温かみのある店内は上質な大人の空間。

☎ 03-5537-1245
東京都中央区銀座6-11-14
アセンド銀座6丁目 B1F
営 11:00～20:00（日曜、祝日は～18:00）　休 月曜　￥ 1000円～
MAP P.47 C-4

TOKYO SAMPO MAP　銀座

銀座

1:6,000 100m
周辺図 P.217

中央通り
「銀座通り」の名で親しまれる、銀座を代表する表通り。デパートやレストランがずらりと並ぶ。

銀座発祥の地
「銀座」は江戸時代、銀貨鋳造など司った幕府の機関だったことに由来する。

凡例
- 見どころ
- 博物館・美術館
- デパート・ショップ
- 飲食店
- カフェ
- アミューズメント
- 劇場/ホール
- 映画館
- 宿泊施設
- コンビニ
- トイレ
- ガソリンスタンド
- 駐車場

コースの高低差

区間	距離	時間
旧銀座アパートメント	600m	12分
ヨネイビル	500m	10分
和光	350m	7分
銀錆館	650m	13分
交詢ビル	300m	6分
泰明小学校（スタート）		

20m / 10m

46

銀座

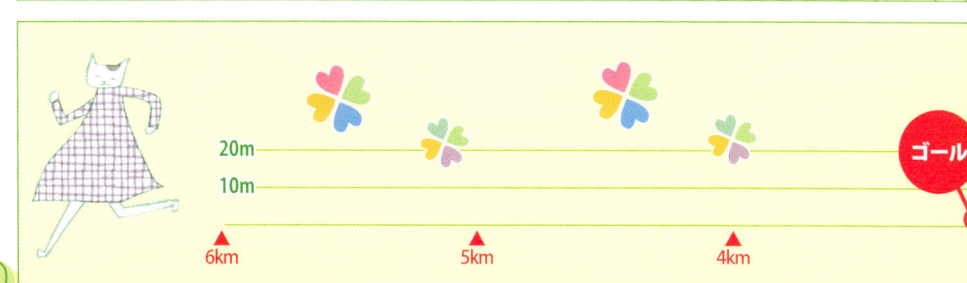

並木通り
5〜8丁目にかけて高級ブランドショップが並ぶ落ち着いた通り。幾何学模様やリンデンの街路樹が美しい。

「数寄屋橋此処にありき」の碑
連続ドラマ『君の名は』を手がけた劇作家菊田一夫氏が、橋をしのんで「数寄屋橋此処にありき」と刻んだ碑。

❶ 泰明小学校
❷ 交詢ビル
❸ 銀録館
❹ 和光

スタート
ゴール

6km　5km　4km　1km
20m
10m

TOKYO SAMPO MAP

47

❺ ヨネイビル

縦長の窓、半円アーチが昭和初期の趣を今に残す

中世を彷彿とさせるねじり柱、半円アーチ、縦長窓が並ぶ窓割りが特徴的。かつてはスクラッチタイルやテラコッタなどがあしらわれていた。現在はレストランとして使われている。
東京都中央区銀座2-8-20
営 店舗により異なる

昭和4年（1929）当時のエントランスがそのまま生かされている

ブランドショップビルが建ち並び華やかに進化する街・銀座

銀座にはつねに最新の流行が集まってくる。ブランドショップも例外ではなく世界中から出店。街に建ち並ぶ、きらびやかでスタイリッシュなブランドビルに目を奪われる。新旧の建造物が建ち並ぶのも銀座の街の特徴といえる。

ラグジュアリーな8階建てのグッチビル

「竹」がシンボルのアルマーニ/銀座タワー

都会的でシンボリックなブルガリ銀座タワー

老舗時計店の建物にふさわしい大時計塔は、銀座の中心ともいえる4丁目交差点の正面を向け、設計されている

❹ 和光
わこう

交差点を優雅に見下ろす銀座のシンボル

角地に曲線を描くルネサンス様式の建造物は昭和7年（1932）に建築され、服部時計店（現株式会社セイコー）の小売り部門としてスタート。昭和22年（1947）から「和光」として、本格的に営業を開始した銀座を象徴するビル。
☎ 03-3562-2111（代表）
東京都中央区銀座4-5-11
営 店舗により異なる
HP http://shop.wako.co.jp/

タント・マリー　　　洋菓子

一度食べたらやみつきになるおいしさの「カマンベールチーズケーキ（2500円）」が看板商品。
☎ 03-3567-1211（代表）
東京都中央区銀座3-6-1
松屋銀座B1F
営 10:00〜20:00　休 無休
MAP P.46 D-2

Patisserie Mon chouchou
パティスリーモンシュシュ
洋菓子

スポンジと生クリームのみというシンプルな「堂島ロール（1200円）」を目当てに長い行列ができる。
☎ 03-3562-1111
東京都中央区銀座4-6-16
銀座三越B1F
営 10:00〜20:00　休 無休
MAP P.47 C-3

48

日本初の街路樹が植えられた、銀座通りの面影が現在は銀座柳通りに残されている

大人のたしなみ、銀座老舗探訪。
本物が集まり、伝統をつくり上げた街・銀座。
その価値がわかる「大人」の装いを身にまとう。

「鞄」という言葉をつくった名店
銀座タニザワ
ぎんざタニザワ

MAP P.46 D-1

100年をゆうに超える歴史を誇る老舗。メインはビジネスバッグで、作りのしっかりした機能的な品が豊富に揃う。

☎ 03-3567-7551
東京都中央区銀座1-7-6 タニザワビル1F
営 10:00〜20:00(日曜、祝日は11:00〜19:00)
休 無休

「紳士のシンボル」が揃う
トラヤ帽子店
トラヤぼうしてん

MAP P.46 D-2

大正6年(1917)創業で、昭和初期に銀座に進出した帽子店。欧州からの高級輸入帽子や国産の高級帽子を扱う。

☎ 03-3535-5201
東京都中央区銀座2-6-5 藤屋ビル1F
営 10:30〜19:30　休 日曜

TOKYO SAMPO MAP　銀座

❼ 歌舞伎座
かぶきざ

登録有形文化財の歴史と伝統を持つ劇場

日本の伝統芸能・歌舞伎の殿堂。現在の建物は昭和中期に建設されたもので築50年を超える。平成14年(2002)に登録有形文化財となった建物は、銀座の街の景観に歴史的なエッセンスを加える。

☎ 03-3541-3131
東京都中央区銀座4-12-15
開 9:30〜16:30
休 月・金曜(祝日の場合は翌日)
HP http://www.kabuki-za.co.jp/

細かい模様のスクラッチタイルがあしらわれている

❻ 旧銀座アパートメント
きゅうぎんざアパートメント

古き良き時代の風情
芸術家・文化人輩出のビル

昭和7年(1932)完成のマンションの元祖。渋沢栄一や幸田露伴、寺田寅彦など、多くの芸術家や文化人が居を構えていた。

東京都中央区銀座1-9-8

おさんぽごはん、おさんぽショッピング。

銀之塔
ぎんのとう　　シチュー専門店

半世紀以上シチューにこだわり続ける名店。土鍋で出てくるシチューは独特のコクを持つ。

☎ 03-3541-6395
東京都中央区銀座4-13-6
営 11:30〜20:30(LO)
休 無休　￥ L 2500円〜
D 3500円〜　予約 可
MAP P.46 D-4

煉瓦亭
れんがてい　　洋食

ハヤシライス、オムライスなど日本独自の洋食の生みの親。なかでも定番はポークカツレツ。

☎ 03-3561-3882
東京都中央区銀座3-5-16
営 11:15〜15:00(LO14:15)
16:40〜21:00(LO20:30)　休 日曜
￥ L 1500円〜　D 2500円〜
予約 可　MAP P.47 C-2

歩く時間	約1時間20分
歩く距離	約3.8km

コース ⑦

スタート 築地駅 東京メトロ日比谷線
↓
① 築地本願寺
↓
② 築地場外市場
↓
③ 勝鬨橋
↓
④ 月島もんじゃストリート
↓
⑤ 住吉神社
↓
ゴール 築地駅 東京メトロ日比谷線

築地・月島・佃島
つきじ・つきしま・つくだじま

海の風景と下町情緒
昔ながらの風情が色濃く残る
東京の今と昔を回顧できるエリア

勝鬨橋の歩道には開閉を知らせた信号が今もなお残されている

築地駅周辺にはいたるところに、史跡や碑が残されている

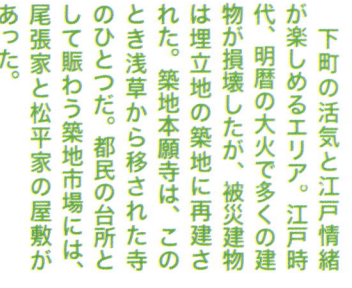

下町の活気と江戸情緒が楽しめるエリア。江戸時代、明暦の大火で多くの建物が損壊したが、被災建物は埋立地の築地に再建された。築地本願寺は、このとき浅草から移された寺のひとつだ。都民の台所として賑わう築地市場には、尾張家と松平家の屋敷があった。

もんじゃ焼で知られる月島は路地にひしめく長屋風の民家が下町風情を誘う。佃島は、現大阪市淀川区佃の漁民が江戸時代に移り住んだ人工島。佃煮発祥の地には、今なお伝統を守る佃煮屋が存在する。

50

❶ 築地本願寺
つきじほんがんじ

インド仏教建築の影響を受けた荘厳でモダンな寺

元和3年(1617)建立で、明暦3年(1657)まで浅草近くの横山町にあったが、振袖火事により焼失。延宝7年(1679)に佃島の門徒が中心となってこの地に再建された。本堂は古代インド仏教様式の石造りで、珍しいパイプオルガンが設置されている。

📞 03-3541-1131
東京都中央区築地3-15-1
営 4〜9月 6:00〜17:30、10〜3月 6:00〜17:00
HP http://www.tsukijihongwanji.jp/

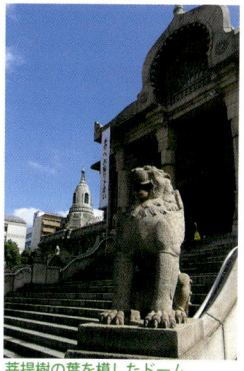

菩提樹の葉を模したドームの美しいフォルムが印象的

＊ ここにも注目 ＊
築地本願寺内では凝った意匠の建造物を多く見ることができるが、なかでも仏教にゆかりのある動物像に注目。獅子、ハト、ゾウ、ウシ、サルなどが訴えかけるようにたたずみ、仏教の世界観を表現している。

❷ 築地場外市場
つきじじょうがいいちば

日本中の食材が集合 東京の台所は新鮮第一

東京の巨大な胃袋を満たす築地市場。一般の人が買物できるエリアが「築地場外市場」で水産物から野菜、食肉にいたるまで日本中から集まった食材が売られている。

📞 03-3541-9466
(築地場外市場商店街振興組合)
東京都中央区築地4-10-16
営 5:00〜13:00頃 休 店舗により異なる HP http://www.tsukiji-market.or.jp/

朝早い時間からお客が集まる。安くておいしい飲食店が多いのも魅力

勝鬨橋の歩道部に施された開閉をイメージさせるデザイン

隅田川の橋の歴史を学ぶ
かちどき 橋の資料館
かちどき はしのしりょうかん

MAP P.52 A-3

橋を開くために使用していた変電所を改修した資料館。予約制の橋脚内見学ツアーも開催。

📞 03-3543-5672
東京都中央区築地6地先
営 9:30〜16:30 休 月・水・日曜
料 無料

❸ 勝鬨橋
かちどきばし

1970年に跳開停止した「東洋一の稼働橋」

昭和15年(1940)竣工。昭和45年までは実際に開閉されていた。当初は1日に5回程度開かれていた。都道府県が管理する道路橋として初めて、清洲橋、永代橋とともに国の重要文化財に指定。

📞 03-3546-6525
(中央区観光協会)
東京都中央区築地〜勝鬨

橋上を都電が通行していた時期もあった

TOKYO SAMPO MAP　築地・月島・佃島

おさんぽごはん、おさんぽショッピング。

せがわ
瀬川　　　　　　　マグロ漬け丼

マグロ漬け丼一品で勝負。仕入れ帰りの寿司職人も通い詰めるほどの味。いいマグロが入った日だけ中トロ漬け丼が登場。

📞 03-3542-8878
東京都中央区築地3-2-1
営 7:30〜12:30(売り切れ次第閉店)
休 市場に準ずる　￥ L 800円〜
予約 不可　MAP P.52 A-2

もんじゃはざま本店
もんじゃはざまほんてん　　　もんじゃ焼

その日に築地から仕入れた新鮮な具材を使用。おすすめはエビ、イカ、ホタテなど14種の具が入った「はざまもんじゃ」。

📞 03-3534-1279
東京都中央区月島3-17-8
営 11:00〜22:00(LO21:15)
休 無休　￥ L・D 2000円〜
予約 可　MAP P.52 C-3

築地・月島・佃島

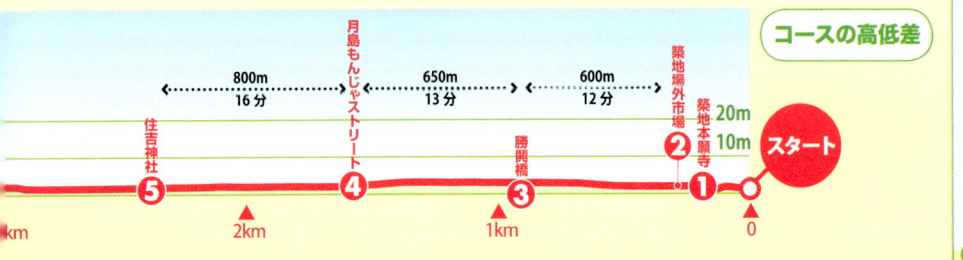

1:12,000
周辺図 P.216

スタート
① 築地本願寺
② 築地場外市場
③ 勝鬨橋
④ 月島もんじゃストリート
⑤ 住吉神社
ゴール

西仲通レトロ交番
レトロな外観をした警視庁最古の現役交番。もんじゃストリートに面して建てられている

佃波除稲荷神社
見どころは、鳥居脇にある力石。漁業に従事する若い衆が力比べとして持ち上げていたという。

凡例:
- 博物館・美術館
- デパート・ショップ
- 飲食店
- アミューズメント
- H 宿泊施設
- コンビニ
- WC トイレ
- G ガソリンスタンド
- P 駐車場

コースの高低差

スタート — ① 築地本願寺 — ② 築地場外市場 600m 12分 — ③ 勝鬨橋 650m 13分 — ④ 月島もんじゃストリート 800m 16分 — ⑤ 住吉神社

0 / 1km / 2km

10m / 20m

52

❺ 住吉神社
すみよしじんじゃ

海上安全、渡航安全の守護神として信仰される

　大阪佃にある田蓑神社から分社。3年に一度開かれる大祭のときは佃島全体が熱気に包まれる。文化財や記念碑も多く、水盤舎に施されている佃島周辺の生活を描いた浮き彫りの彫刻は必見。

境内の鳥居に掛かる陶製の扁額は貴重な文化財で、題字は有栖川宮幟仁親王の筆によるもの

☎ 03-3531-3500
東京都中央区佃1-1-14
開 参拝自由
HP http://www.sumiyoshijinja.or.jp/

❹ 月島もんじゃストリート
つきしまもんじゃストリート

人情の街の趣を感じるもんじゃの街

　もんじゃ焼屋がひしめく月島において、メインストリートの西仲通りは「もんじゃストリート」と呼ばれ、賑わいを見せている。通りから離れた周辺路地を含め、界隈のもんじゃ焼店のほとんどはこの通りから接続できる。

☎ 03-3532-1990
（月島もんじゃ振興会協同組合）
東京都中央区月島1-8-1-103
営 休 店舗により異なる
HP http://www.monja.gr.jp/

佃波除稲荷神社へとつながる迷路のような細い路地

佃小橋を渡ると、小島のような形をした佃1丁目へ

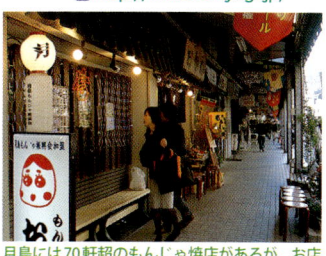

月島には70軒超のもんじゃ焼店があるが、お店ごとに味わいが異なる

TOKYO SAMPO MAP
築地・月島・佃島

佃煮発祥の地に今なお生き続ける「佃煮御三家」

佃煮の発祥の地として有名な佃島。昔と変わらず、佃島に懐かしく醤油くさい匂いを漂わす佃煮屋は現在では「佃煮御三家」と呼ばれる3軒のみとなっている

佃源 田中屋の店内。老舗ならではの深みのある味を堪能したい

つくだに 丸久
つくだに まるきゅう
MAP P.52 C-2
☎ 03-3821-4055
東京都中央区佃1-2-10
営 9:30〜18:00
休 第2・4日曜

佃煮 天安
つくだに てんやす
MAP P.52 C-2
☎ 03-3531-3457
東京都中央区佃1-3-14
営 9:00〜18:00
休 無休

佃源 田中屋
つくげん たなかや
MAP P.52 C-2
☎ 03-3531-2649
東京都中央区佃1-3-13
営 9:30〜17:30
休 日曜

20m
10m

ゴール

6km　5km　4km

歩く時間 約1時間40分
歩く距離 約5.0km

コース ⑧

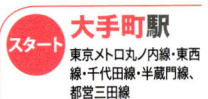

| スタート | **大手町**駅 |
東京メトロ丸ノ内線・東西線・千代田線・半蔵門線、都営三田線

① 大手門
↓
② 皇居二の丸庭園
↓
③ 天守台
↓
④ 桜田巽櫓
↓
⑤ 桜田門
↓
⑥ 日比谷公園

| ゴール | **日比谷**駅 |
東京メトロ千代田線・日比谷線、都営三田線

皇居周辺
こうきょしゅうへん

時代の変遷を経てなお威厳を保ち
江戸時代の歴史が凝縮された
城の遺構と庭園をたどる

皇居前広場から見える二重橋は人気の記念撮影スポット

江戸時代から現在にいたるまで普遍的な美しさを保つ皇居周辺

太田道灌が本格的な城郭を構え、徳川家康が幕府を開いた江戸城。京都から皇室が転居した明治維新後には宮城・皇居と呼ばれ、激動の時代の中心地となる。第二次大戦後に皇居に改称され、一部が一般開放されている。

江戸城正門の大手門から皇居東御苑へ。かつて本丸があった江戸城の中心部で、巽櫓や天守台などの遺構が残されている。四季の花が彩る皇居二の丸庭園も散策したい。皇居前広場で二重橋を見学し、日比谷公園を抜けて地下鉄日比谷駅に至る。

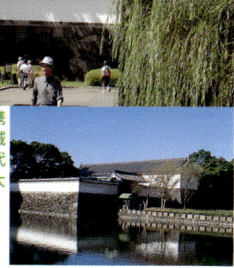

江戸城を守った検問所の遺構「番所」

大手門から本丸へとたどり着くためには、いくつもの番所があった。検問所ともいえる番所には、警察の職を司った「同心」や「与力」(伊賀や甲賀の武士など)が詰め寄り警備にあたっていた。「百人番所」では4組が警備にあたり、各組100人もの「同心」が配備されていたという。

江戸城から入城した大名が最初に通る番所「旧同心番所」

大手門から本丸に入るときの最大の検問所が「旧百人番所」

他の番所より格上の与力、同心が警護にあたった「旧大番所」

❶ 大手門
おおてもん

重厚な構えに圧倒される江戸城の正面玄関

皇居周辺にはいくつもの立派な門があるが、江戸城のかつての正門で、入口となっていたのが大手門。築造は仙台藩主の伊達政宗。
☎ 03-3213-1111 (宮内庁)
東京都千代田区千代田1 皇居東御苑内
開 9:00〜16:30(11〜2月は〜16:00)
休 月・金曜(祝日の場合は開園、月曜祝日の場合は翌火曜休) 料 無料
HP http://www.kunaicho.go.jp/

延べ42万人が建築に携わったとされる江戸城の顔。大手門一帯は譜代大名の下屋敷が並ぶ大名小路と呼ばれていた

❷ 皇居二の丸庭園
こうきょにのまるていえん

日本の作庭技術が凝縮 美しき日本庭園

中央に池が配されたしっとりと落ち着いた回遊式庭園。眺める位置によって、庭園の趣ががらっと変化するところが、日本の作庭技術の高さを感じさせる。
☎ 03-3213-1111 (宮内庁)
東京都千代田区千代田1 皇居東御苑内
開 9:00〜16:30(11〜2月は〜16:00)
休 月・金曜(祝日の場合は開園、月曜祝日の場合は翌火曜休) 料 無料
HP http://www.kunaicho.go.jp/

二の丸と本丸をつなぐ梅林坂、汐見坂から見える石垣は特別史跡「江戸城跡」に指定されている

四季折々の花々に彩られ、4月にはツツジが咲き乱れる。いろいろな角度から眺めていたい

🌸 **おさんぽごはん、おさんぽショッピング。**

Hibiya Saroh
ヒビヤサロー　　カフェ・レストラン

公園内にある茶廊。メニューも充実しており、天気のいい日はテラス席が気持ちいい。
☎ 03-3591-2411
東京都千代田区日比谷公園1-1
営 11:00〜20:00(LO19:30) 土・日曜、祝日は〜19:00) 休 不定休
¥ L 800円〜 D 2500円〜
予約 不可　MAP P.56 B-4

日比谷松本楼
ひびやまつもとろう　　レストラン

日比谷公園の開園とともにオープン。園内の中央に位置するので散策中にも立ち寄れる。
☎ 03-3503-1451
東京都千代田区日比谷公園1-2
営 10:00〜22:00(LO21:00)
休 木曜 ¥ L・D 735円〜
予約 可
MAP P.56 B-4

TOKYO SAMPO MAP 皇居周辺

皇居周辺

1:12,000
周辺図 P.213

北桔橋門
天守閣に最も近い重要な門として、濠がほかよりも深く、橋がはね上げられるようになっていた。

楠木正成像
明治29年(1896)建立。南北朝時代の名将。後醍醐天皇に忠誠を尽くした生きざまは、尊王派の象徴。

コースの高低差

区間	距離	時間
スタート→大手門①	—	—
大手門①→皇居二の丸庭園②	400m	8分
皇居二の丸庭園②→天守台③	650m	13分
天守台③→桜田巽櫓④	450m	9分
桜田巽櫓④→	2200m	44分

関東大震災の被害を受けたが修復され、現在にいたる。
石垣は自然石の割石を多く用いているのが特徴

❹ 桜田巽櫓
さくらだたつみやぐら

**皇居内堀から望む
江戸時代の遺構**

　江戸時代には桜田二重櫓といわれていた。白亜漆喰総塗込めで横に二条の線がある。出窓状の突き出しが石落としで、弓や鉄砲を撃つ狭間がある。皇居前広場の内堀から望むことができる。

📞 **03-3213-1111**（宮内庁）
東京都千代田区千代田1 皇居東御苑内
開 見学自由
HP http://www.kunaicho.go.jp/

❸ 天守台
てんしゅだい

**江戸城天守閣が
そびえ立った跡地**

　徳川家康が築いた5層の江戸城天守閣は明暦3年(1657)の振袖火事で焼失し、以後は再建されず、現在は、礎石のみが残っている。

📞 **03-3213-1111**（宮内庁）
東京都千代田区千代田1 皇居東御苑内
開 9:00～16:30(11～2月は～16:00)
休 月・金曜(祝日の場合は開園、月曜祝日の場合は翌火曜休) 料 無料
HP http://www.kunaicho.go.jp/

❺ 桜田門
さくらだもん

**桜田門外の変
井伊直弼暗殺事件の舞台**

　大名が江戸城に登城する際の表玄関として設置された門。万延元年(1860)には井伊直弼が水戸藩士に暗殺された「桜田門外の変」が起きた場所。

📞 **03-3213-0095**
東京都千代田区千代田1
開 終日開放

高麗門（第一の門）と渡櫓門（第二の門）の間に枡形の広場がある枡形門で、現存の江戸城城門の枡形門の中では最大規模

現在は10mの石垣のみだが、当時は14mの石垣の上に、金色の鯱を冠したわが国最大の天守閣が空に向かって伸びていた

皇居東御苑とは対照的な、開放感ある大芝生広場には約2000本のクロマツが点在している

❻ 日比谷公園
ひびやこうえん

**江戸城の名残をとどめる
日本初の洋式公園**

　明治36年(1903)開園の公園。開園当時のデザインのままの洋式花壇は四季の花々が咲き乱れ、噴水広場付近はたびたびメディアに登場する公園の代表的な景観。

📞 **03-3501-6428**
東京都千代田区日比谷公園
開 終日開放
HP http://www.kensetsu.metro.tokyo.jp/toubuk/hibiya/index_top.html

日比谷公園最大のシンボル「大噴水」。28分間周期で24景を楽しめる

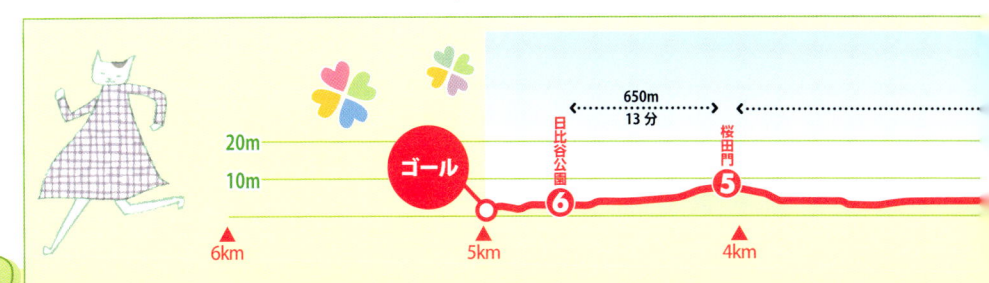

TOKYO SAMPO MAP　皇居周辺

| 歩く時間 | 約1時間25分 |
| 歩く距離 | 約4.1km |

コース ⑨

スタート 竹橋駅
東京メトロ東西線

① 東京国立近代美術館
② 北の丸公園
③ 科学技術館
④ 昭和館
⑤ 靖国神社
⑥ 遊就館

ゴール 飯田橋駅
JR総武線、東京メトロ東西線・有楽町線・南北線、都営大江戸線

九段
くだん

水に囲まれた緑の散策路を抜け
日本の近代史に触れる
都会の中心に開かれた教科書を歩く

千鳥ヶ淵、牛ヶ渕周辺は、東京随一の桜の名所として知られる

出発点の竹橋駅から竹橋を渡り、北の丸公園内へ

水と緑溢れるのどかな北の丸公園。千鳥ヶ淵の対岸には、千鳥ヶ淵戦没者墓苑の六角堂がひっそりとたたずむ。堂内には、第二次大戦中に海外で没し、遺族に返還できなかった約35万人の兵士の遺骨が眠る。九段下駅近くにある昭和館には、戦中戦後の国民生活の苦労を物語る資料や写真、物品が展示されている。

靖国神社は、日清戦争から第二次大戦にいたる戦没者約250万人を祀る神社。戦没者の遺品などが並ぶ遊就館も併せて見学したい。

春先には桜の花びらが宙を舞う
都内有数の桜名所「千鳥ヶ淵」

千鳥ヶ淵といえば、桜見客で賑わいを見せる桜の名所。あたり一面は淡いピンク色に染まり、堀の水面に浮かび上がる桜並木にはひと際美しさを感じる。3月下旬から4月上旬にはライトアップされ、幻想的な夜桜風景を堪能することができる。

手漕ぎボート(30分800円～、3～11月の期間に営業。毎週月曜休業)を借りて水上から眺めるのもおすすめ

絵画、彫刻、写真など20世紀のアート作品が幅広く揃う。北の丸公園内には工芸作品を紹介する分館もある

子供から大人まで、実験気分で科学の歴史、先端科学に触れることができる

TOKYO SANPO MAP 九段

❶ 東京国立近代美術館
とうきょうこくりつきんだいびじゅつかん

日本初の国立美術館で
観る最新のアート作品

昭和27年(1952)に日本初の国立美術館として開館。20世紀初頭から現代にいたる日本の近代美術の流れを概観できる。アートギャラリーやミュージアムショップ、レストランなどの施設も充実。

📞 **03-5777-8600**
(ハローダイヤル)

東京国立近代美術館・本館
東京都千代田区北の丸公園3-1
営 10:00～17:00(金曜は～20:00)
入館は各閉館30分前
休 月曜(祝日の場合は翌日)、展示替え期間
料 420円(企画展は別途)
HP http://www.momat.go.jp/

東京国立近代美術館・工芸館
東京都千代田区北の丸公園1-1
営 10:00～17:00(入館は～16:30)
休 月曜(祝日の場合は翌日)、展示替え期間
料 200円、大学生70円、高校生以下・65歳以上無料(所蔵作品展、企画展は別途)

❷ 北の丸公園
きたのまるこうえん

野鳥のさえずりが聞こえる
皇居につながる緑の公園

昭和天皇の還暦を祝って一般開放された、江戸城北の丸跡地。ヤマモミジ、ケヤキ、コナラ、クヌギなどの、落葉樹や野鳥の好む実のなる木が植えられている。

📞 **03-3213-0095**
東京都千代田区北の丸公園
営 見学自由

公園の外周部は常緑樹が植えられ、中心部には芝生と池が配されている

❸ 科学技術館
かがくぎじゅつかん

楽しく科学が学べる
科学技術のワンダーランド

レーザーで消しゴムに名前を刻印する、－196℃の液体窒素でものを凍らせる、バーチャル・リアリティで未知の世界を体験できる。

📞 **03-3212-8544**
東京都千代田区北の丸公園2-1
営 9:30～16:50(入館は～16:00)
休 無休　料 400円
HP http://www.jsf.or.jp/

🌸 おさんぽごはん、おさんぽショッピング。

アクア　　　　　　　　　　レストラン

東京国立近代美術館内にあるカジュアルなフランス料理も楽しめるカフェ・レストラン。
📞 **03-5219-3535**
東京都千代田区北の丸3-1
営 11:00～18:00(木～土曜は～21:00)　休 東京国立近代美術館に準ずる　¥ L・D 1000円～
予約 可　MAP P.60 C-4

カナルカフェ
CANAL CAFE　　　　　　　レストラン

都会のオアシス的な水上レストラン。カフェとしても利用可。
📞 **03-3260-8068**
東京都新宿区神楽坂1-9
営 11:30～23:00(LO21:45)
日曜、祝日は～21:30(LO20:30)
休 月曜(祝日の場合は営業)
¥ L 1500円～　D 2000円～
予約 可　MAP P.60 A-2

九段

1:12,000　200m
周辺図 P.213

九段会館
昭和19年(1944)の2.26事件では戒厳司令部が置かれた場所。現在は閑静なホテルとして利用されている。

清水門
北の丸の東門。創建年代は不明。現在の門は万治元年(1658)に再建。

田安門
寛永13年(1636)建造の門で、旧江戸城建築遺構の中で最も古いもの。

凡例
- 👁 見どころ
- 🍴 飲食店
- 🏛 博物館・美術館
- 🛏 宿泊施設
- 🏪 コンビニ
- 🚻 トイレ
- ⛽ ガソリンスタンド
- 🅿 駐車場

コースの高低差

区間	靖国神社→昭和館	昭和館→科学技術館	科学技術館→北の丸公園	北の丸公園→東京国立近代美術館	東京国立近代美術館→スタート
距離	450m	700m	500m	550m	700m
時間	9分	14分	10分	11分	14分

⑤ 靖国神社　④ 昭和館　③ 科学技術館　② 北の丸公園　① 東京国立近代美術館　スタート

2km　　1km　　0

九段坂という名は、宝永6年（1709）に九段の長屋が置かれたことに由来する

配給切符や、終戦を伝える昭和20年（1945）8月15日の新聞など感慨深い資料も多い。1階のニュースシアターでは、戦中戦後のニュースを毎日上映

❹ 昭和館
しょうわかん

戦中・戦後の暮らしを後世に伝える施設

昭和10～30年頃の国民生活の労苦を伝える実物資料を展示した国立の施設。当時のニュース映像の視聴や、写真、レコードを閲覧することができる。

📞 03-3222-2577
東京都千代田区九段南1-6-1
🕙 10:00～17:30（入館は～17:00）
休 月曜（祝日の場合は翌日）
料 300円、65歳以上270円、高校・大学生150円、小・中学生80円
HP http://www.showakan.go.jp/

❺ 靖国神社
やすくにじんじゃ

第二次世界大戦までの戦没者246万人を祀る

もともとは、明治2年（1869）、戊辰戦争で亡くなった政府軍の兵士を慰霊するために明治政府が設けた招魂社だったが、明治12年に靖国神社と改称。現在は、ペリー来航から第二次世界大戦までの戦没者が祀られている。

📞 03-3261-8326
東京都千代田区九段北3-1-1
🕙 6:00～18:00
HP http://www.yasukuni.or.jp/

拝殿は明治34年（1901）建造。裏手側は緑が広がっており、回遊式の神池庭園や相撲場などがある

TOKYO SAMPO MAP 九段

＊ ここにも注目 ＊

九段坂上の田安門側にそびえる「高燈籠」は明治3年（1870）に建設された、靖国神社の付属建造物。方位盤や風見鶏を施した西洋燈籠で「東京新名所」として、明治・大正期には錦絵や写真で取り上げられた。破損・修復を繰り返すが、平成2年（1990）に旧姿に復元。以降常夜燈として九段坂一帯を照らしている。

❻ 遊就館
ゆうしゅうかん

戦没者の遺品資料を展示する資料館

展示室には戊辰戦争から第二次世界大戦までの近代戦史を解説。戦没者、特攻隊員の遺品をはじめ、ゼロ戦や人間魚雷「回天」など展示品は約3000点にもおよぶ。

📞 03-3261-8326
東京都千代田区九段北3-1-1
🕙 9:00～17:00　休 無休
料 800円、大学生500円、中学・高校生300円、小学生100円
HP http://www.yasukuni.or.jp/

靖国神社の境内にあり、常設展示のほかにも企画展も行なわれている

ゴール　遊就館 ❻

6km　5km　4km

東京カレンダー

5月
月平均最高気温　22.7℃
月平均最低気温　15.1℃
月平均降水量　128.0mm

神田祭　　　　　　　15日
江戸三大祭りのひとつに数えられる。本祭りは奇数年に開催。
神田明神　MAP P.34 C-4

15日に近い土曜日に行なわれる神幸祭では御輿が踊る

三社祭　　　　　　15〜17日
名物大行列、氏子各町による神輿、境内での催し物など3日間開催。
浅草神社　MAP P.30 C-2

湯島天神例大祭　　　　25日
偶数年開催。天神紋に染め抜いた半纏、青いねじりの担ぎ手の威勢良し。
湯島天神　MAP P.34 C-3

五条天神大祭　　　　　25日
鳶の人たちが木遣り唄を謡いながら先導する行列は厳粛な趣。
五条天神社　MAP P.38 B-2

3月
月平均最高気温　12.9℃
月平均最低気温　5.1℃
月平均降水量　114.5mm

だるま市　　　　　　3〜4日
江戸中期頃から始まった行事で、約300軒ものだるま屋が集まる縁日。
深大寺　MAP P.200 C-3

浅草観音示現絵 金龍の舞　18日
観音様の象徴「蓮華珠」とこれを守護する「金龍」が勇壮華麗な舞を披露。
浅草寺　MAP P.30 B-2

神忌祭(たいまつ祭り)　25日
夕暮れどきに梅の花が咲く心字池のまわりを松明で照らしながらまわる。
亀戸天神　MAP P.182 B-1

桜まつり　　　下旬〜4月上旬
約1300個ものぼんぼりが灯り、夜桜の雰囲気を醸し出す。
上野公園　MAP P.38 B-2

1200本もの桜並木。江戸でいちばんの桜の名所といわれた

1月
月平均最高気温　9.8℃
月平均最低気温　2.1℃
月平均降水量　48.6mm

大根まつり　　　　　　7日
お供えの大根を調理した「ふろふき大根」が参拝者に振る舞われる。
待乳山聖天　MAP P.208 F-4

同寺のシンボル、大根をいただいて、健康を祈願する

とんど焼　　　　　　　8日
境内に設置された大火を用い、正月飾りなど焼き払う儀式。
鳥越神社　MAP P.177 B-1

世田谷ボロ市　　　　15〜16日
骨董品、日用雑貨など売る露店が約700店。12月15〜16日にも開催。
ボロ市通り　MAP P.84 A-4

とげぬき地蔵大祭　　　24日
「正五九(1月・5月・9月)」の24日と、年3回行なわれる大祭。
高岩寺　MAP P.206 E-2

6月
月平均最高気温　25.2℃
月平均最低気温　18.9℃
月平均降水量　164.9mm

須賀神社祭礼　　　　3〜4日
境内では多くの露店が出店。神楽殿において奉納神楽などを終日開催。
須賀神社　MAP P.103 B-3

山王まつり　　　　　7〜18日
江戸三大祭りのひとつ。皇居周辺が盛大な祭りに覆われる。
日枝神社ほか　MAP P.128 D-2

鳥越神社祭礼　　　　9〜11日
例大祭に出る千貫神輿は都内最大級を誇る。荘厳な夜祭りとしても有名。
鳥越神社　MAP P.177 B-1

千日詣りほおづき市　　9〜11日
その名のとおり、この日に参拝すれば1000日分の御利益があるという。
愛宕神社　MAP P.124 B-1

つきじ獅子祭　　　　10〜13日
波除祈願のため、一声で万物を威伏させる「獅子」の頭を担いでまわる。
波除稲荷神社　MAP P.52 C-21

4月
月平均最高気温　18.4℃
月平均最低気温　10.5℃
月平均降水量　130.3mm

忠犬ハチ公慰霊祭　　　8日
ハチ公の忠義を伝えるべく、命日の翌年、昭和11年(1936)から毎年開催。
渋谷駅前　MAP P.108 B-4

命日は3月8日だが、気候の関係で1カ月後に開催

花まつり　　　　　　　上旬
参拝客が仏像に甘茶をかける。幼子による「稚児練供養行列」が華やか。
護国寺　MAP P.156 E-3

白鷺の舞　　　　　　　中旬
京都の正統を基本に慶安縁起の遷座供養祭礼行列を復元したもの。
浅草寺　MAP P.30 B-2

みゆき通りフラワーカーペット　29日
西銀座通りから銀座通りの約300mがチューリップの花びらで埋まる。
銀座みゆき通り　MAP P.47 B-3

2月
月平均最高気温　10.0℃
月平均最低気温　2.4℃
月平均降水量　60.2mm

うけらの神事　　　　　3日
平安時代の古式にしたがい、神職と鬼との問答などがある、節分行事。
五条天神社　MAP P.38 B-2

福聚の舞　　　　　　　3日
三大寺舞の一つ、「福聚の舞(七福神の舞)」が奉演される。
浅草寺　MAP P.30 B-2

節分祭り　　　　　　　3日
「節分祭追儺式」の神事を厳修し、除災招福・万民和楽を祈る。
日枝神社　MAP P.128 D-2

節分祭、神楽、豆まきなどが盛大に行なわれる

5000人の第九コンサート　第4日曜
「第九(ベートーベン)」や「花(瀧廉太郎)」など公演する一般公募型イベント。
両国国技館　MAP P.176 D-3

62

twelve months in tokyo

11月
月平均最高気温　16.7℃
月平均最低気温　9.5℃
月平均降水量　92.5mm

菊花祭り　1〜15日
千本咲・大懸崖・菊人形・盆庭などの2000株の菊花を観賞できる。
湯島天神　MAP P.34 C-3

東京時代まつり　3日
時代装束を身に纏った大行列が馬道通り〜雷門通りを練り歩く。
浅草寺周辺　MAP P.30 B-2

酉の日 酉の市　4日・16日・28日
商売繁盛と開運招福の熊手を売る露店が建ち並ぶ、冬の風物詩。
花園神社　MAP P.90 D-2

11月に3回にわたり、開催。縁起物なのでぜひ買いたい

どぶろく祭り　下旬
濁り酒が振る舞われる奇祭。関東二大どぶろく祭りのひとつはここ。
小網神社　MAP P.212 D-4

9月
月平均最高気温　26.8℃
月平均最低気温　20.7℃
月平均降水量　208.5mm

だらだら祭　11〜21日
別名「生姜祭」。風邪予防に御利益のあるショウガが振る舞われる。
芝大神宮　MAP P.124 C-3

根津大権現大祭　中旬
氏子町会の御輿巡礼や三座の舞、神楽、舞踊などが行なわれる。
根津神社　MAP P.25 A-4

江戸時代には三大天下祭りにも数えられた大祭

赤城神社例大祭　19日
午前・午後と境内の舞台において、数回にわたり、神楽が奉納される。
赤城神社　MAP P.97 C-1

ふくろ祭り　27〜28日
縁日や歌謡ショーなど。10月11〜12日には「東京よさこい」を開催。
池袋西口周辺　MAP P.157 B-1

7月
月平均最高気温　29.0℃
月平均最低気温　22.5℃
月平均降水量　161.5mm

四万六千日ほおづき市　9〜10日
境内には約200軒のほおづき露店が並び、夜遅くまで賑わいを見せる。
浅草寺　MAP P.30 B-2

えんま堂開帳日　15〜16日
「内藤新宿のお閻魔さん」と親しまれた閻魔大王像と奪衣婆像が御開帳。
太宗寺　MAP P.90 E-3

神楽坂まつり　19〜22日
ほおづき市、納涼ビアガーデン、阿波踊りなど3日間にわたり開催。
神楽坂商店街　MAP P.96 E-3

隅田川花火大会　26日
毎年100万人を超す人が訪れる。花火コンクールも行なわれる。
隅田川河川敷　MAP P.8 E-1、E-2

花火の打ち上げ総数は、第1・第2会場合わせて約2万発

12月
月平均最高気温　12.3℃
月平均最低気温　4.6℃
月平均降水量　39.6mm

吉良祭・元禄市　9〜10日
忠臣蔵ファン垂涎の祭。衣料品市、和太鼓演奏や、ちゃんこ屋もある。
本所松坂町公園　MAP P.176 D-4

義士祭　14日
泉岳寺に眠る赤穂義士の法要を行ない、有志による四十七士行列を開催。
泉岳寺　MAP P.138 F-3

羽子板市　17〜19日
さまざまな人物が描かれた豪華絢爛な羽子板の数々を販売。
浅草寺　MAP P.30 B-2

例年、その年話題になった人物が描かれることも多い

納め不動　28日
1年間の護摩札、お守りなどをお焚き上げし、感謝の祈りを捧げる。
深川不動尊　MAP P.186 C-4

10月
月平均最高気温　21.6℃
月平均最低気温　15.0℃
月平均降水量　163.1mm

大新宿祭り　1〜19日
2つの主催イベントに、25の協賛イベントを加えた新宿区全域の祭り。
新宿通りほか　MAP P.9 A-2

浅草秋の観光祭り　1日〜11月15日
期間内には、「平成中村座」公演や浅草大菊花展などイベント多数。
浅草寺周辺　MAP P.30 B-2

神田古本祭り　下旬〜11月上旬
読書週間に合わせて、古書店街で有名な神田神保町で開かれる古本市。
神田神保町　MAP P.213 B-3

路上に古本の露店が並ぶ、青空古本市

甘藷祭り　28日
大学芋、芋焼酎などサツマイモにちなんだ露店が所狭しと軒を連ねる。
目黒不動尊　MAP P.68 B-2

8月
月平均最高気温　30.8℃
月平均最低気温　24.2℃
月平均降水量　155.1mm

江戸川区花火大会　第1土曜
オープニングの5秒間・1000発打ちは、江戸川名物となっている。
江戸川河川敷　MAP P.6 F-1

神宮外苑花火大会　上旬〜下旬
アーティストのライヴもある、東京都心で開催される唯一の花火大会。
神宮外苑　MAP P.112 D-1

深川八幡祭　中旬
江戸三大祭りのひとつ。沿道にも水しぶきが飛び交う、別名「水掛け祭」。
富岡八幡宮　MAP P.186 C-4

寅さんまつり　下旬
盆踊り、歌謡ショーなど下町情緒溢れる雰囲気のお祭り。
柴又帝釈天　MAP P.190 B-3

浅草サンバカーニバル　30日
全国から集合したサンバダンサーが観客を魅了する下町の夏の風物詩。
雷門通り周辺　MAP P.30 B-3

TOKYO SANPO MAP　東京カレンダー

＊日程は、変更されることもありますので事前にご確認ください。

東京カレンダー

東京花祭り

鮮やかな季節の花々が咲き誇る、花祭り。東京都内でも有数の花の名所で開催される、さまざまな春の花祭りで、香りを満喫しに行こう。

↑ 藤まつり

亀戸天神 4月中旬～5月中旬
東京一といわれるフジが咲き誇る。露店が賑わう情緒ある祭り。
➡P.183

↓ 梅祭り

湯島天神 2月中旬～3月中旬
境内には白梅を中心に、約300本の梅の花を観賞することができる。
➡P.35

↑ ぼたん祭り

上野東照宮 4月中旬～5月中旬
日中290品種3800本のボタン、50品種2000本の季節の花が咲く。
➡P.37

↓ つつじまつり

根津神社 4月中旬～5月中旬
約2000坪ものつつじ苑が満開に。甘酒茶屋、植木市、露店も並ぶ。
➡P.26

南東部

古くから鎮座する落ち着いた雰囲気の
古社や名刹を巡る静かな散歩道

TOKYO SOUTHEAST

吉田松陰が祀られていることで
有名な松陰神社の境内入口

| 歩く時間 | 約1時間 |
| 歩く距離 | 約3.1km |

コース ⑩

スタート 目黒駅
JR山手線、東京メトロ南北線、都営三田線、東急目黒線

❶ 大圓寺
↓
❷ 行人坂
↓
❸ 五百羅漢寺
↓
❹ 成就院
↓
❺ 目黒不動尊
↓
❻ 林試の森公園
↓
ゴール 武蔵小山駅
東急目黒線

目黒
めぐろ

**寺院が点在する参拝地
江戸庶民で賑わいをみせた
水と緑の散歩コース**

目黒不動尊の男坂。左手には独鈷の滝、右手には鷹居の松

目黒の表玄関・権乃助坂。沿道の権乃助坂商店街は3kmにもおよぶ

江戸時代には、庶民の行楽地として栄えた目黒。江戸五色不動として名高い目黒不動尊をはじめ、多くの名刹が点在する。

目黒駅西口から行人坂を下る途中には、大火の歴史を残す大圓寺が建つ。かつて広重が浮世絵に描いた太鼓橋を渡り、山手通りの西側へ。味わいある羅漢の並ぶ五百羅漢寺、「蛸薬師」こと成就院に立ち寄り、目黒不動尊を目ざす。大本堂裏手に構える大日如来へお参りがすんだら、樹木や草花の宝庫、林試の森公園を散策して武蔵小山駅へ向かう。

❶ 大圓寺
だいえんじ

江戸の三大大火の火元 悲劇を伝える五百羅漢像

明和9年（1772）、大圓寺を火元とした大火事が発生。死者は約1万5000人。江戸の3分の1を焼いた火事は「明和の大火」と呼ばれ、江戸三大大火に数えられる。放火犯は泥棒に入った元寺僧で、鬼平犯科帳の主人公・長谷川平蔵（宣以）の父に捕まった。

📞 **03-3491-2793**
東京都目黒区下目黒1-8-5
参拝自由

境内には大火の被害者を供養する五百羅漢像が置かれている。寺が嘉永元年（1848）まで再興されないほど、街は大惨事であった

❷ 行人坂
ぎょうにんざか

二子街道とも呼ばれた 往来の激しい急坂

行人坂の名に由来するのは大圓寺。江戸初期に高僧・大海法印が大圓寺を開き、このあたりに棲まう悪人を一掃。多くの行人が住み、修行するようになったことからその名がつけられた。

東京都品川区上大崎1～目黒区下目黒1

権乃助坂（目黒通り）が開かれる前は、二子街道として、目黒筋へ通ずる主要道路だった

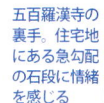

五百羅漢寺の裏手。住宅地にある急勾配の石段に情緒を感じる

＊ここにも注目＊

行人坂の中腹には、「目黒川架橋供養勢至菩薩石像」を祀る祠がひっそりとたたずんでいる。台座の前面と両側面に目黒川架橋を語る銘文は、江戸中期を物語る貴重な資料となっている。

❸ 五百羅漢寺
ごひゃくらかんじ

「目黒のらかんさん」 として親しまれる羅漢像

元禄8年（1695）に江戸の本所に建立された由緒ある名刹で、明治41年（1908）に目黒に移転。羅漢像は現在300体あまりが残る。

📞 **03-3792-6751**
東京都目黒区下目黒3-20-11
9:00～17:00　300円
http://www.rakan.or.jp/

本堂には本尊釈迦如来と弟子の羅漢像が一堂に会す

おさんぽごはん、おさんぽショッピング。

パティスリー ドゥ ボン クーフゥ
Pâtisserie de bon cœur　洋菓子

ケーキ屋とは思えないほどシックな外観。自慢の生菓子はひとつ食べたら満足できるしっかり味。ワインと相性も◎。

📞 **03-3785-0052**
東京都品川区小山3-11-2 1F
12:00～20:00　無休
MAP P.68 B-4

らかんちゃや
らかん茶屋　食事処

らかん膳など数種類のランチ（11:00～14:00）があり、あんみつなどの甘味も用意。夏はかき氷、冬はおしるこもある。

📞 **03-3792-7224**
東京都目黒区下目黒3-20-11
10:00～17:00
月曜　600円～
予約 可　MAP P.68 B-2

目黒

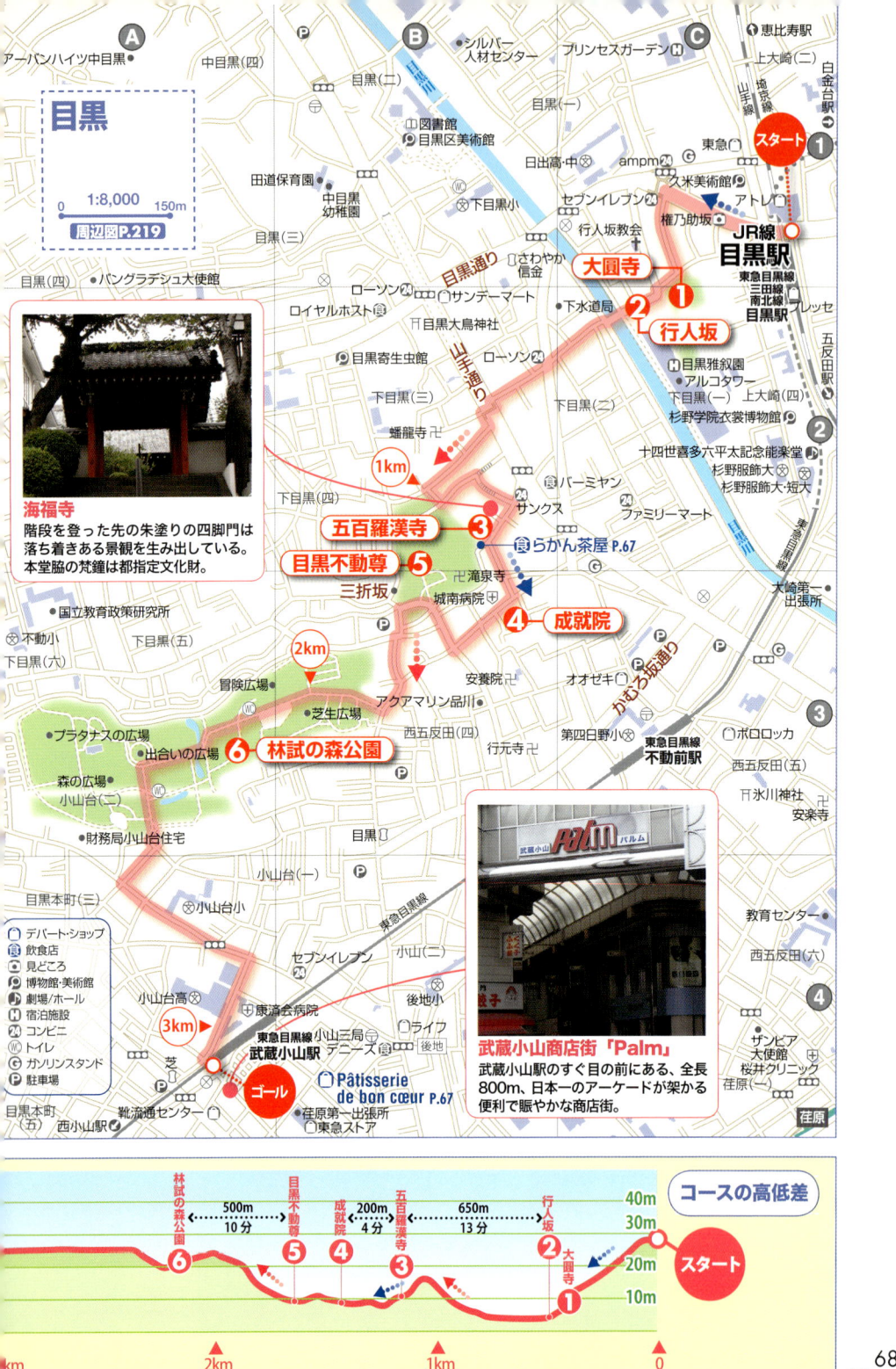

目黒

1:8,000　150m
周辺図 P.219

海福寺
階段を登った先の朱塗りの四脚門は落ち着きある景観を生み出している。本堂脇の梵鐘は都指定文化財。

① 大圓寺
② 行人坂
③ 五百羅漢寺
⑤ 目黒不動尊
④ 成就院
⑥ 林試の森公園

らかん茶屋 P.67

武蔵小山商店街「Palm」
武蔵小山駅のすぐ目の前にある、全長800m、日本一のアーケードが架かる便利で賑やかな商店街。

Pâtisserie de bon cœur P.67

コースの高低差

スタート → ① 大圓寺 → ② 行人坂 (650m, 13分) → ③ 五百羅漢寺 (200m, 4分) → ④ 成就院 → ⑤ 目黒不動尊 (500m, 10分) → ⑥ 林試の森公園

68

2代将軍徳川秀忠の側室、お静が奉納した「お静地蔵」でも知られる寺

❹ 成就院
じょうじゅいん

徳川家ゆかりのお静地蔵
『蛸薬師』の愛称でも有名

　目黒不動の開祖、慈覚大師が創建した天台宗の寺。本尊の薬師如来が3匹のタコに支えられた蓮華座に乗っていることから別名「蛸薬師」とも呼ばれている。
☎03-3712-8942
東京都目黒区下目黒3-11-11
🕘 9:00〜17:00
HP http://www.jyoujyuin.jp/

❺ 目黒不動尊
めぐろふどうそん

関東最古の霊場
江戸五色不動のひとつ

　正式名を泰叡山瀧泉寺といい、大同3年(808)、慈覚大師によって創建され、天安2年(858)には堂宇が造られ、関東最古の霊場として栄え、庶民の行楽地として賑わいを見せていた。
☎03-3712-7549
東京都目黒区下目黒3-20-26
🕘 参拝自由
HP http://park6.wakwak.com/~megurofudou/

「水かけ不動明王像」のある独鈷の滝は開山以来、千百余年絶えず湧出している。本堂は小高い丘の頂上に建つ

大学芋に、芋焼酎。
サツマイモの露店で食べ歩き。
目黒不動尊『甘藷祭り』

　目黒不動尊境内には、サツマイモ栽培の普及に貢献した江戸時代の儒者・青木昆陽の墓があり、10月28日には「甘藷祭り」として、各地のサツマイモ製品が販売される。

昔ながらの懐かしい大学芋

目黒不動尊脇にある3つに折れ曲がった形状の三折坂

❻ 林試の森公園
りんしのもりこうえん

樹木が茂り、野鳥が飛来
元林野庁の林業試験場

　元林業試験場だけに、日本の特産樹から西洋の珍種までバラエティ豊かな樹木や草木が生い茂る。芝生広場にある「大きなクスノキ」は公園のシンボルツリー。
☎03-3792-3800
東京都目黒区下目黒5〜品川区小山台2
🕘 終日開放
HP http://www.tokyo-park.or.jp/park/format/index003.html

外周を歩いて45分ほどの東西700m、南北250mの細長い公園

ゴール

6km　5km　4km

| 歩く時間 | 約1時間20分 |
| 歩く距離 | 約4.0km |

コース ⑪

- **スタート** 北品川駅（京浜急行）
- ↓
- ① 善福寺
- ↓
- ② 一心寺
- ↓
- ③ 荏原神社
- ↓
- ④ 品川神社
- ↓
- ⑤ 東海寺
- ↓
- ⑥ 品川寺
- ↓
- **ゴール** 青物横丁駅（京浜急行）

北品川
きたしながわ

旧東海道沿いに位置する
最も重要な宿場町・品川宿
賑わいを見せた江戸の玄関口を歩く

品川宿の総鎮守であった、1300年以上の歴史を持つ荏原神社

北品川駅から東海道品川宿入口へ向かい、旧東海道の旅を開始

東海道第一番目の品川宿は、当時は旅人や参詣客で大いに賑わったという。旧東海道沿いに残る史跡や周辺の寺社に、往時の面影が感じられる。

旧東海道沿いでは、家光と沢庵和尚の問答を伝える問答河岸跡、幕末志士が密会した相模屋跡などの旧跡を見学。鎌倉創建の善福寺では、本堂入口の漆喰鏝絵が必見だ。家康が関ヶ原の戦いの戦勝祈願をした品川神社、家光が沢庵和尚を招いた東海寺、家綱ゆかりの梵鐘が残る品川寺など、徳川家ゆかりの古寺を巡って青物横丁駅へ。

70

TOKYO SAMPO MAP 北品川

旧東海道から荏原神社に向かう途中にある、目黒川沿いの遊歩道

品川宿本陣跡がある、聖蹟公園周辺

壁面に描かれているのが「漆喰鏝絵」。保存状態はあまりよくないが、龍の形がかろうじてわかる

❶ 善福寺
ぜんぷくじ

創建700年以上の歴史 龍の漆喰鏝絵が残る本堂

鎌倉時代後期に創建された時宗の寺院。土蔵造りの本堂入口にある「漆喰鏝絵（しっくいこてえ）」が有名。名工といわれた江戸末期の左官職人・入江長八の作品で、漆喰とコテを使って描かれた龍が残っている。

☎ 03-3471-5388
東京都品川区北品川1-28-9
🈺 参拝自由

❷ 一心寺
いっしんじ

別称は品川成田山不動尊 江戸風情が漂う寺

江戸末期に建立されたが、現在のものは明治期に再建されたもの。江戸観音札所第三十番に指定されており、東海七福神の寿老人の指定寺院に定められている。

☎ 03-3471-3911
東京都品川区北品川2-4-8
🈺 参拝自由

北品川商店街通りに面して建つが、小さいため見過ごさないように注意

❸ 荏原神社
えばらじんじゃ

代々武家から尊崇される 品川の龍神様

品川宿元総鎮守であり、和銅2年（709）、大和の丹生川上神社から龍神を勧請したのが創建と伝えられる。源氏、徳川、上杉など武家からの信仰も篤く、徳川家より左文字一振りを奉納、神領五石を寄進された。神殿に掲げる扁額は内大臣三条実美公の筆になる。

☎ 03-3471-3457
東京都品川区北品川2-30-28
🈺 参拝自由
HP http://www.ebarajinja.org/

旧荏原郡（品川、大田、目黒、世田谷）のなかで最も由緒のある神社であった。拝殿上部には龍神を彷彿とさせる像が眼下を見つめる

🌸 おさんぽごはん、おさんぽショッピング。

あきおか　　煎餅

創業が明治28年（1895）の手焼き煎餅のお店。人気商品の品川巻きは、品川観光協会推奨品。

☎ 03-3471-4325
東京都品川区北品川2-2-8
🈺 9:00～18:00　休 日曜
MAP P.72 B-2

しながわ翁
しながわおきな　　そば

もりそばは細く喉ごしが良い「ざる」と太く噛むごとにそばの香りが広がる「田舎」の2種類。

☎ 03-3471-0967
東京都品川区北品川1-8-14
🈺 9:00～15:00（LO14:30）
休 日曜、第2月曜
¥ 1000円～　予約 不可
MAP P.72 B-1

北品川

1:12,000

問答河岸碑
将軍家光が東海寺を訪れた際、沢庵和尚が問答した故事にちなむ碑。

青物横丁商店街
江戸時代の野菜市場に由来し、昭和初期には大きな八百屋が軒を連ねた。

コースの高低差

区間	距離	時間
スタート→善福寺①	—	—
①→一心寺②	—	—
②→荏原神社③	350m	7分
③→品川神社④	450m	9分
④→東海寺⑤	350m	7分
⑤→ゴール	2300m	46分

コース上のポイント:
① 善福寺
② 一心寺
③ 荏原神社
④ 品川神社
⑤ 東海寺
⑥ 品川寺（ゴール）

万松山東海寺は臨済宗京都紫野大徳寺の末寺にあたる

毎年6月上旬に品川神社で行なわれる例大祭を北の天王祭と呼び、荏原神社の例大祭を南の天王祭と呼ぶ

❹ 品川神社
しながわじんじゃ

徳川家の庇護を受けた北品川宿の鎮守

源頼朝が安房国・洲崎明神の天比理乃咩命を勧請して海上安全、祈願成就を願ったことを創始とする。徳川家康が関ヶ原の戦いの出陣前に戦勝祈願を行ない、明治天皇により准勅祭神社の十社に定められるなど、篤い信仰を受けている神社。

📞 03-3474-5575
東京都品川区北品川3-7-15
🔓 参拝自由

❺ 東海寺
とうかいじ

広大な敷地を誇った沢庵和尚ゆかりの名刹

3代将軍家光が沢庵和尚を江戸に招き、寛永15年（1638）に建立。約5万坪の敷地を有し、上野寛永寺、芝増上寺と並び称される、江戸の名所のひとつであった。明治以降に寺は荒廃し、寺域はわずかなものとなった。

📞 03-3471-6943
東京都品川区北品川3-11-9
🔓 参拝自由

権力に媚びない人格者 沢庵和尚が眠る墓石

見識高邁な人柄でさまざまな人に影響を与えた沢庵和尚。東禅寺から少し離れた東海道線の線路沿いの坂の上に大山墓地に素朴な自然石の墓石が残されている。

沢庵漬けの考案者という事実は定かではないらしい

病気平癒の「しばられ地蔵」

願行寺
がんこうじ

MAP P.72 B-3

病気平癒で有名な願行寺のしばられ地蔵。地蔵の首は取り外せるようになっており、願をかける人が首を持ち帰り、願いが叶ったら地蔵の首を2つ奉納をすることになっている。

📞 03-3474-8484
東京都品川区南品川2-1-12
🔓 参拝自由

❻ 品川寺
ほんせんじ

東海道を見守るお地蔵様 歴史を語る梵鐘と大銀杏

大同5年（810）創建。4代将軍綱吉のときに、大伽藍が築かれ、維新後の廃仏毀釈で一時荒れたが、大正期に再興された。行方不明だった梵鐘もジュネーブで見つかり、贈還され、境内の大銀杏とともに歴史を物語る。

📞 03-3474-3495
東京都品川区南品川3-5-17
🔓 参拝自由　HP http://www.evam.ne.jp/honsenji/

境内には、江戸六街道の出入口に設けられた江戸六地蔵のひとつ、銅製地蔵菩薩坐像がある

ゴール　品川寺 ❻

20m
10m

6km　　5km　　4km

歩く時間 約1時間30分
歩く距離 約4.4km

コース ⑫

スタート **池上駅** 東急池上線
↓
❶ 池上本門寺
↓
❷ 本門寺公園
↓
❸ 大坊本行寺
↓
❹ 実相寺
↓
❺ 池上梅園
↓
ゴール **池上駅** 東急池上線

池上
いけがみ

壮大な伽藍が建ち並ぶ 日蓮上人ゆかりの名刹に 池上の歴史を垣間見る

関東に現存する幕末以前建造の五重塔で最古の塔

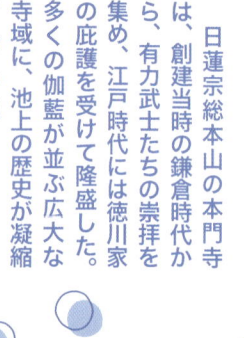

池上駅前通りから本門寺新参道に出れば、一直線で池上本門寺へ

日蓮宗総本山の本門寺は、創建当時の鎌倉時代から、有力武士たちの崇拝を集め、江戸時代には徳川家の庇護を受けて隆盛した。多くの伽藍が並ぶ広大な寺域に、池上の歴史が凝縮されている。
300年の歴史を持つ立派な総門をくぐり石段を上がると、右手には北村西望作の日蓮聖人像。山門右手には、国の重要文化財で関東最古の五重塔が荘厳な姿を見せる。大堂、本殿を過ぎて大坊坂を進むと、日蓮聖人入滅の地に創建された大坊本行寺がある。最後は池上梅園へ。

74

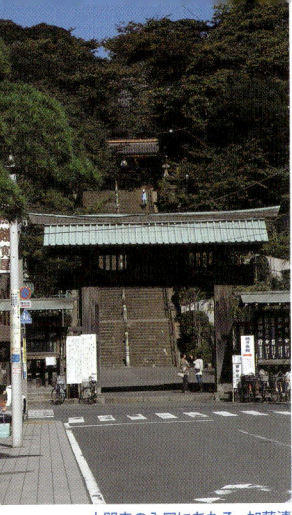

TOKYO SAMPO MAP 池上

本門寺の入口にあたる、加藤清正公築造寄進の此経難持坂

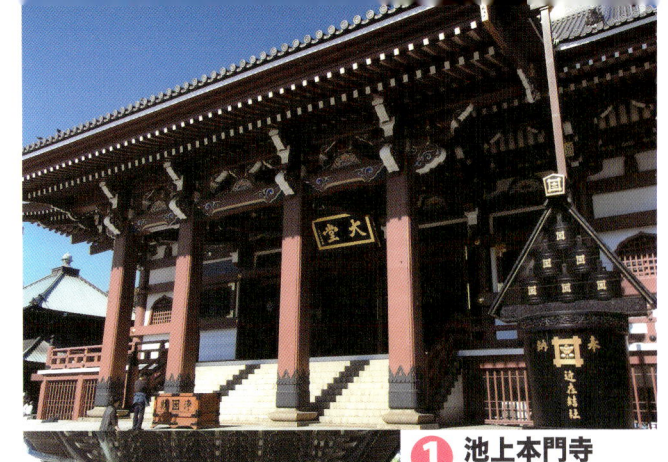

大堂外陣の天井画・龍図は川端龍子画伯の遺作。戦火を逃れた経蔵は江戸中期の本格的な大型で全国的に見ても貴重

❶ 池上本門寺
いけがみほんもんじ

700年余の歴史 法華経布教の殿堂

　弘安5年(1282)に日蓮聖人が入滅した霊場。長栄山本門寺という名は法華経の道場として長く栄えるようにと日蓮聖人がつけたもの。入滅後に約7万坪の寺域を寄進されて、以来「池上本門寺」と呼ばれるようになった。

📞 **03-3752-2331**
東京都大田区池上1-1-1
🕐 参拝自由
🌐 http://honmonji.jp/

＊ここにも注目＊

日本プロレス界の英雄・力道山。戦後、敗戦のショックに打ちひしがれた日本国民は、街頭テレビに映し出される彼の"空手チョップ"に熱狂した。39歳と短命に終わった力道山の墓は池上本門寺に銅像・碑とともに建てられている。

池上本門寺から本門寺公園と途中にある紅葉坂。突き当たりを右に曲がれば力道山の墓に通ずる

静寂かつ悠々とした自然の名園「松濤園」

　本門寺の奥庭にあたる松濤園。都内では、大名庭園を除くと最大級の広さで、幕末には西郷隆盛と勝海舟が会談したといわれる由緒ある庭園だ。普段は一般入場はできないが、時期によっては公開される場合もあるので(時期や日程は未定)、機会があればぜひ立ち寄ってみたいスポットだ。

❷ 本門寺公園
ほんもんじこうえん

常緑樹が茂る 深い森のような丘陵公園

　池上本門寺のそばにある静かな区立公園。弁天池の周りには散策路が整備されているので、ゆったりと新緑のなかを歩きたい。

📞 **03-5764-0643**
東京都大田区池上1-11-1
🕐 終日開放
🌐 http://www.city.ota.tokyo.jp/midokoro/park/honmonjikouen/index.html

丘陵状の公園で、上り下りはちょっと大変かも。休みながらゆったり散策するのがおすすめ

池上

縮尺 1:8,000　150m
周辺図 P.6

エリア内の地名・施設

- 仲池上（二）
- ダイハツ
- トヨペット
- 本門寺入口
- 3km
- 池上梅園
- 南馬込（六）
- 貴船坂
- 安立院
- 東之院
- 大坊本行寺
- 仲池上2
- 芝
- 池上（二）
- 松濤園
- 本殿
- 朗峰会館
- 中央（五）
- 実相寺
- 鎌倉テニス
- 宝殿
- 鶴林殿
- 真性寺
- 西之院
- 大坊坂
- マクドナルド
- 厳定院
- 紅葉坂
- 久が原（五）
- 日産プリンス
- 南之院
- 車坂
- 1km
- 池上本門寺
- 力道山の墓 P.75
- 本門寺公園
- 中央（六）
- 開運弁財天
- 覚源院
- 日朝堂
- 五重塔
- 稲荷神社
- 長栄堂
- 堤方神社
- 大森四中
- 法養寺
- 永寿院
- 心浄院
- 池上（一）
- 理境院
- 朗子会館
- 大田区立池上会館
- 妙見堂
- 妙雲寺
- 池上稲荷橋
- 本成院
- 池上小
- 鬼子母神堂
- 妙妙寺
- 中道院
- 常仙院
- 照栄院
- 養源寺
- 霊山橋
- 養源寺橋
- 4km
- 池上文化センター
- 池上文化センター前
- 本門寺前
- 池上特別出張所前
- 池上（三）
- 池上図書館
- 磯耳鼻咽喉科
- 池上（四）
- 和田診療所
- 池上保育園
- 梅の湯
- セブンイレブン
- 久松温泉
- 池上3
- ampm
- 三菱東京UFJ
- 本門寺新参道
- オオゼキ
- 池上駅
- 池上（五）
- 池上通り
- 千鳥町駅
- みずほ
- TSUTAYA
- 池上総合病院
- コープ
- 東急池上線
- 池上駅
- ミニストップ
- スタート
- ゴール
- 蓮沼駅
- 池上第三保育園
- 池上五公園
- 池上温泉
- 西蒲田（二）
- 大森高
- 蓮沼中

萬屋酒店
明治8年（1875）築造の、池上本門寺の門前町に残る町家形式の建物。当初は茶屋として使用されていたという。

日蓮聖人像
宗祖七百遠忌記念として、昭和59年（1983）に建てられた日蓮聖人説法像。

凡例
- 見どころ
- 劇場/ホール
- デパート・ショップ
- CDショップ
- 飲食店
- カフェ
- 宿泊施設
- 温泉
- コンビニ
- ファストフード
- トイレ
- ガソリンスタンド
- 駐車場

コースの高低差

スタート → 本門寺公園 400m 8分 → 池上本門寺 1200m 24分 → 大坊本行寺 → 実相寺

40m / 30m / 20m / 10m

0 / 1km / 2km

76

慶長11年（1606）に此経難持坂ができるまで、池上本門寺への参道だった大坊坂

❸ 大坊本行寺
だいぼうほんぎょうじ

日蓮聖人入滅の地
「ご臨終の間」

　池上右衛門大夫宗仲の邸跡。宗祖日蓮聖人入滅後に邸地が寄進され、長崇山本行寺が開創された。日蓮聖人が『立正安国論』の講義を行なった際に寄りかかったと伝わる「ご寄り掛かりの柱」がある。昭和11年（1936）に都旧跡に指定された。

☎ **03-3752-0155**
東京都大田区池上2-10-5
🕘 9:00～16:00
🔗 http://www.hongyozi.or.jp/

郷主の旧宅であった名残も残す境内。山門の右側の大坊坂から池上本門寺に通ずる

❹ 実相寺
じっそうじ

呉服の巨商大丸の
帰依を受けた日蓮宗の寺

　天文19年（1550）の江戸馬喰町に創建。明暦3年（1657）浅草新寺町矢先に移転するが、文化3年（1806）に焼失。その後、大坊坂のそばに移転。尾上松助や横綱梅ヶ谷の墓碑もある。

☎ **03-3751-4056**
東京都大田区池上2-10-17
🕘 参拝自由
🔗 http://www.ikegamijissouji.jp/

本堂と山門は大田区重要建造物。境内の天目松は樹齢80年の古樹だが、成長が遅い珍しいもの。産地が北海道で関東ではなかなか見られない枝垂れの赤松

❺ 池上梅園
いけがみばいえん

紅白の梅が咲き乱れ
良香漂う丘陵の梅園

　本門寺の西側に位置する丘陵の斜面を利用した閑静な庭園。紅梅と白梅が植えられて、満開の時期は美しいコントラストを生み出す。また、ツツジやスモモ、柿などの樹木がある。

☎ **03-3753-1658**
東京都大田区池上2-2-13
🕘 9:00～16:30（入園は～16:00）
🚫 月曜（2・3月を除く。祝日の場合は翌日）　💴 100円、16歳未満20円
🔗 http://www.city.ota.tokyo.jp/shisetsu/baien/

園内には大田区の花である梅が約370本や、ツツジ800株が咲き誇る

| 歩く時間 | 約1時間20分 |
| 歩く距離 | 約3.9km |

コース ⑬

- **スタート** 芦花公園駅 京王線
  ↓
1. 烏山念仏堂
  ↓
2. 烏山神社
  ↓
3. 世田谷文学館
  ↓
4. 粕谷八幡神社
  ↓
5. 蘆花恒春園
  ↓
6. 蘆花記念館
  ↓
- **ゴール** 千歳烏山駅 京王線

芦花公園
ろかこうえん

武蔵野の自然を愛する文人たちに描かれた閑静な住宅街を歩く

蘆花恒春園の中にある、樹木に囲まれた蘆花夫婦の旧母屋

閑静な住宅地で、緩やかな空気が流れる芦花公園駅周辺

自然に恵まれ、閑静な住宅街の広がる世田谷は、昔から文人たちに愛される街だ。京王線芦花公園駅南にある世田谷文学館では、多くの文学作品に描かれた世田谷の横顔を知ることができる。

なかでもこのエリアにゆかりの深い作家が明治・大正期の文豪・徳冨蘆花だ。蘆花は世田谷区粕谷に居を構え、夫人とともに後半生を過ごした。家屋と庭園跡は蘆花恒春園と呼ばれ、住民の憩いの場となっている。烏山川沿いに続く水際の散歩道を歩いて京王線千歳烏山駅へ向かう。

78

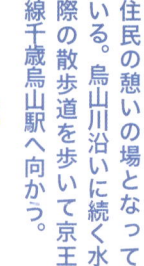

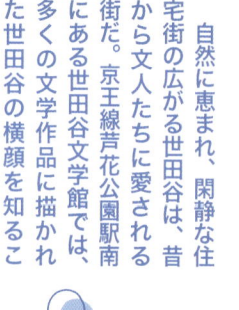

文学館横の堀で、優雅に泳ぐ鯉が涼しげな雰囲気を演出している

❸ 世田谷文学館
せたやぶんがくかん

世田谷ゆかりの作家の足跡を知る文学館

萩原朔太郎、江戸川乱歩、林芙美子、北杜夫ら多くの作家が見つめ、物語を刻んだ「まちの記憶」を、収蔵資料とともに紹介。東宝スタジオで使われた機材などがある映画コーナーでは、実際に映画で使われたゴジラを展示。

☎03-5374-9111
東京都世田谷区南烏山1-10-10
開 10:00～18:00(入館は～17:30)
休 月曜(祝日の場合は翌日)
料 200円、高校・大学生150円、小・中学生・65歳以上・障害者の方100円
HP http://www.setabun.or.jp/

世田谷文学館前の堀には、色鮮やかな鯉が泳いでおり、涼しげな雰囲気

TOKYO SAMPO MAP
芦花公園

❶ 烏山念仏堂
からすやまねんぶつどう

横たわった釈迦涅槃石像が目をひく

世田谷城主、吉良頼高が建てた泉沢寺の念仏道場として建てられた薬師堂。江戸時代中期作の釈迦涅槃石像が祀られている。

☎03-3300-5781
東京都世田谷区南烏山2-23-16
開 参拝自由

明治6年(1873)、烏山小学校の前身「温知学舎」の仮校舎としても利用されていた

横になったお釈迦様!?「釈迦涅槃石像」

小さなお堂の境内には、安らかな表情で石台に横たわる「釈迦涅槃像」が置かれている。都内唯一の珍しい釈迦像を前にするとみな思わず首を傾けてしまう。

くっきりとした上品な顔立ちが印象的

❷ 烏山神社
からすやまじんしゃ

烏山近隣の鎮守として古くから伝わる神社

古来、烏山近隣の鎮守社として伝えられ、人々の信仰を集めた神社。江戸末期は御嶽神社、大正時代は白山御嶽神社と社号が変わり、昭和37年(1962)に現在の烏山神社と改称された。

☎03-3308-9663
東京都世田谷区南烏山2-21-1
開 参拝自由

本殿は大正8年(1919)築造。境内の樹木は世田谷区の保存樹林に指定されている

粕谷2丁目周辺には、歩いていて、はっとするような見事な竹林風景が残されている

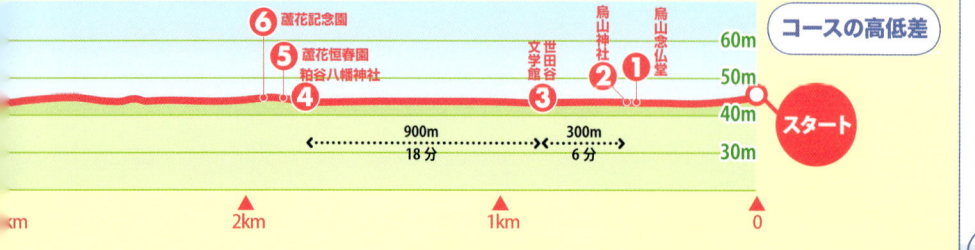

凡例
- カフェ
- アミューズメント
- デパート・ショップ
- 飲食店
- 宿泊施設
- コンビニ
- トイレ
- ガソリンスタンド
- 駐車場

芦花公園
1:12,000　200m
周辺図 P.7

粕谷の竹林
粕谷周辺の民家の軒先で自然と伸びる竹林は、世田谷百景のひとつ。

水際の散歩道
烏山川の名残をとどめるように造られた、緩やかな流れに沿う遊歩道。

廻沢のガスタンク
地域の代表的な景観として、蘆花恒春園の裏手に並ぶ美しい球体のガスタンク。

コース上のポイント：
1. 烏山念仏堂
2. 烏山神社
3. 世田谷文学館
4. 粕谷八幡神社
5. 蘆花恒春園
6. 蘆花記念館

コースの高低差
- スタート 40m
- ① 烏山念仏堂
- ② 烏山神社
- ③ 世田谷文学館 300m / 6分
- ④ 粕谷八幡神社
- ⑤ 蘆花恒春園 900m / 18分
- ⑥ 蘆花記念園

❹ 粕谷八幡神社
かすやはちまんじんじゃ

蘆花と、客人を見送った「わかれ杉」

徳富蘆花は、この神社の入口の杉の側にたたずみ、再び会えるかわからぬ客人たちを感慨深く見送ったという。蘆花は著書『みみずとたはこと』のなかで、その杉を「わかれ杉」と名付けた。

📞 03-3304-5244
東京都世田谷区粕谷1-23-18
開 参拝自由

杉は第二次世界大戦後に枯れ、幹を3mほど残し切られたが、その名が惜しまれ、現在は2代目の杉が育てられている

母屋、書院は邸宅内の見学が可能。敷地内には愛子夫人居宅跡もある。また、色鮮やかな花の丘やドッグランスペースも賑わいを見せている

❺ 蘆花恒春園
ろかこうしゅんえん

近代人気作家の痕跡 公園となった蘆花の邸宅

徳富蘆花が明治40年(1907)に移り住んだ邸宅を没後10周年に、夫人が寄付。児童公園や花壇で有名な花の丘を併設した人々の憩いの場となっている。秋水書院や母屋のほか、蘆花手植えの竹林など見どころも多い。

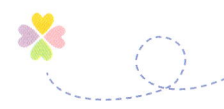

📞 03-3302-5016
東京都世田谷区粕谷1-20-1
開 終日開放(徳富蘆花邸宅は9:00〜16:30) 休 無休 料 無料

❻ 蘆花記念館
ろかきねんかん

蘆花の人柄と魅力を伝える資料館

蘆花恒春園の中にある、蘆花の遺品を展示した資料館。蘆花は武蔵野の豊かであるがままの自然を讃え、愛し、描いた作家だった。

📞 03-3302-5016
東京都世田谷区粕谷1-20-1
開 9:00〜16:00 休 無休 料 無料

蘆花の執筆活動の記録や、晩年の暮らしを垣間見ることができる展示内容となっている

武蔵野ゆかりの作家 徳富蘆花が愛した自然が残る

蘆花恒春園は、『不如帰』『自然と人生』『みみずのたはこと』の名作で知られる徳富蘆花と愛子夫人が後半生を過ごし、昭和2年(1927)に逝去するまでの約20年間、晴耕雨読の生活を送った。蘆花の意を汲み残された自然風景は、市民の憩いの場となっている。

徳富蘆花・愛子夫妻の墓

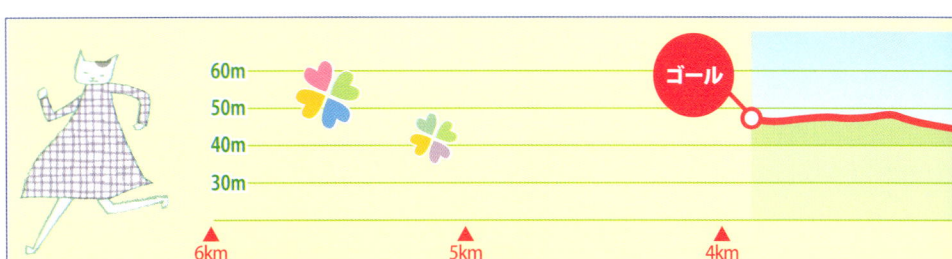

歩く時間 約1時間25分
歩く距離 約4.2km

コース⑭

スタート **宮の坂駅**
東急世田谷線
↓
① 豪徳寺
↓
② 世田谷城址公園
↓
③ 烏山川緑道
↓
④ 松陰神社
↓
⑤ 世田谷代官屋敷
↓
⑥ 世田谷区立郷土資料館
↓
ゴール **上町駅**
東急世田谷線

宮の坂駅から少し歩けば、悠然とした豪徳寺の門が見えてくる

豪徳寺
ごうとくじ

幕末の混沌を生きた
相反する二人の時代の証人が眠る
緑豊かな散策エリア

桜田門外の変でも有名な井伊直弼が眠る豪徳寺

豪徳寺には幕末から近代にかけての時代を物語る史跡が点在する。東急世田谷線宮の坂駅の東にある豪徳寺は、世田谷領主を務めた彦根藩主井伊家の菩提寺。招き猫発祥の寺ともいわれるが、これは井伊直孝が、猫に寺へと招き入れられたという故事によるものだ。

烏山川緑道を歩き、多くの維新志士を育てた吉田松陰の眠る松陰神社へ。松陰は安政の大獄により処刑されたが、その弾圧事件を指揮したのが井伊直弼だった。郷土資料館で世田谷の歴史を学べる。

82

❶ 豪徳寺
こうとくじ

井伊家の菩提寺
幸運を呼ぶ招き猫で有名

幕末の大老、井伊直弼の墓所がある寺。彦根藩2代目藩主の井伊直孝が鷹狩りの帰りに、弘徳庵という小さな庵の門前で、手招きする猫に巡り会ったのが縁で井伊家の菩提寺となった。

📞 03-3426-1437
東京都世田谷区豪徳寺2-4-7
開 参拝自由

万治2年（1659）、直孝没後に彼の戒名にちなんで、豪徳寺と改名された。境内には、招福の猫たちがずらりと並ぶ

❷ 世田谷城阯公園
せたがやじょうしこうえん

吉良氏の居城・世田谷城
跡地に広がる豊かな自然

吉良氏が築城した世田谷城の跡地で、昭和15年（1940）に開園した世田谷区唯一の歴史公園。涼しげな雰囲気で、昔の面影を残す土塁や丘、谷がある。園内の風景は世田谷百景にも選ばれている。

📞 03-5431-1822
東京都世田谷区豪徳寺2-14-1
開 終日開放

天正18年（1590）、吉良氏は北条氏と滅亡をともにし、世田谷城は廃城となった

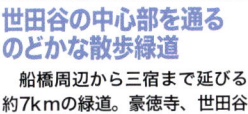

❸ 烏山川緑道
からすやまがわりょくどう

世田谷の中心部を通る
のどかな散歩緑道

船橋周辺から三宿まで延びる約7kmの緑道。豪徳寺、世田谷城阯公園、松陰神社、太子堂円泉寺など世田谷の歴史ある神社仏閣がこの緑道でつながっている。

📞 03-5432-2296
東京都世田谷区船橋7〜池尻3

草木が茂る静かな散歩道。ところどころにユニークなオブジェも置かれている

カラフルな10種の車体が走る世田谷線。東京の軌道線は、都電荒川線と世田谷線を残すのみとなっている

🌸 おさんぽごはん、おさんぽショッピング。

カフェ ロッタ
café Lotta
カフェ

松陰神社駅前近くの商店街にあり、築47年の一軒家を改装した店内はアンティーク雑貨を配し、ほんわかした雰囲気。

📞 03-3428-1126
東京都世田谷区世田谷4-2-12
営 12:00〜0:00
休 木曜　¥ 400円〜
MAP P.84 B-3

フラウラ
洋菓子

常時25種の生菓子が並ぶほか、ショコラやマカロンも絶品。ケーキのラインナップは季節によって変わる。

📞 03-3821-0737
東京都世田谷区世田谷1-14-17
営 10:00〜20:00
休 水曜
MAP P.84 B-4

豪徳寺

1:12,000　200m
周辺図 P.7

ボロ市通り
毎年1月、12月に行なわれる骨董市で有名な通り。多くの人がごった返す光景は世田谷の冬の風物詩。

松陰神社通り商店街
松陰神社の目の前にある商店街。土地柄を生かし、幕末維新祭りなどの催しも開催している。

凡例：
- 見どころ
- デパート・ショップ
- カフェ
- 飲食店
- コンビニ
- トイレ
- ガソリンスタンド
- 駐車場

コース：
- スタート
- ❶ 豪徳寺
- ❷ 世田谷城阯公園
- ❸ 烏山川緑道
- ❹ 松陰神社
- ❺ 世田谷代官屋敷
- ❻ 世田谷区立郷土資料館
- ゴール

コースの高低差

区間	距離	時間
スタート → ❶豪徳寺	—	—
❶ → ❷世田谷城阯公園	400m	8分
❷ → ❸烏山川緑道	400m	8分
❸ → ❹松陰神社	1200m	24分

高低差：10m〜40m

井伊直弼と吉田松陰
ふたりの数奇な巡り合わせ

　尊皇攘夷運動に荷担した吉田松陰は幕府の弾圧を受け処刑。この地に埋葬された。この安政の大獄と呼ばれる事件を指揮したのが井伊直弼。弾圧の犠牲者と実行者のふたりは、奇しくも1kmと離れない場所で、永遠の眠りにつくこととなった。

井伊直弼の墓 　　吉田松陰の墓

吉田松陰先生の教育道場
多くの逸材を輩出した「松下村塾」

　松下村塾からは近代史に名を残す多くの人材が輩出された。境内には、山口県萩の松陰神社にある松下村塾を模した建物が立つ。

●おもな塾生たち
高杉晋作（1839〜1867）
伊藤博文（1841〜1909）
久坂玄瑞（1840〜1864）
前原一誠（1834〜1876）
品川弥二郎（1843〜1900）
山田顕義（1844〜1892）
山縣有朋（1838〜1922）

90人前後の塾生が薫陶を受けていた

近年では、学問の神様として、崇拝を集め、全国各地からの参拝者も多い

❹ 松陰神社
しょういんじんじゃ

幕末の思想家
吉田松陰を祀った神社

　松陰は死刑に処された4年後の文久3年（1863）、松陰の門下生だった高杉晋作、伊藤博文らによって若林の地に改葬。明治15年（1882）に社が築かれ、忠魂の鎮座するところとなった。

☎ 03-3421-4834
東京都世田谷区若林4-35-1
開 7:00〜17:00
HP http://www.shoinjinja.org/

❻ 世田谷区立
郷土資料館
せたがやくりつきょうどしりょうかん

民俗学や古文書解読など
の講座も開催

　世田谷通史や大場家と代官屋敷に関する資料を収集。大場家文書は都有形文化財に指定され、石造遺材十数点を屋外展示。

☎ 03-3429-4237
東京都世田谷区世田谷1-29-18
開 9:00〜17:00（入館は〜16:30）
休 月曜、祝日（月曜が祝日の場合は翌日も休館）　料 無料

昭和39年（1964）開館の資料館

❺ 世田谷代官屋敷
せたがやだいかんやしき

白州などもある
江戸中期の貴重な史跡

　彦根藩世田谷領の代官を務めた大場氏の屋敷。現存する建物は元文2年（1737）と、宝暦3年（1753）の2度にわたり、増築されたもの。

東京都世田谷区世田谷1-29-18
開 9:00〜17:00
休 月曜、祝日　料 無料

国指定重要文化財、茅葺き主屋と表門が見どころ

東京ショッピング STREET ①

下町情緒溢れる道具街&老舗横丁

まいづる本店　食品サンプル
（まいづるほんてん）

「味を色で伝える」もモットーに高品質な食品サンプルを作り続けて50余年。観光客に人気の高い食品サンプルが所狭しと並び、その本物そっくりの立体感溢れる出来映えは、もはやアートの域といっても過言ではない。寿司をモチーフにした携帯電話ストラップ630円〜はおみやげにおすすめ。

- ☎ 03-3843-1686
- 東京都台東区西浅草1-5-17
- 営 9:00〜18:00
- 休 無休

人気アイテムの寿司時計は3サイズを揃える

ニイミ洋食器店　洋食器
（ニイミようしょっきてん）

平成19年（2007）に創業100年を迎えた、食器厨房用品専門の卸問屋。専門の食器はもちろんのこと、細かいキッチン用品から、業務店向けの寸胴鍋まで、調理に関係するアイテムがじつに5万種類以上揃う。プロ、アマ問わず幅広い品揃えを求めてやってくる。

- ☎ 03-3842-0213
- 東京都台東区松が谷1-1-1
- 営 10:00〜18:00
- 休 日曜、1・2月の祝日

合羽橋道具街名物のコック像が目印

合羽橋道具街
カッパが見守る、道具の専門店街
（かっぱばしどうぐがい）

食器、調理器具、食品サンプル、家具、看板などを扱う専門店が約200軒。プロはもちろん、良い品を安く手に入れたい客で、連日賑わう。歩道に配されたカッパの置物もユニーク。

最寄り駅 **田原町駅**　東京メトロ銀座線

甘酒横丁
大人のたたずまいを醸す下町横丁
（あまざけよこちょう）

明治初期、横丁入口の南側の尾張屋という甘酒屋が繁盛していたことから、「甘酒横丁」と呼ばれた。現在でも多くの人に親しまれている、大人がゆったり歩ける味わい深い横丁。

最寄り駅 **人形町駅**　東京メトロ日比谷線、都営浅草線

玉英堂　和菓子
（ぎょくえいどう）

天正4年（1576）創業の老舗和菓子店。伝統を守りつつ、時代に合わせた和菓子を提供。京都の香り漂う和菓子の数々が店頭に並ぶ。人気の虎家喜（とらやき）240円は、つぶ餡をふわふわの皮で包んだ逸品。5色の餡が入った彩り豊かな玉饅600円もおすすめ。

- ☎ 03-3666-2625
- 東京都中央区日本橋人形町2-3-2
- 営 9:00〜21:00（日曜、祝日は〜17:00）
- 休 第3日曜

虎家喜は包みをはがすと虎の模様が現れる

とうふの双葉　豆腐
（とうふのふたば）

大豆の自然な甘さを生かし、丹精込めた手作り豆腐のお店。厳選した大豆と天然にがりを使った自家製豆腐やがんもどき、湯葉、納豆などが揃う。人気は具だくさんのジャンボがんも600円や、まろやかな口あたりのざる豆腐など。1杯200円の甘酒も名物のひとつ。

- ☎ 03-3666-1028
- 東京都中央区日本橋人形町2-4-9
- 営 7:00〜19:00
- 休 無休

ジャンボがんも、ざる豆腐、甘酒も人気

都心西部

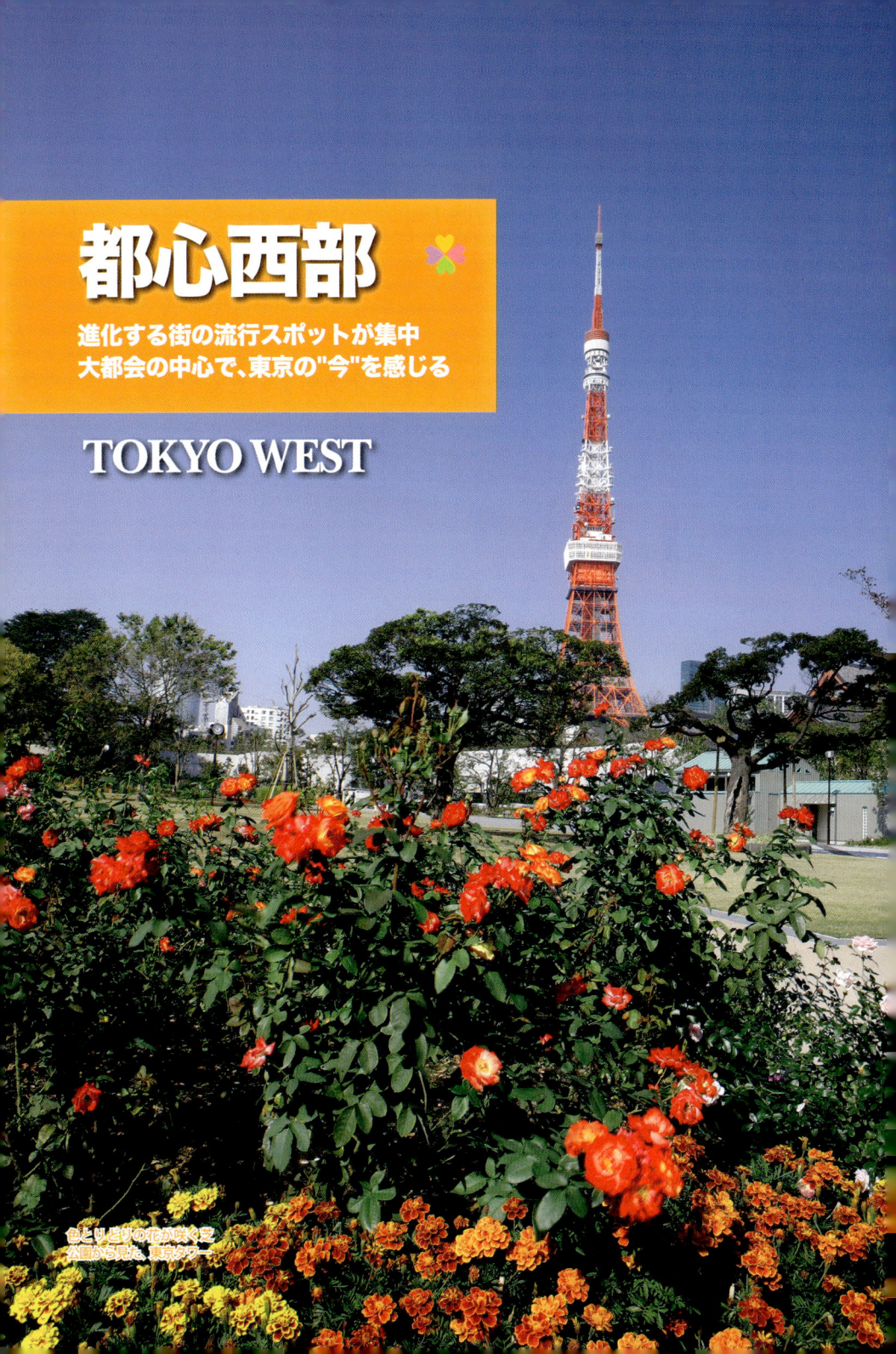

進化する街の流行スポットが集中
大都会の中心で、東京の"今"を感じる

TOKYO WEST

色とりどりの花が咲く
公園から見た、東京タワー

歩く時間	約1時間10分
歩く距離	約3.5km

コース ⑮

スタート 新宿駅
JR山手線・中央線・総武線・埼京線・湘南新宿ライン・小田急線・京王線・東京メトロ丸ノ内線・大江戸線・都営新宿線

① 東京都庁
↓
② 損保ジャパン東郷青児美術館
↓
③ 花園神社
↓
④ 新宿末廣亭
↓
⑤ 太宗寺
↓
ゴール 新宿三丁目駅
東京メトロ丸ノ内線

1日の乗降者数が世界一多いとギネスにも認定されている新宿駅

新宿
しんじゅく

林立するビル群を抜け出し
喧騒のなかにある静寂を探し歩く
終点は野趣溢れる都心のオアシス

高層ビルや高級ホテルが建ち並ぶ西新宿周辺

利用者数日本一のターミナル駅・新宿。駅の西に超高層ビル群のビジネス街、東に一大繁華街の広がる多面的な街に、安らぎのスポットを求める。

新宿駅西口を出て、まずは都庁舎展望台から都心を一望。高層ビル街を通って駅東へ。アルタ前の雑踏を抜け、緑の遊歩道・四季の道を散策。ゴールデン街に昭和の酒場風情を感じながら、新宿の総鎮守・花園神社で静寂に浸る。新宿御苑は、内藤家下屋敷跡を利用した広大な緑の庭園。近くに内藤家の菩提寺・太宗寺がある。

88

都庁舎の真下には、水が流れるちょっとした憩いのスペースもある

地上202mもの高さから見る東京の景色は圧巻

❶ 東京都庁
とうきょうとちょう

東京行政の中心
地上45階の展望室は絶景

新宿駅真正面にそびえるツインタワーに備え付けられた展望台からは東京都心の街並を一望できる。北展望室、南展望室と2つの展望室があり、12〜2月は富士山も見える日が多い。

☎ **03-5320-7890**
(展望室案内専用)
東京都新宿区西新宿2-8-1
[開] 9:30〜23:00(南展望室は〜17:30、北展望室が休館の場合は〜23:00) [休] 南展望室 第1・3火曜 北展望室 第2・4月曜日、10/18(都庁舎点検のため) [料] 無料 [HP] http://www.yokoso.metro.tokyo.jp/

都電の軌道跡を緑化した
プロムナード「四季の道」

昭和45年(1970)に廃止された都電の軌道跡を緑地化した、細長い遊歩道公園「四季の道」。新宿区役所通りの東側を、新宿ゴールデン街と交差しながら、新宿6丁目付近まで延びている。

石畳が敷かれ、木立に囲まれた遊歩道で繁華街から脱出

TOKYO SAMPO MAP 新宿

❷ 損保ジャパン
東郷青児美術館
そんぽジャパン とうごうせいじびじゅつかん

東郷青児の作品を収蔵
ゴッホの『ひまわり』も常設

東郷青児を中心として、国内外の有名な作家の絵画を展示している。また、展望回廊からは雄大な眺望を望むことができる。

☎ **03-5777-8600**
(ハローダイヤル)
東京都新宿区西新宿1-26-1
損保ジャパン本社ビル42F
[開] 10:00〜18:00 特別展は〜20:00 (入館は各閉館30分前まで) [休] 月曜(祝日の場合は開館)、展示替え期間 [料] 1000円、大学・高校生600円、中学生以下無料(展示により異なる) [HP] http://www.sompo-japan.co.jp/museum/

フィンセント・ファン・ゴッホ『ひまわり』1888年 損保ジャパン東郷青児美術館蔵

🌸 **おさんぽごはん、おさんぽショッピング。**

ダイニングアウトファイブスリー
ダイニングアウト.53
ダイニングレストラン

地上53階の大パノラマと新感覚の料理を楽しめるレストラン。
☎ **03-3344-5380**
東京都新宿区西新宿1-25-1
新宿センタービル53F
[営] 11:30〜15:00 17:00〜23:00 [休] 無休
[¥] [L] 1050円〜 [D] 5000円〜
予約 可 [MAP] P.91 B-2

ピッチーファートゥース
ピッチーファー2th
タイ料理

タイ政府公認レストラン。辛さ表示も付いているのではじめてでも安心してオーダーできる。
☎ **03-5326-8588**
東京都新宿区西新宿1-4-5 明広ビル5F
[営] 11:00〜15:00 17:00〜23:00 (LOは各閉店30分前) [休] 無休
[¥] [L] 990円〜 [D] 3000円〜
予約 可 [MAP] P.91 C-2

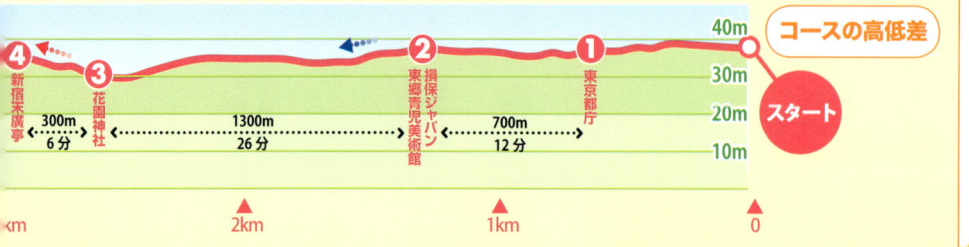

新宿

1:8,000　150m
周辺図 P.211

③ 花園神社
④ 新宿末廣亭
⑤ 太宗寺
ゴール

新宿御苑新宿門
新宿御苑入口は3つあり、新宿よりに新宿門と大木戸門、千駄ヶ谷よりに、千駄ヶ谷門が設置されている。

コースの高低差

④新宿末廣亭	③花園神社	②揚保ジャパン東郷青児美術館	①東京都庁	スタート
300m / 6分	1300m / 26分	700m / 12分		

▲2km　▲1km　▲0

40m / 30m / 20m / 10m

90

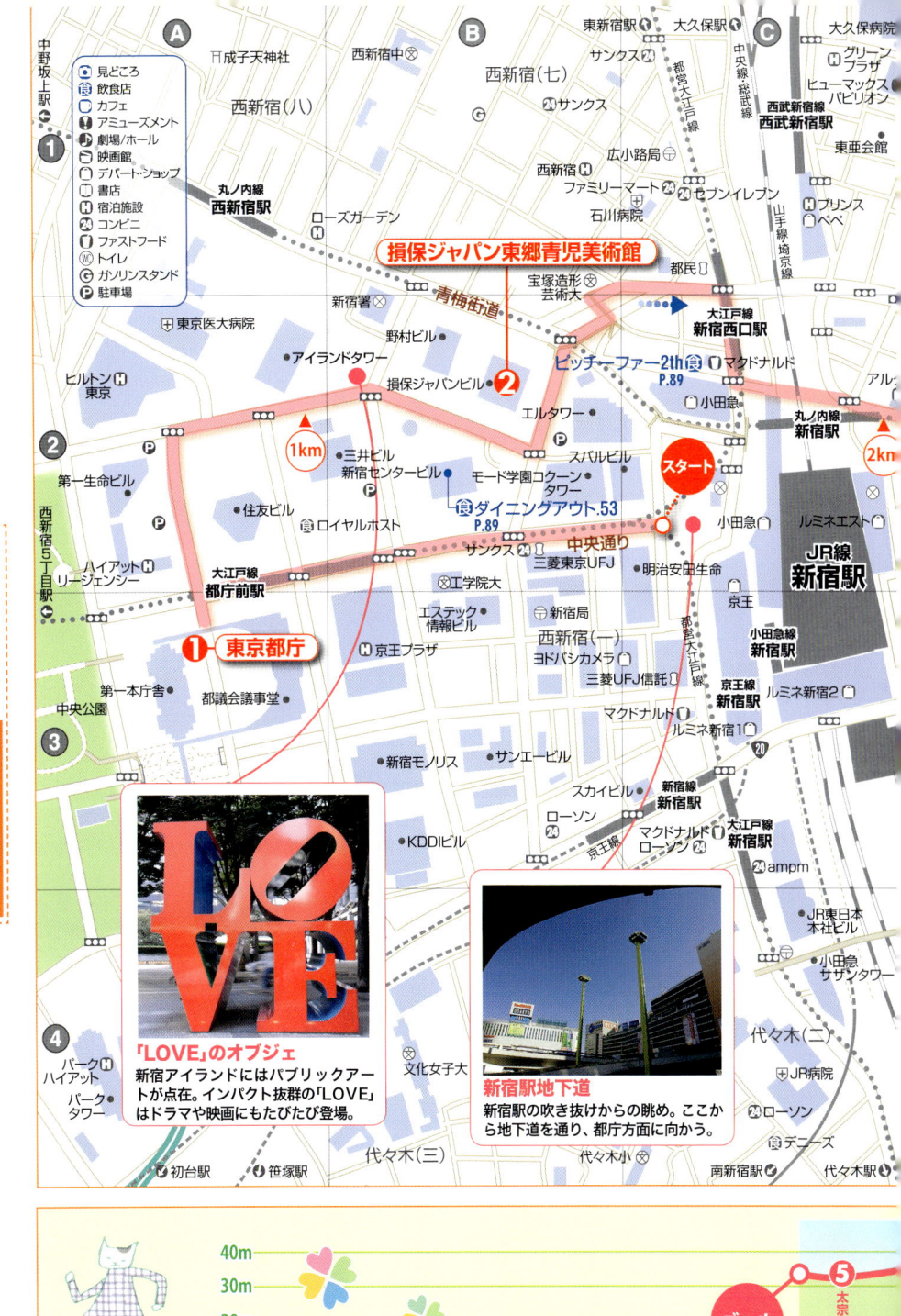

🏛	見どころ
🍴	飲食店
☕	カフェ
🎮	アミューズメント
🎭	劇場・ホール
🎬	映画館
🛍	デパート・ショップ
📖	書店
🏨	宿泊施設
🏪	コンビニ
🍔	ファストフード
🚻	トイレ
⛽	ガソリンスタンド
🅿	駐車場

損保ジャパン東郷青児美術館

① 東京都庁

「LOVE」のオブジェ
新宿アイランドにはパブリックアートが点在。インパクト抜群の「LOVE」はドラマや映画にもたびたび登場。

新宿駅地下道
新宿駅の吹き抜けからの眺め。ここから地下道を通り、都庁方面に向かう。

TOKYO SAMPO MAP 新宿

ゴール ⑤ 太宗寺 450m 9分

新宿ゴールデン街の風景を切り取る。

新宿裏通りのコアな飲み屋街として知られる「新宿ゴールデン街」。終戦直後から開かれていたヤミ市を起源とし、昭和40年(1965)に飲み屋街へと変化していった当時は、知る人ぞ知る街で作家や漫画家など文化人が夜な夜な足を運んだ。その流れは今も健在で、演劇やマスコミ関係者が通う店も多い。一時は衰退の一途をたどっていたが、近年は新たに出店した斬新なお店と、長年愛される老舗が調和し、味のある新しい街並がつくり出されている。

建物の老朽化が見られるが、レトロな看板などから往時の名残を感じる

❸ 花園神社
はなぞのじんじゃ

新宿総鎮守として街を見守り続ける神社

新宿の中心部に位置し、「新宿総鎮守」として、祀られている。演劇やコンサートなどの催し物が行なわれ、新宿の街の文化の一翼も担っている。

📞 03-3209-5265
東京都新宿区新宿5-17-3
🈺 参拝自由
HP http://www.hanazono-jinja.or.jp/

歓楽街・歌舞伎町の裏手にありながら静けさを感じる境内。銅の唐獅子は、新宿の有形文化財

❹ 新宿末廣亭
しんじゅくすえひろてい

寄席の伝統を重んじる大人が憩う場所

新宿3丁目の裏通りにひっそりとたたずみ、伝統を重んじ、雰囲気を現代にとどめる末廣亭。昼、夜それぞれ18組前後が登場する。

📞 03-3351-2974
東京都新宿区新宿3-6-12
🈺 12:00〜16:30 17:00〜21:00
🈺 無休 🈷 2700円、学生2200円
HP http://www.suehirotei.com/

いかにも寄席らしいたたずまい。外観からも雰囲気を感じられるが、一度は寄席を体験してみるのもいいだろう

熊手や縁起物の売買で賑わう晩秋の風物詩、「酉の市」

明治時代から始まった花園神社の酉の市。毎年11月に行なわれ、商売繁盛の熊手が売買される賑やかな光景は神社の冬の風物詩となっている。毎年60万人以上が訪れる市で、名物の見世小屋の雰囲気を感じ、威勢のいいかけ声を聞きながら、お気に入りの熊手を見つけたい。

多くの熊手が並び、露天商の声が境内に響く

随園別館
ずいえんべっかん

北京料理

高級食材を使った料理から気軽に食べれる料理まで200品近くが揃う北京料理の有名店。

📞 03-3351-3511
東京都新宿区新宿2-7-1
営 11:00〜15:00(LO) 18:00〜23:00(LO22:00) 休 無休
¥ L 700円〜 D 2500円〜
予約 可 MAP P.90 E-3

歌舞伎町界隈は平日の日中でも人混みが尽きることがない

近代造園の粋を結集した
東京でも数少ない風景式庭園の傑作

新宿御苑
しんじゅくぎょえん

信州高遠藩内藤家の下屋敷時代の名残が生かされた日本庭園、フランス式整形庭園、イギリス風景式庭園の3つの庭園からなる風景式庭園。四季折々の自然風景が都会の喧騒を忘れさせてくれる都心に残された貴重なオアシス。

☎ 03-3350-0151
東京都新宿区内藤町11
開 9:00〜16:30(入園は〜16:00)
休 月曜(祝日の場合は翌日、3/25〜4/24は無休) 料 200円
HP http://www.env.go.jp/garden/shinjukugyoen/
MAP P.90 E-4

内藤家庭園の名残を残す玉藻池も見どころ。桜の季節は桜見客が絶えないほどの人気スポットとなる

四季折々の自然が楽しめる日本庭園。フランス式整形庭園は開放感ある庭園、イギリス風景式庭園は背高な木々の覆われた並木道とそれぞれに特徴を持つ

❺ 太宗寺
たいそうじ

内藤家の菩提寺
江戸の面影を残す銅像

新宿御苑の位置に下屋敷を構えていた高遠内藤家の菩提寺。江戸の出入口に置かれた地蔵菩薩坐像、閻魔像や奪衣婆像など、面影を残す文化財が残されている。

☎ 03-3356-7731
東京都新宿区新宿2-9-2
開 参拝自由

正徳2年(1712)に江戸六地蔵の3番目として甲州街道沿いに造立された銅造地蔵菩薩坐像

＊ ここにも注目 ＊

江戸時代に「内藤新宿のお閻魔さん」として庶民の信仰を集めた閻魔像。総高550cmの像は目の前に立つと圧巻の迫力。閻魔に仕える奪衣婆像も「しょうづかのばあさん」として信仰されていた。現在、閻魔堂はお盆の7月15〜16日のみ御開扉されている。

おさんぽごはん、おさんぽショッピング。

BOWLS cafe
ボウルズ カフェ / カフェ

新宿御苑の前にあり、店内から外の緑が額縁の絵のように見える。メインメニューはボウル(どんぶり)を使った料理。

☎ 03-3341-4331
東京都新宿区新宿2-5-16 霞ビル1F
営 11:30〜20:00
休 不定休 ¥ 500円〜
MAP P.90 E-3

東京純豆腐
とうきょうすんどうぶ / 韓国料理

韓国料理の定番・純豆腐を日本人の舌にアレンジして提供。

☎ 03-5367-3830
東京都新宿区新宿3-3-3 恩田セントラルビルB1F 営 11:00〜23:30(LO22:30) 日曜、祝日は〜22:00(LO21:00) 休 不定休
¥ L 900円〜 D 1000円〜
予約 可 MAP P.90 E-2

| 歩く時間 | 約1時間10分 |
| 歩く距離 | 約3.5km |

コース ⑯

スタート：飯田橋駅
JR総武線、東京メトロ東西線・有楽町線・南北線、都営大江戸線

1. 神楽坂
2. 善國寺
3. 光照寺
4. 宮城道雄記念館
5. 尾崎紅葉旧居跡
6. 赤城神社

ゴール：神楽坂駅
東京メトロ東西線

神楽坂
かぐらざか

花街の粋が残る小路や坂道
明治の面影漂う裏路地を覗きながら
ぶらりとそぞろ歩きを楽しむ

神楽坂でも花街の名残を色濃く残す小路のひとつ、兵庫横丁

神楽坂の入口にあり、飲食店が建ち並ぶ神楽小路

明治期には花街が形成され、山の手随一の繁華街となった神楽坂。今も路地には、隠れ家のような料亭が静かにたたずむ。

飯田橋駅から昔ながらの商店の並ぶ小栗横丁、料亭の黒塀が続くかくれんぼ横丁を通り、「神楽坂の毘沙門さま」善國寺へご挨拶。一度神楽坂からそれ、現代邦楽の父・宮城道雄の記念館に立ち寄る。朝日坂の途中には、神楽坂を愛した明治の文豪・尾崎紅葉の終焉の地となった旧居跡がある。神楽坂に戻り、江戸三社のひとつ、赤城神社を目ざす。

❶ 神楽坂
かぐらざか

活気溢れる表通り
神楽坂散策の出発地

　神楽坂下から神楽坂駅まで延びるこの坂の名前の由来は、若宮八幡神社の神楽がこの坂まで聞こえてきたからなど諸説がいろいろある。左右には店舗が連なり、昼夜問わず活気に溢れる。

以前は宴会が始まる夜6時と8時、通称「ロクハチ」になると、多くの芸者たちが近道として利用した「芸者新道」

学生や会社員など、多くの人が集中するエリアで、神楽坂の表の顔といえる場所

ここにも注目
神楽坂周辺では街並にあった街灯を目にする。時折、街灯を眺めながら歩くのも面白いかも。

❷ 善國寺
ぜんこくじ

新宿山手七福神のひとつ
神楽坂の毘沙門天

　文禄4年(1595)、徳川家康により創建。「神楽坂の毘沙門さま」として古くから人々の信仰を集めてきた。明治から大正初期にかけては、縁日で賑わいを見せ、神楽坂は山の手銀座と呼ばれるほど名を馳せた。毘沙門天は寅の年、寅の月、寅の日、寅の刻に生まれたことから寅毘沙といわれ、正月は初寅の日、二の寅の日、5・9月は初寅の日に御開帳される。

📞 03-3269-0641
東京都新宿区神楽坂5-36
開 参拝自由
HP http://www.kagurazaka-bishamonten.com/

TOKYO SAMPO MAP
神楽坂

神楽坂通りの中腹で存在感を見せる本堂。左右に鎮座している寅の石像は江戸後期のもの

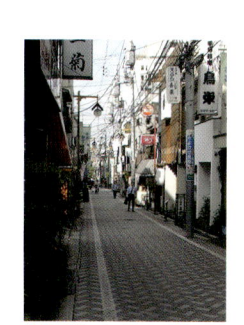

芸者新道、かくれんぼ横丁と、つながる商店街「本多横丁」

おさんぽごはん、おさんぽショッピング。

紀の善
きのぜん　　　　　　　　　　甘味処

厳選した丹波大納言のつぶ餡、伊豆七島産の天草を使った寒天など、手間を惜しまない甘味を味わえる。
📞 03-3269-2920
東京都新宿区神楽坂1-12
営 11:00～21:00(日曜、祝日は12:00～18:00) 休 第3日曜
¥ 577円～　MAP P.96 E-3

神楽坂 鳥茶屋
かぐらざか とりぢゃや　　うどんすき

毘沙門天の目の前にあるうどん会席の店。名物はうどんすき。
📞 03-3260-6661
東京都新宿区神楽坂4-2
営 11:30～14:00 17:00(土曜16:00)～21:30 日曜、祝日11:30～14:30 16:00～21:00(LO) 休 木曜
¥ L 1400円～ D 6000円～
予約 可　MAP P.96 D-2

神楽坂

1:6,000　100m
周辺図 P.210

小栗横丁
熱海湯という銭湯があることから「熱海湯通り」とも呼ばれる。かつては一尺ほどの幅の小川が流れていた。

若宮八幡神社
源頼朝が奥州攻めを決行する際に、この地に祈願したとされ、奥州平定後に鎌倉の鶴岡八幡宮の御神体を勧請。かつて一帯はこの神社の境内だった。

コースの高低差

600m 12分	650m 13分	400m 8分	250m 5分	1100m 22分
旧居留地跡	宮城道雄記念館	光照寺	善國寺	神楽坂
⑤	④	③	②	① スタート

① 神楽坂
② 善國寺
③ 光照寺

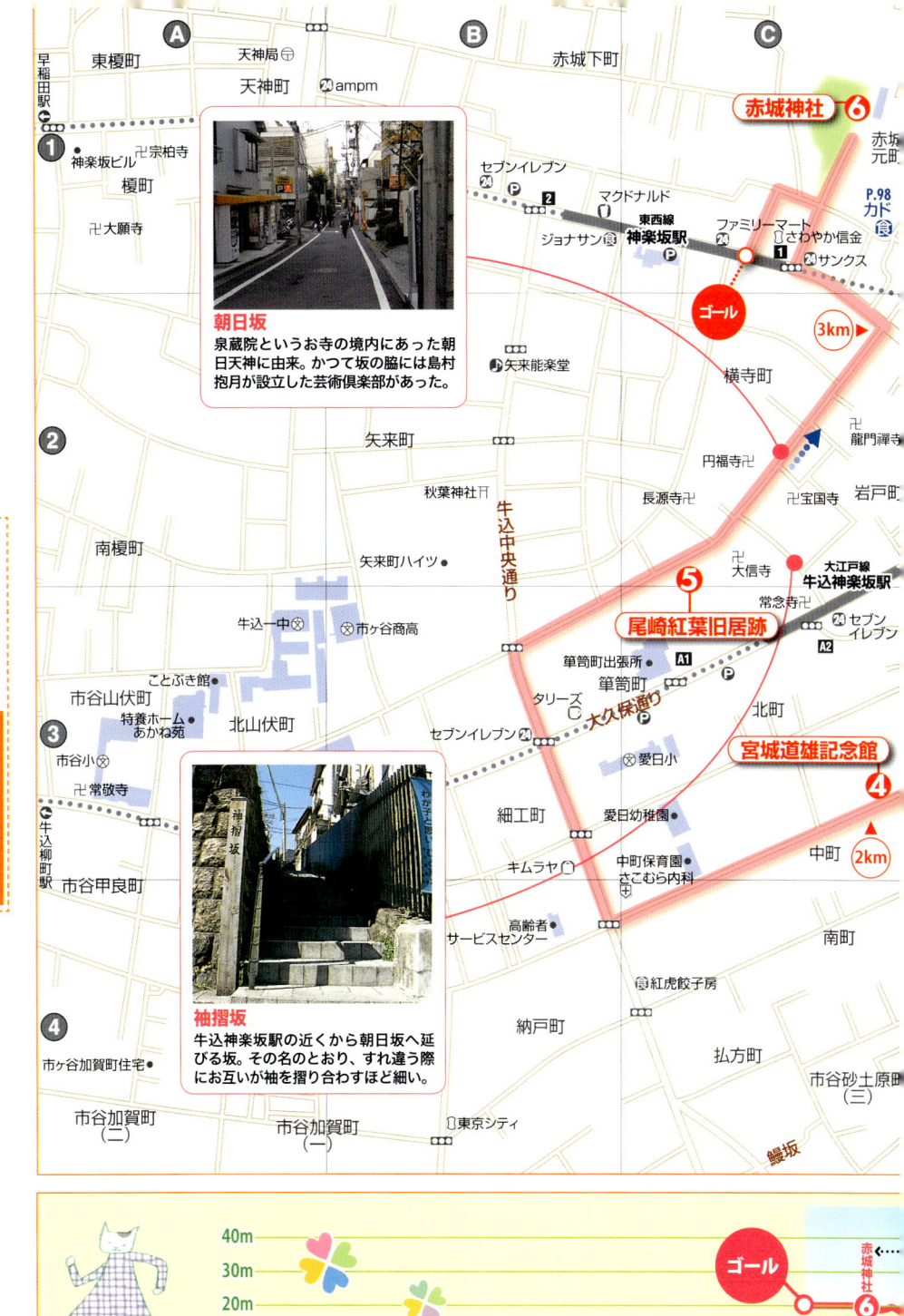

TOKYO SAMPO MAP 神楽坂

朝日坂
泉蔵院というお寺の境内にあった朝日天神に由来。かつて坂の脇には島村抱月が設立した芸術倶楽部があった。

袖摺坂
牛込神楽坂駅の近くから朝日坂へ延びる坂。その名のとおり、すれ違う際にお互いが袖を摺り合わすほど細い。

尾崎紅葉が襖の下張りにした俳句が2枚残っている

❹ 宮城道雄記念館
みやぎみちおきねんかん

現代邦楽の父の世界
日本初の音楽家記念館

宮城道雄は箏曲『春の海』をはじめ、多数の名曲を生んだ作曲家。現代邦楽の父と称され、箏の演奏家や楽器開発でも高名な宮城氏の遺品や楽器が展示されている。

☎ 03-3269-0208
東京都新宿区中町35
🕙 10:00〜16:30(入館は〜16:00)
休 日・月・火曜、祝日、8/1〜10、12/25〜1/5、3/25〜27　¥ 400円
HP http://www.miyagikai.gr.jp/

宮城氏が晩年に住んでいた敷地に建てられてた。石碑も隣接している

❺ 尾崎紅葉旧居跡
おざきこうようきゅうきょあと

牛込移住から始まった
言文一致の文体

明治24年(1891)、25歳のときに尾崎紅葉はこの地に移り住んだ。この頃の尾崎は『二人女房』を執筆中で、言文一致の文体が始められた時期でもある。その後、『心の闇』『青葡萄』『多情多恨』を執筆したが、『金色夜叉』の完成を見ることなく、ここで亡くなった。

東京都新宿区横寺町47
🕙 見学自由

光照寺方面へ登る地蔵坂。藁商が多かったことからこの一帯は「わらだな横丁」とも呼ばれる

❸ 光照寺
こうしょうじ

戦国武将の居城跡に建つ
ひっそりとした寺院

戦国時代、北条氏の家臣であった牛込氏の居城が構えられていた場所。北条氏滅亡後、城が取り壊され、正保2年(1645)に神田より移転。境内には「諸国旅人供養碑」など区登録文化財も残されている。

☎ 03-3260-1025
東京都新宿区袋町15
🕙 参拝自由

❻ 赤城神社
あかぎじんじゃ

上野国赤城神社の分霊
江戸の三社のひとつ

正安2年(1300)に、上野国(群馬)赤城山麓の豪族、大胡氏が牛込に移住した際に創祀。はじめは早稲田鶴巻町に鎮座されたが、弘治元年(1555)に現在の場所に移転された。

☎ 03-3260-5071
東京都新宿区赤城元町1-10
🕙 参拝自由
HP http://www.akagijinja.or.jp/

天和3年(1683)徳川幕府が牛込総鎮守とし、日枝神社、神田神社とともに「江戸三社」と称された

諸国旅人供養碑は旅先で亡くなった人を供養するために建てられた

🌸 おさんぽごはん、おさんぽショッピング。

カド　　　　　　食事処

通りの角にあるから「カド」。古い民家の面影を残した風情のある空間で食事を楽しめる。

☎ 03-3268-2410
東京都新宿区赤城元町1-32
🕙 11:30〜14:00 17:00〜23:00
(カフェ14.00〜16.00)　休 月曜
¥ L 800円〜　D 3150円〜
予約 可　MAP P.97 C-1

マンヂウカフェ mugimaru2　甘味処
マンヂウカフェ ムギマルツー

10種類の小麦まんじゅうをチャイやコーヒーといただけるカフェ。昔懐かしいおばあちゃんの家のような雰囲気。

☎ 03-5228-6393
東京都新宿区神楽坂5-20
🕙 12:00〜21:00(LO)
休 水曜　¥ 700円〜
MAP P.96 D-2

大人の冒険心をくすぐる横丁を歩く
神楽坂「路地裏ラビリンス」

大正時代に花街として栄えた神楽坂界隈には、風情ある路地が残る。
黒塀や石畳などの路地裏風景を保つ迷路のような横丁を巡る

かくれんぼ横丁
神楽坂らしさを保っている代表的な路地のひとつ。横にそれると目の前からすっといなくなってしまうことからこの名がついたといわれている。
MAP P.96 E-2

❶ 神楽坂中通りから、かくれんぼ横丁へ進入開始。狭い路地の両側には趣ある料亭がある。しばらく歩くと正面に分かれ道が登場

❷ 左にまがると植木鉢。張り紙には「通り抜けできません」

❸ 黒塀に沿って右に曲がる

❹ 突き当たりを左に曲がれば本多横丁へとたどりつく

兵庫横丁
神楽坂界隈で最も古く雰囲気を醸し出す路地。石畳、黒塀の路地を抜けると、人がすれ違うことが不可能なほど、細い路地が目の前に。
MAP P.96 E-2

❶ 先が見えない横丁入口から細い路地へと進入し、蛇行した道を進む。薄暗い道で探検気分

❷ 目の前に階段が現れる階段は、ドラマ撮影にも使われた場所

❸ 階段を上ると、正面には人一人通れるかわからないほどの道

❹ 左・右と進めば、善國寺のちょうど目の前へとたどり着く

| 歩く時間 | 約1時間40分 |
| 歩く距離 | 約4.8km |

コース ⑰

スタート 四ツ谷駅
JR中央線・総武線、東京メトロ丸ノ内線・南北線

1. 市谷亀岡八幡宮
2. 新宿歴史博物館
3. 祥山寺
4. 西念寺
5. 須賀神社
6. 笹寺

ゴール 四谷三丁目駅
東京メトロ丸ノ内線

四ツ谷駅からは川沿いの外濠公園を通り、市ヶ谷方面へ進む

四ツ谷
よつや

甲州街道の江戸の玄関口として栄えた地。坂道にたたずむ古寺は今なお江戸の面影を残している

須賀神社から下る坂道・四谷須賀町は起伏が激しい寺院地帯

甲州街道が通る四谷には江戸時代に四谷番所が置かれ、交通の要衝として発展。外堀の造営により麹町の寺社が四谷に移されると、街道沿いに寺町も形成された。

四ツ谷駅から、江戸城の西の鎮守・市谷亀岡八幡宮を参拝し、樹木の茂る外堀公園を歩く。甲州街道(新宿通り)南の新宿区若葉はかつての寺町。江戸城の警備に当たった伊賀者もこの付近の住人だった。西念寺には伊賀の頭・服部半蔵の墓がある。『東海道四谷怪談』ゆかりのスポットも忘れずに巡ろう。

① 市谷亀岡八幡宮
いちがやかめおかはちまんぐう

江戸に入城した道灌が奉納した軍扇がある

太田道灌が城西の鎮護として創建したと伝わり、500年以上の歴史を持つ。ペットを飼う人たちのあいだでは、動物専用のお守りホルダーなどを授与している社としても知られている。

☎ 03-3260-1868
東京都新宿区市谷八幡町15
開 参拝自由
HP http://www.ichigayahachiman.or.jp/

徳川家光なども篤く信仰したという。境内には新宿区内唯一の銅鳥居も構えられている

外堀公園は桜でも有名な公園。春先はゆっくり散策するのがおすすめ

TOKYO SAMPO MAP　四ツ谷

② 新宿歴史博物館
しんじゅくれきしはくぶつかん

縄文時代から昭和初期の暮らしの変遷を追う

縄文時代の土器や江戸時代の生活用品、古文書や近代作家の草稿など、新宿に関わりのある歴史的資料を展示している。年に数回企画される特別展も見応えがある。

☎ 03-3359-2131
東京都新宿区三栄町22
開 9:30～17:30
休 月曜(祝日の場合は翌日)
料 300円、小・中学生100円
(特別展は別途)
HP http://www.regasu-shinjuku.or.jp/shinjuku-rekihaku.html

昭和初期の庶民の暮らしぶりを知ることができる展示からは、懐かしさを感じる

＊ここにも注目

大正2年(1913)に完成した四谷見附橋は、迎賓館や付近景観との調和をはかるようフランス風クラシック調のデザインで設計された。平成3年(1991)に架け替えが行なわれ、その一部が新宿歴史博物館に寄贈されている。

おさんぽごはん、おさんぽショッピング。

エドキャノ　　イタリア料理

本場のイタリアンをリノベーションされた和風建築で堪能。
☎ 03-3225-6767
東京都新宿区荒木町9-13
営 11:30～14:00(LO、1Fは～14:30LO) 18:00～23:00(LO、1Fは～22:00LO)　休 無休
¥ Ｌ 1050円～ Ｄ 3500円～
予約 可　MAP P.103 B-2

フェアファックス・グリル　　カリフォルニア料理

外苑東通沿いの近隣住民にも人気のカリフォルニア料理店。
☎ 03-3353-6540
東京都新宿区舟町8 石橋興業ビル1F
営 11:30～15:00 17:00～深夜2:00 土・日曜、祝日11:30～深夜2:00　休 無休
¥ Ｌ 1000円～ Ｄ 5000円～
予約 可　MAP P.103 B-2

四ツ谷

1:12,000　200m
周辺図 P.210

凡例
- 卍 寺院
- ⛩ 神社
- デパート・ショップ
- 飲食店
- 見どころ
- 博物館・美術館
- カフェ
- H 宿泊施設
- 24 コンビニ
- ファストフード
- WC トイレ
- G ガソリンスタンド
- P 駐車場

四谷見附橋
大正2年(1913)に創架したネオ・バロック様式の橋。現在の橋は、平成3年(1991)に架けられられたもの。

コースの高低差

区間	距離	時間
スタート → ① 市谷亀岡八幡宮	1150m	23分
① → ② 新宿歴史博物館	450m	9分
② → ③ 祥山寺	500m	10分

標高: 20m / 30m / 40m

観音坂

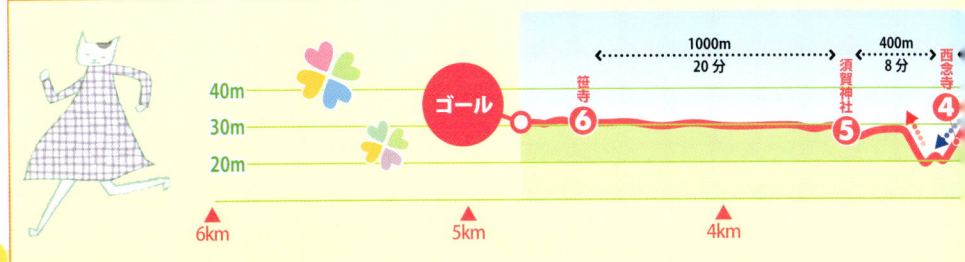

西念寺の脇を南に下る坂。坂名は隣接する真成院の潮踏観音にちなむ。

TOKYO SAMPO MAP 四ツ谷

② 新宿歴史博物館
③ 祥山寺
⑤ 須賀神社
④ 西念寺
⑥ 笹寺

ゴール

400m 8分	1000m 20分
西念寺④ ← 須賀神社⑤	← 笹寺⑥ ← ゴール

4km — 5km — 6km

40m / 30m / 20m

❸ 祥山寺
しょうさんじ

忍者寺としても知られる曹洞宗の寺

寺の玄関前に忍者地蔵と呼ばれる地蔵が置かれている。江戸時代に、北伊賀町、南伊賀町(現若葉町周辺)あたりには、伊賀者が多く住んでいた。それら伊賀者の霊を供養するために建てられた。

☎ 03-3351-0085
東京都新宿区若葉1-1-2
🕐 参拝自由

伊賀忍者を供養する忍者地蔵がある

坂の途中の豆腐屋が良い油揚げを作っていたことから「油揚坂」とも呼ばれる戒行寺坂。西念寺の少し先にある

『東海道四谷怪談』で有名なお岩さんゆかりのスポットを巡る!

怪談ツアーでも紹介される四谷。
都心の雑踏から離れた寺院群でお岩さんゆかりの地を歩く

江戸時代の歌舞伎作家・鶴屋南北の作品『東海道四谷怪談』。「主人公のお岩さんが夫に裏切られたうえ、毒薬によって見るも無惨な姿で息絶え、復讐を誓った怨霊が祟りをもたらす」という内容の怪談話が江戸の街を賑わす200年も前に主人公のお岩さんは実在。実際は"できた嫁"だったのだ。

徳川の御家人、田宮又左衛門の娘・お岩は四谷左門町で夫と仲睦まじく暮らし、奉公に出て家計を助けた。その甲斐あって田宮家は徐々に繁栄。没後、健気な一生を送った「貞女の鑑」としてあがめられ、日ごろから大事にしていた屋敷社は「お岩稲荷」として信仰された。鶴屋南北は人気のあるお岩さんにあやかり、「お岩」の名前だけ拝借。江戸で評判となった事件を組み込み、創作したのが『東海道四谷怪談』というわけである。

陽雲寺に残されているお岩さんゆかりの井戸

於岩稲荷田宮神社
おいわいなりたみやじんじゃ

お岩さんが信仰していた屋敷社。享保2年(1717)、於岩稲荷社となり、1870年代に「於岩稲荷田宮神社」に改称。

☎ 03-3351-5066
東京都新宿区左門町17
🕐 参拝自由
MAP P.103 B-3

於岩稲荷 陽雲寺
おいわいなり よううんじ

お岩稲荷の旧地。境内にはお岩さんゆかりの井戸やお岩さんの木像がある。良縁祈願に訪れる人も多い。

☎ 03-3351-4817
東京都新宿区左門町18
🕐 参拝自由
MAP P.103 B-4

たいやき わかば
たい焼

「鯛焼のしっぽにいつもあんこがありますやうに」という言葉を先代から守り続けるたい焼きの名店。

☎ 03-3351-4396
東京都新宿区若葉1-10
🕐 9:00〜19:00 休 日曜
MAP P.103 C-3

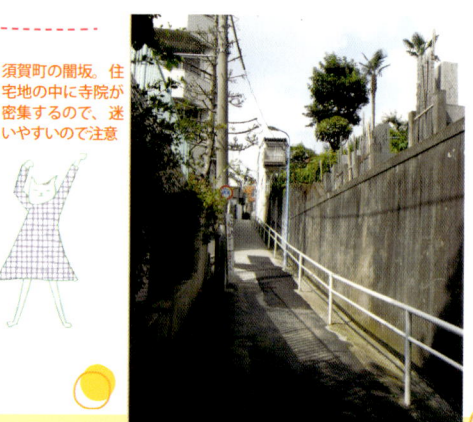

須賀町の闇坂。住宅地の中に寺院が密集するので、迷いやすいので注意

104

❺ 須賀神社
すがじんじゃ

見事なまでの
三十六歌仙絵は必見

　江戸時代から四谷の地に鎮座する、四谷十八町の総鎮守。寛永20年(1643)、神田明神社内に祀ってあった須佐之男命を合祀。四谷天王社として明治維新まで親しまれ、明治元年(1868)に須賀神社と改称。

📞 03-3351-7023
東京都新宿区須賀町5
🕘 9:30～16:30
🌐 http://www.sugajinjya.org/

新宿区指定文化財の「三十六歌仙絵」は36人の平安歌人の歌と肖像を1枚1枚譜装し、社殿内に掲げている

❹ 西念寺
さいねんじ

与力30騎、同人200人
配下の置いた服部半蔵

　文禄2年(1593)に、かの有名な服部半蔵により創建。当初は麹町清水谷にあったが、寛永11年(1634)の江戸城拡張工事にともない、現在の地へ移転。織田信長によって切腹させられた家康の長男・信康を供養するため建てられ、みずからも当院に眠る。

📞 03-3357-7894
東京都新宿区若葉2-9
🕘 参拝自由

本堂の右隣にある服部半蔵の墓。半蔵は慶長元年(1596)、55歳で没した

＊ここにも注目＊
服部半蔵正成(2代目)は槍の名手としても知られ、「槍の半蔵」の異名を取ったほどの腕であったと伝えられる。この西念寺には区登録文化財の半蔵が当時愛用した槍が一筋保存されている。

❻ 笹寺
ささでら

正式名称は長善寺
3代将軍家光が命名

　開山は天正3年(1575)。当時は笹に覆われた草庵だった。寺宝である徳川2代将軍秀忠の念持仏「めのう観音像」は赤めのうで作られた高さ6cmほどの像。解剖実験に使ったカエルを供養したガマ塚もある。

📞 03-3351-2389
東京都新宿区四谷4-4
🕘 参拝自由

境内には、稲妻小僧と呼ばれた神出鬼没な盗賊・坂本慶二郎の墓もある

最後の剣客・榊原鍵吉の墓石

西応寺
さいおうじ

MAP P.103 B-4

　幕府講武所教授を務め、撃剣興行を広めた、幕末随一の剣豪、最後の剣客と称される榊原鍵吉の墓がある。

📞 03-3351-4361
東京都新宿区須賀町11-4
🕘 9:00～17:00

TOKYO SAMPO MAP　四ツ谷

🌸 おさんぽごはん、おさんぽショッピング。

エノテカ ノリーオ　　イタリア料理

閑静な住宅地にある、隠れ家的な印象と温かな雰囲気を持つスタイリッシュなイタリアン。

📞 03-5919-2822
東京都新宿区愛住町9-5
🕘 12:30～13:30(LO) 18:00～21:30(LO)　休 水曜
¥ L 2000円～　D 6800円～
予約 可　MAP P.103 A-2

妻家房 四谷本店　　韓国料理
さいかぼう よつやほんてん

本場・韓国の家庭料理が味わえるお店。メニュー、味、辛さは現地そのままに提供している。

📞 03-3354-0100
東京都新宿区四谷3-10-25
🕘 11:30～23:00　休 無休
¥ L 820円～　D 2000円～
予約 可　MAP P.103 A-3

| 歩く時間 | 約1時間45分 |
| 歩く距離 | 約5.2km |

コース ⑱

スタート 渋谷駅
JR山手線・埼京線、東急東横線・田園都市線、京王井の頭線、東京メトロ銀座線・半蔵門線・副都心線

↓
① 渋谷区立松濤美術館
↓
② ギャラリーTOM
↓
③ 鍋島松濤公園
↓
④ 戸栗美術館
↓
⑤ たばこと塩の博物館
↓
⑥ 代々木公園
↓
ゴール 原宿駅
JR山手線

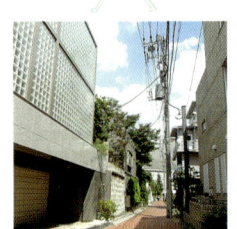

渋谷駅から文化村通りを進み、東急の脇を通り、松濤方面へ

渋谷
しぶや

若者で賑わう繁華街を抜けて
瀟洒な街並の続く松濤へ
渋谷に大人の芸術を訪ねる

トレンド発祥の地ということで、「若者の聖地」と呼ばれる

渋谷駅から閑静な高級住宅街・松濤へ向かい、点在する美術館を巡る。松涛には明治時代、旧佐賀藩鍋島家が設けた茶畑が広がっていた。現在のような住宅地となったのは大正以降のことだ。鍋島松濤公園は、鍋島家の茶園跡に造られた。湧水池に水車が回る風流な公園だ。古陶器を展示している戸栗美術館にはかつて、鍋島家の屋敷があった。

たばこと塩の博物館では、世界の喫煙具や塩づくりの歴史資料を見学。緑の心地よい代々木公園を散策して原宿駅へ。

公園には水車小屋もあり、憩いの場として多くの人が利用する

❸ 鍋島松濤公園
なべしましょうとうこうえん

湧水池を中心として豊かな草花が彩る公園

明治期に佐賀の鍋島家に払い下げられた、紀州徳川家の下屋敷跡地。現在は、湧水池のある一角が児童遊園として整備され、渋谷界隈でも数少ない湧き水のある公園のひとつだ。

📞 03-3463-2876
東京都渋谷区松濤2-10-7
開 終日開放 HP http://www.city.shibuya.tokyo.jp/est/park_nabesima.html

❶ 渋谷区立松濤美術館
しぶやくりつしょうとうびじゅつかん

幅広い活動を展開する有名建築家設計の美術館

絵画、彫刻、工芸などさまざまなジャンルの特別展を年5回行なうほか、渋谷区在住、在勤者などを対象にした公募展なども開催。展示のほかにも、音楽会や講演会や専門家による美術相談もある。

📞 03-3465-9421
東京都渋谷区松濤 2-14-14
開 9:00～17:00(金曜は～19:00、入館は各閉館30分前まで)
休 月曜、祝日の翌日、展示替え期間(要確認) 料 300円、小・中学生100円
HP http://www.city.shibuya.tokyo.jp/est/museum/

渋谷区内在住・在勤・在学の高校生以上を対象に、実技指導を行なう美術教室を年8コース開催

TOKYO SAMPO MAP
渋谷

知っていましたか？
渋谷は坂を下った「谷の街」

道玄坂、宮益坂などのさまざまな坂を下った先にある渋谷は、かつては何本もの川が流れ着いていた「谷の街」。その証拠に東京メトロ銀座線は隣の駅の表参道駅が地下駅なのに対し、渋谷駅は地上3階に位置する。

地下を走る東京メトロ銀座線も渋谷では地上を通る

❷ ギャラリーTOM
ギャラリートム

目が不自由でも楽しめるギャラリー

さまざまなアートの展示空間を提供。視覚障害者は手で触れてもいいというコンセプトでさまざまなアートを提供。毎夏、盲学校の生徒による造形作品も紹介されている。

📞 03-3467-8102
東京都渋谷区松濤2-11-1
開 10:30～17:30
休 月曜、展示替え期間 料 600円、小・中学生200円、視覚障害者および付き添いの方は300円 HP http://www.gallerytom.co.jp/

スイス人建築家による建物。個性的な外観が特徴だ

おさんぽごはん、おさんぽショッピング。

うだがわカフェ
宇田川カフェ　カフェ

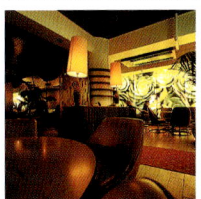

隠れ家風で、「自分の部屋のようにくつろげる空間」というコンセプトのカフェ。

📞 03-5784-3134
東京都渋谷区宇田川町33-1 グランド東京会館101
営 11:30～翌朝4:00
休 無休 ¥ 630円～
MAP P.108 B-4

ビオカフェ
BiOcafe　カフェ

野菜や穀物を使ったヘルシーな料理を提供している、体にやさしいオーガニックカフェ。

📞 03-5428-3322
東京都渋谷区宇田川町16-14 パティオ1 1F
営 11:00～23:00(LO22:30)
休 無休 ¥ 1000円～
MAP P.108 B-3

渋谷

1:12,000
0　　200m
周辺図 P.215

凡例
- 見どころ
- 博物館・美術館
- 飲食店
- カフェ
- 劇場・ホール
- デパート・ショップ
- 宿泊施設
- コンビニ
- トイレ
- ガソリンスタンド
- 駐車場

❻ 代々木公園　4km

ハチ公銅像
渋谷の代名詞とも言えるハチ公の銅像は、待ち合わせ場所としても有名。

スペイン坂
井の頭通りから渋谷パルコに至る、100mほどの緩い登り坂。

❺ たばこと塩の博物館

❹ 戸栗美術館

❸ 鍋島松濤公園　1km

❶ 渋谷区立松濤美術館

❷ ギャラリーTOM

スタート　JR線 渋谷駅
ゴール　JR線 原宿駅

コースの高低差

❺ たばこと塩の博物館 ← 1200m 24分 → ❹ 戸栗美術館 ← 250m 5分 → ❸ 鍋島松濤公園 → ❷ ギャラリーTOM → ❶ 渋谷区立松濤美術館 → スタート

2km　　1km　　0

40m / 30m / 20m / 10m

涼しげな噴水や、四季折々に咲き乱れる花々が、都心にいるということを忘れさせるほどのどかだ

❻ 代々木公園
よよぎこうえん

森林公園とスポーツ施設 2つの顔を持つ都立公園

通りを挟んで北が森林公園、南が陸上競技場や野外ステージなどの広場施設になっている。広大な敷地は陸軍の練兵場跡地。戦後は米軍に使用された。広大な敷地内の豊かな自然に癒される。

📞 03-3469-6081
東京都渋谷区代々木神園町2
開 5:00〜17:00(5/1〜10/15は〜20:00) HP http://www.kensetsu.metro.tokyo.jp/toubuk/yoyogi/index_top.html

代々木体育館横の並木道。休日には楽器を演奏する人や、露店が道の両脇に並んでいる

テーマごとのによる展示を行なう。陶磁器専門の美術館

❹ 戸栗美術館
とぐりびじゅつかん

古陶磁と語らう 優雅なひとときを味わう

収蔵品は江戸時代の古伊万里や鍋島焼、中国関陶など、貴重なものが多い。年4回入れ替えを行ない、常時およそ100点を展示。

📞 03-3465-0070
東京都渋谷区松濤1-11-3
開 9:30〜17:30(入館は〜17:00)
休 月曜(祝日の場合は翌日) 料 1000円、高校・大学生700円、小・中学生400円
HP http://www.toguri-museum.or.jp/

放送の臨場感をまるごと楽しむ。
時代劇スタジオやこどもひろば、デジタル放送ひろばなどテレビに関する楽しみが満載！！

気分はまるで放送局の一員
NHKスタジオパーク
エヌエイチケースタジオパーク

MAP P.108 B-3

体験スタジオでニュースを読んだりオープンスタジオで公開番組を見学したりとさまざまな形で楽しめる。

📞 03-3485-8034
東京都渋谷区神南2-2-1
開 10:00〜18:00(入場は〜17:30)
休 第3月曜(8・12月以外の祝日の場合は翌日)、12/25〜31 料 無料

❺ たばこと塩の博物館
たばことしおのはくぶつかん

たばこと塩に関する 歴史と資料が豊富に揃う

国内外の珍しい喫煙具、製塩史などを展示。たばこのパッケージのデザインも数多く見られる。

📞 03-3476-2041
東京都渋谷区神南1-16-8
開 10:00〜18:00 休 月曜(祝日の場合は翌日) 料 100円、小・中学・高校生50円
HP http://www.jti.co.jp/Culture/museum/WelcomeJ.html

約3万5,000点の資料を収蔵しており、刊行物なども発行している

ゴール
❻ 代々木公園
1600m 32分

6km　5km　4km

歩く時間	約1時間50分
歩く距離	約5.5km

コース⑲

スタート：明治神宮前駅
東京メトロ千代田線・副都心線

↓

❶ 太田記念美術館

↓

❷ 表参道ヒルズ

↓

❸ ワタリウム美術館

↓

❹ 青山霊園

↓

❺ 大本山永平寺別院 長谷寺

↓

❻ 岡本太郎記念館

↓

ゴール：表参道駅
東京メトロ銀座線・千代田線・半蔵門線

明治神宮前駅から青山方面へと向かい、表参道駅に帰ってくる

青山・表参道
あおやま・おもてさんどう

若者の流行発信地の表参道から閑静な並木道を散策し、個性豊かなアートに触れる

高感度なショップが集まる流行の発信地・表参道

まずは明治神宮前駅近くの太田記念美術館で、貴重な浮世絵コレクションを堪能したい。表参道ヒルズの前を通ってワタリウム美術館へ。ここでは現代アートを鑑賞。神宮外苑のロマンティックなイチョウ並木、墓地通りの桜並木を歩く。青山霊園には、志賀直哉ら多くの著名人の墓がある。

かつて骨董通りは、今はブティックやカフェの並ぶおしゃれなストリート。途中、岡本太郎記念館に寄り、奇才の遺したパワフルな作品に触れたい。

❶ 太田記念美術館
おおたきねんびじゅつかん

原宿裏通りにたたずむ
浮世絵専門美術館

　江戸から明治にかけて、膨大な数の美術品が海外に流出したことを憂えた故太田清藏氏のコレクションを公開。肉筆、版画の浮世絵1万2000点もの収蔵点数を誇り、毎月展示作品を入れ替える。

📞 03-5777-8600
（ハローダイヤル）
東京都渋谷区神宮前1-10-10
🕐 10:30〜17:30（入館は〜17:00）
休 月曜（祝日の場合は翌日）
展示替え期間（毎月27日〜月末）
￥ 700円、高校・大学生500円、小・中学生200円（特別展は1000円、高校・大学生700円、小・中学生400円）
HP http://www.ukiyoe-ota-muse.jp/

保存状態も良く、色目の美しい作品が展示されている

表参道ヒルズ
おすすめショップ。
**大人が満足できる
シックでおしゃれなお店！**

大人のステーショナリー
DELFONICS
デルフォニックス

MAP P.113 B-3

機能性とデザインにこだわったステーショナリーが揃う。上質なレザーを使ったシンプルで使いやすいものや、時計などのファッション小物も揃う。

📞 03-5410-0590
営 11:00〜21:00（日曜は〜21:00）
休 無休（年4回休館日あり）

表参道の景観に溶け込むようにと建物の高さをケヤキ並木程度に抑えるなど、地域への配慮も随所に見られる

❷ 表参道ヒルズ
おもてさんどうヒルズ

表参道のランドマーク
洗練されたおしゃれ空間

　表参道のランドマークとして、長く親しまれてきた「旧同潤会青山アパート」の建替事業として、平成18年（2006）にオープン。設計は世界的に有名な建築家・安藤忠雄氏。建物内は、緩やかなスロープに沿って、約100店舗のショップが路面店感覚で並ぶ。

📞 03-3497-0310
東京都渋谷区神宮前4-12-10
開 店舗により異なる
休 無休（年3回休館日あり）
HP http://www.omotesandohills.com/

淡い緑のカーテンに包まれた表参道に架かる歩道橋からの眺め

TOKYO SANPO MAP
青山・表参道

🌸 おさんぽごはん、おさんぽショッピング。

おもてさんどうさりょう
表参道茶寮
カフェ

国内外のアーティスト作品が飾られたモダンなカフェ。
📞 03-5772-0309
東京都渋谷区神宮前4-12-10
表参道ヒルズ本館1F
営 10:00〜23:00（LO22:00）
日曜は〜22:00（LO21:00）
休 無休　￥ 1500円〜
MAP P.113 B-3

りゅうのこ
龍の子
四川料理

プロの料理人たちも通うという味わい深い四川料理の名店。
📞 03-3402-9419
東京都渋谷区神宮前1-8-5
メゾン神宮前B1F
営 11:30〜15:00 17:00〜21:30　休 日曜
￥ L1000円〜 D4000円〜
予約 夜のみ可　MAP P.113 B-2

青山・表参道

1:12,000　200m
周辺図 P.215

神宮外苑イチョウ並木
神宮外苑から青山通りまで続く並木道。11月中旬から12月上旬に「神宮外苑いちょう祭り」を開催。

P.129 高橋是清翁記念公園
P.130 檜町公園
P.131 東京ミッドタウン
P.143 Cuisine française JJ
P.131 サントリー美術館
P.130 国立新美術館
P.131 21_21 DESIGN SIGHT
P.130 京はやしや 東京ミッドタウン店
P.131 Manhattan Deli
P.131 Pizzeria-Trattoria Napule
P.135 六本木ヒルズ
P.135 東京シティビュー
P.135 森美術館
P.135 毛利庭園

凡例：見どころ／博物館・美術館／デパート・ショップ／飲食店／カフェ／アミューズメント／劇場・ホール／宿泊施設／コンビニ／ファストフード／トイレ／ガソリンスタンド／駐車場

② 2km
③ 3km 青山霊園
④
⑤ 4km 大本山永平寺別院 長谷寺

コースの高低差
スタート ① → ② 500m 10分 → ③ 800m 16分 → 1800m 36分
太田記念美術館／表参道ヒルズ／ワタリウム美術館

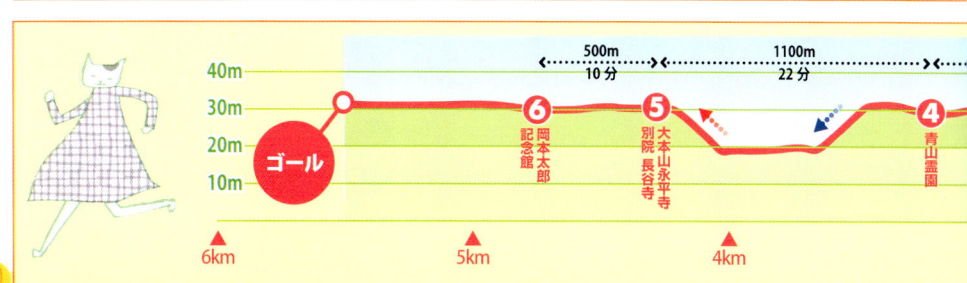

TOKYO SAMPO MAP

青山・表参道

キャットストリート
かつての渋谷川を埋めて造った小道で、裏原宿とも呼ばれる文字通りの裏道。高感度なショップが目白押し。

太田記念美術館 ❶
スタート
明治神宮前駅

ワタリウム美術館 ❸
P.114 Flaneur
OFFICINA di Enrico P.142
Ristorante HONDA P.142

表参道ヒルズ ❷
P.111 DELFONICS
P.111 表参道茶寮

ゴール
表参道駅
大坊珈琲店 P.114

岡本太郎記念館 ❻
P.115 書斎館
a Piece of Cake P.115

骨董通り
古美術品だけでなく、インテリア小物や宝石店といった最先端のアンテナショップが混在する小粋な通り。

500m 10分　1100m 22分

ゴール — ❻岡本太郎記念館 — ❺大本山永平寺別院長谷寺 — ❹青山霊園

6km　5km　4km

113

南北に走る墓地通りの桜並木のほか、いたるところに桜が植えられ、春先は花見客も多い

❸ ワタリウム美術館
ワタリウムびじゅつかん

**現代美術をテーマに
オリジナル企画展を開催**

現代アートを中心に建築や写真などの企画展を開催。地下に併設されたアートショップにはスタイリッシュなアイテムが揃う。

☎ 03-3402-3001
東京都渋谷区神宮前3-7-6
営 11:00～19:00(水曜は～21:00)
休 月曜(祝日の場合は開館)
料 1000円、学生800円
HP http://www.watarium.co.jp/museumcontents.html

スイス人建築家、マリオ・ボッタ氏による建物も個性を放っている

❹ 青山霊園
あおやまれいえん

**多くの著名人が眠る
穏やかな散歩道**

日本初の国営墓地として有名な多くの文化人が眠る都立霊園。26haの敷地内は中央が台地になっており起伏がある。

☎ 03-3401-3652
東京都港区南青山2-32-2
営 終日開放
HP http://www.tokyo-park.or.jp/park/format/index072.html

青山霊園には
こんな人たちが眠っています

● **文芸・劇作**
岡本綺堂(1872～1939)
尾崎紅葉(1868～1903)
国木田独歩(1871～1908)
斉藤茂吉(1882～1953)
志賀直哉(1883～1971)
中勘助(1885～1965)

● **芸能**
市川団十郎(代々)
中村歌右衛門(初代・2代・3代・6代)
中村吉右衛門(初代)(1886～1954)
勅使河原蒼風(1900～1979)

● **芸術**
エドアルド・キヨッソーネ(1833～1898)
藤島武二(1867～1943)

● **政治・経済**
犬養毅(1855～1878)
大久保利通(1830～1913)
後藤新平(1857～1929)
乃木希典(1849～1912)

● **学者**
北里柴三郎(1853～1931)

園内は墓地通りを中心に、マス目のように道がつながり、生い茂る草木が静けさを演出する

大坊珈琲店
だいぼうこーひーてん　　　　　喫茶店

コーヒー通には有名な店で、表参道でも青山通りに面したベストポイントにある喫茶店。

☎ 03-3403-7155
東京都港区南青山3-13-20
営 9:00～22:00(日曜、祝日は12:00～20:00) 休 無休
料 600円～
MAP P.113 C-3

Flaneur
フラヌール　　　　　　　　　カフェ

4階建ての小さなビルを改装。焼きたてブレッドにさまざまな具をのせたクロストーネがおすすめの一品。

☎ 03-3796-8200
東京都渋谷区神宮前3-41-3
営 11:30(土・日曜12:00)～23:00 休 無休
料 600円～ MAP P.113 C-2

長谷寺周辺の路地は、閑静な住宅街で静けさが漂う。骨董通りに出ればふたたび賑やかな雰囲気に満ちてくる

❺ 大本山永平寺別院 長谷寺
だいほんざんえいへいじべついん ちょうこくじ

国内最大級の大観音像を祀る観音信仰の聖地

かつて渋谷が原には、奈良長谷寺の本尊・十一面観音菩薩と同じ姿をした小さな観音様を祀る堂があった。徳川幕府開府の折に門庵宗関禅師により開山。江戸中期に建てられた、奈良、鎌倉の長谷寺と並ぶ大観音像は戦火により一度は焼失したが、根強い信仰により、復興された。

☎ 03-3400-5232
東京都港区西麻布2-21-34
開 参拝自由
HP http://www.tyokokuji-im.net/tyokokuji/access.html

大観音像は高さ三丈三尺（約10m）で木造としては国内最大級。独特の出で立ちをしており、観音と地蔵の両方の徳を持つとされている

TOKYO SAMPO MAP　青山・表参道

❻ 岡本太郎記念館
おかもとたろうきねんかん

現代美術をテーマにオリジナル企画展を開催

昭和28年(1953)から平成8年(1996)に亡くなるまでの間、岡本太郎が住居兼アトリエとして使用していた建物。1階にはアトリエが当時のまま保存、展示されており、イーゼルに残された未完の大作や絵具などが、最後まで創作意欲を持ち続けていた氏のエネルギーを感じさせる。

☎ 03-3406-0801
東京都港区南青山6-1-19
開 10:00～18:00(入館は～17:30)
休 火曜(祝日の場合は開館)
料 600円、小学生300円
HP http://www.taro-okamoto.or.jp/

2階の展示室は3カ月ごとに展示内容が変わる。ユニークな建物は氏の友人である坂倉準三の設計で、話題にもなった名建築

🍀 おさんぽごはん、おさんぽショッピング。

しょさいかん
書斎館　カフェ

アンティーク文具や万年筆などが並ぶ、文房具店の一角にあるカフェスペース。

☎ 03-3400-3377
東京都港区南青山5-13-11
パンセビル1F
営 11:30～20:00(LO19:30)
休 無休　¥ 700円～
MAP P.113 C-4

ア ピース オブ ケーク
a Piece of Cake　カフェ

岡本太郎記念館内にある小さなカフェ。メープルシュガーやフルーツを使ったチーズケーキが大人気。

☎ 03-5466-0686
東京都港区南青山6-1-19
営 11:00～19:00
休 火曜　¥ 400円～
MAP P.113 C-4

115

歩く時間 約1時間30分
歩く距離 約4.5km

コース ⑳

スタート 恵比寿駅
JR山手線・埼京線、東京メトロ日比谷線

↓
❶ 恵比寿麦酒記念館
↓
❷ 恵比寿ガーデンプレイス
↓
❸ 東京都写真美術館
↓
❹ 恵比寿神社
↓
❺ 代官山アドレス
↓
❻ ヒルサイドテラス
↓
ゴール 中目黒駅
東急東横線、東京メトロ日比谷線

恵比寿・代官山
えびす・だいかんやま

ゆったりと心地よいおしゃれで落ち着いた街並の大人の隠れ家ストリート

おしゃれな大人のスポット、恵比寿ガーデンプレイス

隠れ家的なお店が多い、小粋でおしゃれな恵比寿・代官山エリア

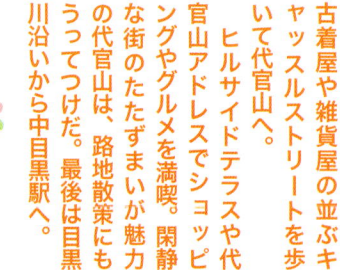

恵比寿駅から動く歩道のスカイウォークを通って恵比寿ガーデンプレイスへ。ショッピングのほか、映画館や東京都写真美術館でカルチャーも楽しめる人気のデートスポットだ。賑やかな街なかを歩いて駅方面へ戻り、個性的な古着屋や雑貨屋の並ぶキャッスルストリートを歩いて代官山へ。ヒルサイドテラスや代官山アドレスでショッピングやグルメを満喫。閑静な街のたたずまいが魅力の代官山は、路地散策にもうってつけだ。最後は目黒川沿いから中目黒駅へ。

116

高くそびえる恵比寿ガーデンプレイスタワー。38-39階にある展望レストランが人気

恵比寿ガーデンプレイスの東側。缶ビールのオブジェが目印

❶ 恵比寿麦酒記念館
えびすびーるきねんかん

ビールの歴史から
"うまい"ビールを学ぶ

ビールのうまさの神秘を「マジックビジョン」で学び、日本のビールの製造、広告の歴史、ビールを科学的に探究するビヤサイエンスなどを巡る。見学後は1杯300円～で試飲も可。

📞 03-5423-7255
東京都渋谷区恵比寿4-20
営 10:00～18:00(受付は～17:00)
休 月曜(祝日の場合は翌日)
料 無料
HP http://www.sapporobeer.jp/brewery/y_museum/

TOKYO SAMPO MAP

恵比寿・代官山

❷ 恵比寿
ガーデンプレイス
えびすガーデンプレイス

恵比寿の顔として
人気の大人スポット

おしゃれな大人のためのスポットとして不動の人気を誇っている、恵比寿ガーデンプレイスの「GLASS SQUARE(グラススクエア)」。中に入る23のショップとレストランが洗練された大人のライフスタイル「YEBISU STYLE」を提案する。ガラスの屋根に覆われた吹き抜けの空間は、開放感に溢れている。

📞 03-5423-7111
東京都渋谷区恵比寿4-20
営 休 店舗により異なる
HP http://gardenplace.jp/

恵比寿ガーデンプレイス内にある「GLASS SQUARE」

❸ 東京都写真美術館
とうきょうとしゃしんびじゅつかん

日本における
写真・映像の芸術センター

日本で初めて写真と映像に関する総合的な美術館として平成7年(1995)1月にオープン。有名写真家の個展や企画展にとどまらず、最新デジタルアートや新鋭アーティストの発掘も行なう。

📞 03-3280-0099
東京都目黒区三田1-13-3
恵比寿ガーデンプレイス内
営 10:00～18:00(木・金曜は～20:00)　休 月曜(祝日の場合は翌日)　料 展覧会により異なる
HP http://www.syabi.com/

写真・映像に関する書籍やグッズ、オリジナル商品などを備えたミュージアムショップも併設

🌸 おさんぽごはん、おさんぽショッピング。

シャンブル クレール　　　　　　　　　　カフェ
chamble claire

東京都写真美術館内にあるまばゆい陽光が差し込むカフェ。
📞 03-5798-2218
東京都目黒区三田1-13-3
恵比寿ガーデンプレイス内
営 10:00～20:00(日曜と2階席は～18:00)　休 月曜(祝日の場合は翌日)　¥ 350円～
MAP P.118 E-4

オムニ・カフェ　　　　　　　　　　　　カフェ
omni-cafe

店名のオムニとは、乗合馬車を意味するオムニバスから取ったもの。フレンドリーな接客は初めてでも常連客気分。
📞 03-3464-9464
東京都渋谷区代官山町7-5 プリンビル3F
営 12:00～0:00(LOフード23:00 ドリンク23:30)　休 不定休
¥ 600円～　MAP P.119 C-1

117

恵比寿・代官山

1:8,000 150m
周辺図 P.219

ゑびす像
恵比寿駅の西口にある人気の待ち合わせスポット。

恵比寿南橋（アメリカ橋）
明治37年（1904）、アメリカ開催の万博で展示品だった橋。輸入時は日本で唯一の鉄製橋として話題を呼んだ。

- ❶ 恵比寿麦酒記念館
- ❷ 恵比寿ガーデンプレイス
- ❸ 東京都写真美術館
- ❹ 恵比寿神社

スタート

コースの高低差

区間	距離	時間
スタート〜❶恵比寿麦酒記念館〜❷恵比寿ガーデンプレイス〜❸東京都写真美術館	1100m	22分
❸東京都写真美術館〜❹恵比寿神社	1050m	21分

40m / 30m / 20m / 10m

0 / 1km / 2km

目切坂
目黒川へと抜ける坂。両側にうっそうと木が茂り、暗闇坂とも呼ばれた。

恵比寿で発見！素敵なアジアン雑貨。
リゾート感溢れる雑貨を眺めると
いつのまにやら、リラックスできちゃうものです

洗練されたベトナム家具&雑貨
Wanon
ワノン

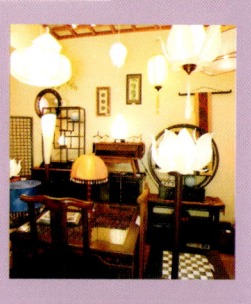

MAP P.118 D-1

コンセプトは「和室に合うもの」。店内では、木や竹などの自然素材を生かした家具やアイテムが目をひく。

☎ 03-3780-5312
東京都渋谷区恵比寿2-8-4 平陽ビル1F
営 12:00～20:00　休 火曜

上質な手織り生地や布製品
OUIJA
ウィージャ

MAP P.118 D-1

東南アジアやインド、中東などの布や衣服を扱う瀟洒な雰囲気の雑貨。大人のおしゃれを演出する雑貨が揃う。

☎ 03-3770-8137
東京都渋谷区恵比寿2-4-5 星ビル1F
営 11:00～19:00　休 祝日

駒沢通りから一歩入ったところにある地元に愛される小さな神社

❹ 恵比寿神社
えびすじんじゃ

恵比寿の街を見守るひっそりとした神社

天津神社として崇められていたが、区画整理による移転時に商売繁盛と縁結びの神「エビス様」を合わせて祀り恵比寿神社となった。

☎ 03-3407-7534
東京都渋谷区恵比寿西1-11
開 参拝自由

恵比寿で見つけたちょっとロマンティックな不思議な交差点

駒沢通りからJRの線路沿いを進んで行くとたどり着く五差路。上から見ると五角形の星形に見えるこの場所は、「星の五叉路」という素敵な名前がつけられている。

「真上から見る」とちょうど、五角形の星形に見える!?

代官山駅へと延びるキャッスルストリート。古着や雑貨屋など個性的な店が並ぶ

ZAPADY-DOO
ザパディドゥ　　雑貨

駒沢通りの路面店。店内はアメリカの倉庫をイメージさせるような内装で、女性向けのキュートなアイテムが揃う。

☎ 03-5458-4050
東京都渋谷区恵比寿西1-33-15
E.N.代官山1F
営 11:00～20:00　休 無休
MAP P.119 C-2

かまわぬ
　　　　　　　　　手拭い

店内には、約200種類のバリエーション豊かな手拭いが並び、すべてが手染めというだけあって粋な江戸風情が漂う。

☎ 03-3780-0182
東京都渋谷区猿楽町23-1
営 11:00～19:00　休 無休
MAP P.119 B-2

120

❺ 代官山アドレス
だいかんやまアドレス

代官山らしいスタイルの都市型複合施設

旧同潤会アパート跡地に建てられた複合施設。ショッピング&フードゾーンとして、人気が高い17dixsept(ディセ)と、アドレスプロムナードに注目。

☎ 03-3461-5586
東京都渋谷区代官山町17
営 10:00～22:00(店舗により異なる)
休 無休
HP http://www.17dixsept.jp/

ファッション、インテリアなど女性の物欲を刺激するお店が集まる

キャッスルストリートから代官山アドレスに向かう途中にある緑に囲まれたおしゃれな坂道

❻ ヒルサイドテラス

魅力ある店舗が入居する建築空間

昭和44年(1969)に誕生して以来、徐々に棟を増やし、今では12棟。建築家・槇文彦氏が手がけた個性的な建物それぞれに居住スペースが設けられているほか、話題のショップやレストランが入居。代官山の散歩コースにも外せない存在。

☎ 03-5489-3705
東京都渋谷区猿楽町29-18
営 店舗により異なる
HP http://www.hillsideterrace.com/

魅力あるショップを揃えるほか、展覧会などの企画も開催している

TOKYO SAMPO MAP 恵比寿・代官山

大正ロマンの趣ある建造物

旧朝倉家住宅
きゅうあさくらけじゅうたく

MAP P.119 B-2

渋谷区議会議長などを歴任した朝倉虎治郎氏の旧宅。大正8年(1919)建造の建物と回遊式庭園を一般公開している。

☎ 03-3476-1021
東京都渋谷区猿楽町29-20
開 10:00～18:00(11～2月は～16:30)
入場は各閉館30分前まで
休 月曜(祝日の場合は翌日)
料 100円、小・中学生50円

* ここにも注目 *

ヒルサイドテラスの近代的な建物に囲まれた緑の小山は、6～7世紀頃の古墳時代末期築造といわれる猿楽塚古墳。当時は目黒川や渋谷川を麓に抱いた丘の上で、ここが見晴らしのいい場所だったことが想像できる。

おさんぽごはん、おさんぽショッピング。

パティスリー ポタジェ
洋菓子

野菜とお菓子を組み合わせた体にやさしいケーキのお店。毎日20種類以上揃えるケーキは厳選した旬の野菜を使用。

☎ 03-6279-7753
東京都目黒区上目黒2-44-9
営 10:00～20:00
休 無休
MAP P.119 A-4

青家
あおや
カフェ

自分の家にいるようなほっこりするカフェ。無添加食材使用の料理や和スイーツも充実。

☎ 03-3464-1615
東京都目黒区青葉台1-15-10
営 11:30～深夜1:00(ランチは～17:00、カフェは～18:00)
休 第1・3月曜 料 800円～
MAP P.119 A-2

| 歩く時間 | 約1時間30分 |
| 歩く距離 | 約4.6km |

コース㉑

- **スタート** 御成門駅 都営三田線
- ❶ 芝大神宮
- ❷ 増上寺
- ❸ 芝公園
- ❹ 東京タワー
- ❺ NHK放送博物館
- ❻ 愛宕神社
- **ゴール** 御成門駅 都営三田線

夜は幻想的なライトアップで
ムード抜群の東京タワー

東京タワー・芝大門
とうきょうタワー・しばだいもん

都心とは思えない静けさ漂う
史跡と自然を堪能し
東京のランドマークを見上げる

このエリアの2つのランドマーク、
東京タワーと増上寺

古寺名刹に見守られ、発展を遂げてきた芝界隈。出発地の御成門駅から、長く人々の尊崇を集めてきた芝大神宮と増上寺をお参りし、かつて増上寺の境内だった芝公園を経由し、東京タワーへ向かう。展望台から東京のパノラマを満喫しよう。眼下に望む小高い丘が愛宕山だ。ここに設置された放送局で大正末期、日本初のラジオ放送が行なわれた。建物は今、放送博物館となっている。出世の石段で有名な愛宕神社は、桜田門外の変の直前に水戸浪士が集結した地。

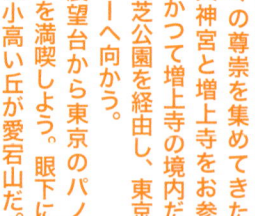

122

伝統的な寺院建築様式に、現代建築の粋を結集し、再建された大殿

❷ 増上寺
ぞうじょうじ

徳川家の菩提寺で浄土宗七大本山のひとつ

天正18年(1590)、将軍家の菩提寺・僧侶の学問所として、江戸時代には雄壮を誇る木造伽藍を有したが、昭和の戦災により境内の多数は焼失。現在の本堂は昭和49年(1974)に建立された。
☎ 03-3432-1431
東京都港区芝公園4-7-35
開 参拝自由
HP http://www.zojoji.or.jp/

＊ここにも注目＊
元和8年(1622)に建立された楼門は、門をくぐり、貪欲(むさぼり)、瞋恚(いかり)、愚痴(おろかさ)の3つの煩悩から解脱して参拝することから、三解脱門と呼ばれる。唐様を中心に和様の匂欄などを加味した建築様式は見事。

東京タワー・芝大門

❶ 芝大神宮
しばだいじんぐう

歌舞伎『神明恵和合取組』「め組の喧嘩」の舞台

平安時代の寛弘2年(1005)、伊勢神宮の分霊を祀り創建されたと伝わる古社。例年9月11日から21日まで行なわれる「だらだら祭り」でも知られている。
☎ 03-3431-4802
東京都港区芝大門1-12-7
開 参拝自由
HP http://www.shibadaijingu.com/

伊勢神宮と同じ天照大御神と豊受大神を祀る由緒ある神社

御利益あるショウガを授与ショウガ市「だらだら祭り」

毎年9月に行なわれる芝大神宮の祭礼は、11日間という長期間で開催されることは有名。口の悪い江戸っ子から「だらだら祭り」と呼ばれるようになった。期間中は風邪予防の御利益あるショウガや良縁招福の縁起物・千木筥が授与され、縁日や神輿で賑わう。

近代的な街が神輿で溢れる

❸ 芝公園
しばこうえん

都心と思えぬ静けさ漂う自然美を堪能

もともとは増上寺の境内で、上野、日比谷などと並び、日本で最も早く整備された公園のひとつ。園内にあるもみじ谷は、昭和59年(1984)に復活した人工渓谷。
☎ 03-3431-4359
東京都港区芝公園1〜4
開 終日開放
HP http://www.tokyo-park.or.jp/park/format/index001.html

秋には植樹された紅葉が周囲を赤く染め抜き、日本の風情を醸し出す

🌸 おさんぽごはん、おさんぽショッピング。

野田岩 のだいわ　うなぎ

甘辛く濃いタレを使わないうな重は、うなぎ本来の味を楽しめる通好みの一品。
☎ 03-3583-7852
東京都港区東麻布1-5-4
営 11:00〜13:30(LO) 17:00〜20:00(LO)　休 日曜　¥ L・D 2310円〜　予約 可(個室のみ)
MAP P.124 A-3

超高層ビルに囲まれた愛宕山の頂上には愛宕神社がある。愛宕神社の男坂は「出世の石段」と呼ばれている

TOKYO SAMPO MAP

123

東京タワー・芝大門

1:8,000　150m
周辺図 P.217

凡例
- 見どころ
- 博物館・美術館
- 飲食店
- カフェ
- デパート・ショップ
- 宿泊施設
- コンビニ
- トイレ
- ガソリンスタンド
- 駐車場

愛宕トンネル
昭和5年（1930）8月12日に完成。愛宕山の東西の交通緩和のために造られたトンネル。

伊能忠敬測地遺功表
伊能忠敬の測量起点が付近の高輪の大木戸であったため芝公園内に建立。

コースポイント
- スタート
- ❶ 芝大神宮
- ❷ 増上寺
- ❸ 芝公園
- ❹ 東京タワー
- ❺ NHK放送博物館
- ❻ 愛宕神社
- ゴール

主な施設・目印
- P.125 ギネス世界記録博物館
- 野田岩 P.123
- 三解脱門 P.123
- レストラン タテル ヨシノ 芝 P.146
- 東京プリンスホテル
- ザ・プリンスパークタワー
- 芝パークホテル
- 慶應義塾大
- 港区役所
- 芝東照宮
- 熊野神社
- 旧台徳院霊廟惣門
- みなと図書館
- 芝公園
- 芝局
- 警視庁新橋庁舎
- 福祉プラザ
- 芝病院
- 愛宕署
- 日本赤十字社
- 大芝局
- NBFタワー
- 花岳院
- ベルギー大使館
- 丸山随身稲荷
- アクアフィールド
- 大門通り
- 桜田通り
- 日比谷通り
- 都心環状線
- 水道局
- キューバ大使館
- チリ大使館
- 明照会館
- 金地禅寺
- 青竜寺
- 雲晴院
- 正則高
- 御成門小
- 御成門中
- 東京慈恵会医科大
- 慈恵看護専門学校
- 慈恵大学病院
- 摂取院
- 青松寺
- 孝寿院
- 天徳寺
- 葺城神社
- 栄閑院
- 興昭院
- 栄立院
- 宝瑞院
- 宝珠院
- 広度院
- 源興院
- 瑠璃光寺
- 心光院
- 東京タワースタジオ
- ポロロッカ
- カローラ
- ファミリーマート
- サンクス
- セブンイレブン
- ローソン
- ampm
- みずほ
- 農業土木会館
- 福祉会館
- バストラル
- 東急イン
- 妙definition院

駅
- 虎ノ門(四)
- 霞ヶ関駅
- 内幸町駅
- 日比谷線 神谷町駅
- 虎ノ門(三)
- 愛宕(一)(二)
- 西新橋(二)(三)
- 新橋(五)
- 新橋駅
- 三田線 御成門駅
- 日比谷通り
- 芝公園 大江戸線 赤羽橋駅
- 三田線 芝公園駅
- 大江戸線 大門駅
- 浅草線 大門駅
- 東麻布(一)
- 芝大門(一)
- 芝公園(一)(三)(四)

コースの高低差
区間	距離	時間
スタート→❶芝大神宮	—	—
❶→❷増上寺	450m	9分
❷→❸芝公園	700m	14分
❸→❹東京タワー	950m	19分

高低差：10m〜40m

日本のテレビジョンの父といわれる高柳健次郎氏制作のテレビを復元。当時と同じ「イ」の文字を写し出している

❺ NHK放送博物館
エヌエイチケイほうそうはくぶつかん

日本放送界の歴史が詰まった博物館

大正14年(1925)のラジオ放送開始から現在までの放送全般の歩みを紹介・展示。NHKの過去の名作を上映する「番組を見る会」や数多くのイベントが好評。
📞 03-5400-6900
東京都港区愛宕2-1-1
開 9:30～16:30
休 月曜(祝日の場合は翌日)
料 無料　HP http://www.nhk.or.jp/museum/

❻ 愛宕神社
あたごじんじゃ

江戸の街を見晴らした講談で名高い出世の石段

慶長8年(1603)、徳川家康により火災鎮護の神社として創建。急勾配の石段を騎馬で上り下りして徳川家光に梅の枝を献上した曲垣平九郎の故事で知られる梅の木が社殿前にある。
📞 03-3431-0327
東京都港区愛宕1-5-3
開 参拝自由
HP http://www.atago-jinja.com/

山頂からの江戸の街景色は素晴らしかったことで有名な場所

❹ 東京タワー
とうきょうタワー

2つの展望台から楽しむ360度のパノラマ

昭和33年(1958)に完成した高さ333mの電波塔。地上145～150mの高さに2層の大展望台が、さらに地上250mの高さには特別展望台があり、都心をはじめ東京都内の街並を一望。とくに夜景は言葉が出ないほど美しい。
📞 03-3433-5111
東京都港区芝公園4-2-8
開 9:00～22:00　休 無休　料 大展望台820円、小・中学生460円 特別展望台はさらに600円、小・中学生400円
HP http://www.tokyotower.co.jp/

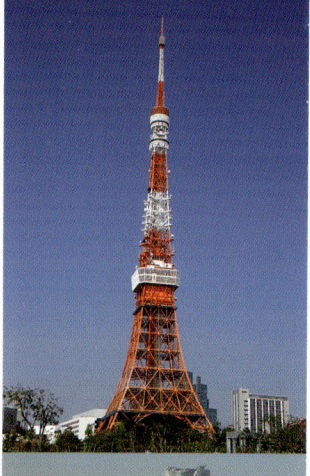

展望台からの眺め。東京タワー名物の「ルックダウン」も必見

東京タワーのアミューズメントスポット。
東京タワーのフットタウンには楽しい場所が盛りだくさん。あっと驚く施設を紹介!!

多種多様な世界一の記録

ギネス世界記録博物館
ギネスせかいきろくはくぶつかん

MAP P.124 A-3

ギネス世界記録に認定された記録を、等身大フィギュアや写真パネルなどでわかりやすく紹介。「ビックリ人間」「エンターテインメント」など13のゾーンに分類されており、参加体験型アトラクションも用意されている。
📞 03-5425-2100
開 10:00～21:00　休 水曜
料 700円、小・中学生420円、4歳以上210円

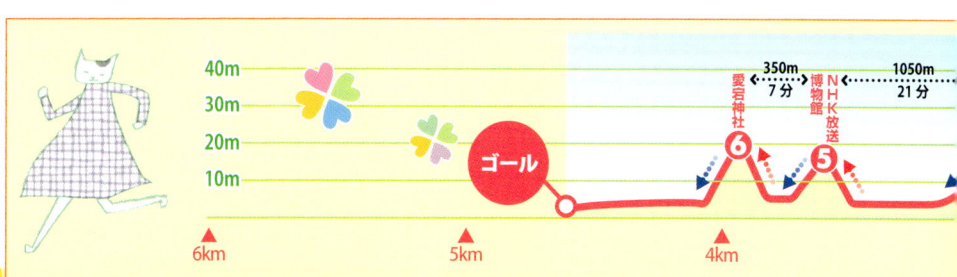

TOKYO SAMPO MAP 東京タワー・芝大門

350m 7分　愛宕神社 ❻
1050m 21分　NHK放送博物館 ❺

ゴール

40m / 30m / 20m / 10m
6km　5km　4km

125

歩く時間 約1時間40分
歩く距離 約4.9km

コース ㉒

スタート	**赤坂駅** 東京メトロ千代田線
❶	akasaka Sacas
❷	日枝神社
❸	報土寺
❹	檜町公園
❺	東京ミッドタウン
❻	乃木神社
ゴール	**乃木坂駅** 東京メトロ千代田線

赤坂
あかさか

大名屋敷街、一流料亭街から
最新カルチャーの発信基地へと、
開発が進む坂の街を歩く

akasaka Sacasを横断するメインストリートであるSacas坂

赤坂駅からは直接、akasaka Sacasに出ることができる

赤坂駅から、akasaka Sacasにある桜並木のさくら坂を通り、山王祭で有名な日枝神社へ。一ツ木通り周辺は有名な一流料亭街だったが、今は料亭の数も少なくなった。

江戸時代、赤坂には大名屋敷が多かった。六本木の人気スポットの東京ミッドタウン一帯は、長州藩毛利家の中屋敷跡だ。庭園跡地の檜町公園には、当時を思わせる風雅な庭園がある。外苑東通り沿いの乃木神社は、明治の大将軍・乃木希典を祀る。隣接して、乃木夫妻が殉死した旧宅が残る。

126

飲食店とビジネス街が混在する赤坂の街で、一ツ木通りは唯一物販店舗が集中するエリア

"サカス"には坂の多い赤坂で「笑顔を咲かす」「文化の花を咲かす」「桜の花を咲かす」などの意味が込められている

① akasaka Sacas
アカサカ サカス

赤坂に誕生した新たなトレンドスポット

TBS放送センターに隣接する約1万坪の敷地内に、オフィスフロアをメインとした「赤坂Bizタワー」をはじめ、ライヴハウス「赤坂BLITZ」や劇場「赤坂ACTシアター」などが登場。

東京都港区赤坂5-3-1～3
営 休 店舗によって異なる
HP http://sacas.net/

TOKYO SAMPO MAP 赤坂

江戸三大祭りの筆頭「山王まつり」

「山王まつり」の例祭では祭礼行列が江戸城内にまで入御し、3代将軍家光以降、歴代の将軍が上覧拝礼する「天下祭り」として執り行なわれた。江戸三大祭りの筆頭として、京都の祇園、大阪の天満屋と並び、日本三大祭りに数えられており、その華麗さは現在にも受け継がれている。

王朝装束に身を包んだ行列

② 日枝神社
ひえじんじゃ

「山王さん」として親しまれる城内鎮守の社

江戸城の鎮守として徳川将軍家より崇敬された神社。日本三大祭りのひとつの「山王まつり」でも有名。参道には昇りエスカレーターも付いている。

☎ 03-3581-2471
東京都千代田区永田町2-10-5
開 5:00～18:00 10～3月 6:00～17:00　HP http://www.hiejinja.net/index.html

高層ビルと朱色の社殿が共存する風景はいかにも都会的。帰りは赤い鳥居・旗が連なった稲荷参道から帰るのもよし

平日はビジネスマン、休日は家族連れやカップルが訪れ、人が絶えない

おさんぽごはん、おさんぽショッピング。

あかさか すなば
赤坂 砂場
そば

天ざる発祥の地、室町砂場の分家。かき揚げを温かいつゆに入れて出す独特のスタイル。

☎ 03-3583-7670
東京都港区赤坂6-3-5
営 11:00～19:30(LO、土曜は～19:00LO)　休 日曜、祝日、第3土曜
¥ L 550円～ D 2500円～
予約 不可　MAP P.128 D-3

こかあん
古家庵
韓国料理

野菜や海の幸をふんだんに使ったヘルシーな韓国家庭料理を楽しむことができる。

☎ 03-5570-2228
東京都港区赤坂3-20-8 臨水ビルB1F　営 11:30～14:00 17:00～23:00　休 日曜、祝日、土曜の昼　¥ L 850円～ D 3500円～　予約 可　MAP P.128 D-2

赤坂

1:12,000　200m
周辺図 P.214

さくら坂
akasakaSacasBizタワーの裏手にある約100本の桜が植えられた坂道。

檜坂
檜町公園に添って延びる坂。江戸時代、周辺に檜の木が多く生えていた。

コースの高低差

2000m / 40分　550m / 11分
① akasaka Sacas　② 日枝神社　③ 浄土寺
スタート

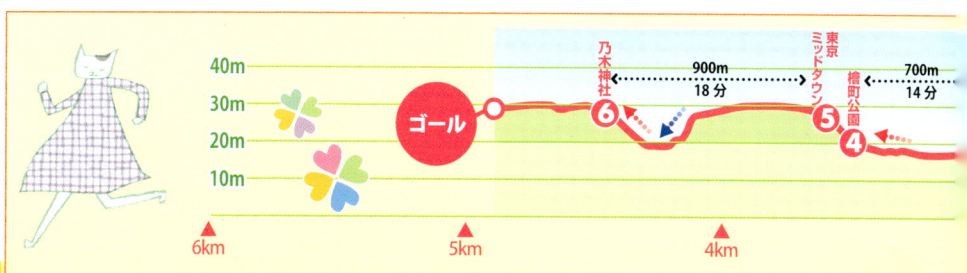

TOKYO SAMPO MAP 赤坂

高橋是清翁記念公園
日本金融界の重鎮であり、昭和初期の政治家・高橋是清の邸宅跡。昭和16年（1941）に記念公園として開園。

JR線 信濃町駅

① 聖徳記念絵画館
② 神宮球場
③ 外苑前駅
④ 表参道駅

- P.130 とらや 赤坂本店
- ③ 報土寺
- ⑥ 乃木神社
- 旧乃木邸 P.131
- ④ 檜町公園
- ⑤ 東京ミッドタウン
- P.144 Restaurant FEU
- 青山霊園 P.114
- ゴール 千代田線 乃木坂駅
- 国立新美術館 P.135
- P.131 サントリー美術館
- P.131 21_21 DESIGN SIGHT
- P.130 京はやしや 東京ミッドタウン店
- P.131 Manhattan Deli
- P.131 Pizzeria-Trattoria Napule
- P.143 Cuisine française JJ

凡例：
- 見どころ
- 博物館・美術館
- 神社
- デパート・ショップ
- 飲食店
- カフェ
- 宿泊施設
- コンビニ
- トイレ
- ガソリンスタンド
- 駐車場

標高プロファイル：
- ゴール
- ⑥乃木神社 900m 18分
- ⑤東京ミッドタウン 700m 14分
- ④檜町公園

6km／5km／4km

129

薬研坂をしばらく下り、寺が多くなってくれば、報土寺に面した三分坂はすぐ近く

❸ 報土寺
(ほうどじ)

史上最強力士の呼び声 雷電為右衛門が眠る

慶長19年(1614)、赤坂一ツ木に創建。幕府の用地取り上げによって安永9年(1780)に三分坂下の現在地移転された。江戸時代の大関・雷電為右衛門の墓がある。

📞 03-3821-4549
東京都港区赤坂7-6-5
営 9:30〜16:30 休 月・金曜(祝日の場合は翌日) 料 400円

梵鐘は昭和18年(1943)に国へ供出したまま行方が分からなくなったが平成元年(1989)に発見され、46年ぶりに赤坂の地に戻された

＊ここにも注目

力士生活22年間での成績が250勝10敗。史上最強力士といわれる雷電為右衛門の墓のかたわらにある手形のサイズには驚嘆。ちなみに雷電は現役力士・把瑠都とほぼ同様の体格だったという。

❹ 檜町公園
(ひのきちょうこうえん)

ミッドタウンと調和した 江戸時代の大名庭園

江戸時代は長州藩・松平大膳の中屋敷があった場所で名園と謳われた「清水園」からは江戸の街並が一望できたほど。現在は再開発でミッドタウン・ガーデンと調和した開放的な空間となっている。

📞 03-5413-7015
(港区地区活動推進課土木係)
東京都港区赤坂9-7-9
営 終日開放
HP http://www.city.minato.tokyo.jp/sisetu/koenyuen/koenakasaka/hinokityo/index.html

当時、屋敷には檜の木が多く生えていたことから檜屋敷とも呼ばれ、それがのちの町名の由来となった

区文化財にしてされている報土寺の築地塀。瓦を横に並べて入れた土塀を「練塀(ねりべい)」と呼ぶ

きょうはやしや とうきょうミッドタウンてん
京はやしや 東京ミッドタウン店
甘味処

木のぬくもりが感じられる京町家風の店内で温かいもてなしの茶カフェがいただける。
📞 03-5413-0396
東京都港区赤坂9-7-2 東京ミッドタウン ガレリアB1F
営 11:00〜21:00(LO20:30)
休 無休 ¥ 630円〜
MAP P.129 C-4

とらや あかさかほんてん
とらや 赤坂本店
和菓子

創業は室町時代の京都。羊羹や最中など、日本を代表する銘菓の伝統の味を伝える。
📞 03-3408-4121
東京都港区赤坂4-9-11
営 8:30〜20:00(土・日曜、祝日は〜18:00) 休 無休
MAP P.129 C-2

ART & CULTURE

東京ミッドタウンのアートスポットで、気ままな時間を過ごしたい

サントリー美術館
さんとりーびじゅつかん

「伝統と現代の融合」をテーマに設計。美術館としての機能はもとより、都市の居間としての快適性を備えた空間。

☎03-3479-8600
開 10:00～18:00(土・日曜、祝日は～20:00) 入館は各開館30分前まで 休 火曜(祝日の場合は翌日) 料 展覧会により異なる(中学生以下無料)
MAP P.129 C-4

21_21 DESIGN SIGHT
トゥーワントゥーワン デザイン サイト

デザインのリサーチセンターともいえる施設。デザインについて考える場であり、ものづくりの現場でもある。

☎03-3475-2121
開 11:00～20:00(入館は～19:30)
休 火曜 料 展覧会により異なる
MAP P.129 C-4

広大な敷地のなか、ミッドタウンタワーを中心に、数多くのショッピング＆レストランが集約されている

❺ 東京ミッドタウン
とうきょうミッドタウン

最新文化が揃うハイレベルな総合空間

働・住・遊・憩など多様な機能をハイレベルに備えたトータルな空間。特筆すべきは高感度のショップやレストランが集まり、日本初出店、新業態が多いということ。自然を満喫できる憩の空間も備える。

☎03-3475-3100
東京都港区赤坂9-7-1
営 休 施設・店舗により異なる
HP http://www.tokyo-midtown.com/jp/index.html

TOKYO SAMPO MAP
赤坂

フランス陸軍兵舎をもとにみずから設計
素朴かつ強固な軍人の家・旧乃木邸

乃木神社隣にある、フランス兵舎を模した旧乃木邸は明治期の擬洋風建築や、洋風応接室付属の和風邸宅のように豪華ではなく、質素で合理的に造られている。いかにも軍人の住まいというたたずまいをしている。

現存する建物は明治35年(1902)に改築

戦火で本殿以下ほとんどが焼失したが、手水舎は境内でも戦火を免れた数少ない建物のひとつ

❻ 乃木神社
のぎじんじゃ

明治時代の忠誠の象徴
乃木将軍邸の隣に建つ

日清、日露戦争に従軍し、明治天皇の後を追い殉死した乃木希典将軍夫妻を祀る神社。夫妻の精神を永世に伝えるべく、創建。

☎03-3478-3001
東京都港区赤坂8-11-27
開 6:00～17:00
HP http://www.nogijinja.or.jp/

おさんぽごはん、おさんぽショッピング。

ピッツァリア トラットリア ナプレ

Pizzeria-Trattoria Napule
イタリアン

ナポリのピッツァ協会も認めるピザは本場の味そのもの。

☎03-5413-0711
東京都港区赤坂9-7-1 東京ミッドタウンガーデンテラス1F
営 11:00～14:00(LO) 17:30～22:30(LO) 休 ミッドタウンに準ずる ¥ (L)1000円～ (D)5000円～
予約 可 MAP P.129 C-4

マンハッタン デリ

Manhattan Deli
デリカデッセン

吟味された素材を使用したデリカデッセン＆カフェ。

☎03-5413-1200
東京都港区赤坂9-7-1 東京ミッドタウンガレリアB1F
営 11:30～21:00(LO20:30) 休 ミッドタウンに準ずる ¥ (L)1000円～ (D)1500円～
予約 不可 MAP P.129 C-4

歩く時間	約1時間20分
歩く距離	約3.9km

コース㉓

スタート	**麻布十番駅** 東京メトロ南北線、 都営大江戸線
❶	麻布山 善福寺
❷	有栖川宮記念公園
❸	六本木ヒルズ
❹	国立新美術館
ゴール	**六本木駅** 東京メトロ日比谷線、 都営大江戸線

麻布・六本木
あざぶ・ろっぽんぎ

下町と山の手
ふたつの麻布を楽しみ
国際都市・六本木へ向かう

広大な敷地を誇る人気スポット、六本木ヒルズ

麻布十番駅近くの、のんびりした雰囲気が漂うパティオ広場

麻布十番は、名刹・麻布山善福寺の門前町として江戸時代より栄えた。下町風情の残る麻布十番から仙台坂を上って高台の元麻布界隈へ。大使館やお屋敷の並ぶこの一帯は江戸時代の大名屋敷跡であり、浅野家下屋敷跡から発展。渓流の清々しい有栖川宮記念公園を通り六本木へ。高層ビルの並ぶ六本木ヒルズも、江戸時代には毛利家の上屋敷だった。毛利庭園に江戸の面影を感じ、森タワーの展望台「東京シティビュー」で都心の眺望を満喫。屋上も一般公開されている。

132

麻布十番グルメ。
近代化する街並の
変わらぬオアシスで寄り道を

他を抜く職人技に感服
たぬき煎餅
たぬきせんべい

MAP P.134 B-3

昭和3年(1928)創業以来、伝統を守り吟味した味の煎餅は宮内庁御用達。

☎ 03-3585-0501
東京都港区麻布十番1-9-13
営 9:00～20:00(土曜、祝日は～18:00)
休 日曜不定休

熟練の技が生む人形焼
麻布十番 紀文堂
あざぶじゅうばん きぶんどう

MAP P.134 B-3

愛嬌のある七福神頭の人形焼は十勝産小豆から作られたこし餡がたっぷり。

☎ 03-3451-8919
東京都港区麻布十番2-4-9
営 9:30～19:00 休 火曜

❶ 麻布山 善福寺
あざぶさん ぜんぷくじ

かつて広大な寺域を誇った浄土真宗の古刹

天長元年(824)の創建と伝わり、東京では浅草寺に次ぐ古刹。もとは真言宗の寺院だったが、鎌倉時代に親鸞聖人の高徳に導かれた了海上人が浄土真宗に改宗した。境内の大イチョウは根がせり上がり、枝先から下に伸びていることから「逆さイチョウ」と呼ばれる。

☎ 03-3451-7402
東京都港区元麻布1-6-21
開 参拝自由 HP http://www.azabu-san.or.jp/zenpukuji/index.html

親鸞(しんらん)聖人が地に差した杖から成長したという伝説から「杖イチョウ」とも呼ばれる

❷ 有栖川宮記念公園
ありすがわのみやきねんこうえん

旧宮家御用地跡の広大な面積を誇る公園

もとは赤穂藩浅野家下屋敷や、盛岡南部藩下屋敷があった場所で、有栖川宮家に受け継がれたあと、一般に公開された。約6万7000㎡の広大な敷地には滝や渓流があり、自然散策できる遊歩道も整備されている。園内には都立中央図書館もある。

☎ 03-5114-8803
東京都港区南麻布5-7-29
開 終日開放
HP http://www.city.minato.tokyo.jp/sisetu/koenyuen/koen/azabu/arisugawa/index.html

園内はしっとりとした緑に囲まれたなごみムード

おさんぽごはん、おさんぽショッピング。

カフェ フランジパニ
café Frangipani　　　カフェ

遊び心いっぱいの居心地がよいカフェ。客室は開放的で、ゆったりとしたたたずまい。

☎ 03-3478-2966
東京都港区六本木6-8-1
営 11:30～深夜2:00(LO深夜1:30) 休 無休
¥ 500円～
MAP P.134 B-2

ブルー&ホワイト
BLUE&WHITE　　　雑貨

麻布十番に店を構えて約30年。アメリカ人オーナーがセレクトした藍色のさまざまなアイテムが並ぶ。

☎ 03-3451-0537
東京都港区麻布十番2-9-2
営 10:00(日曜、祝日11:00)～19:30 休 無休
MAP P.134 B-3

麻布・六本木

1:12,000　200m
周辺図 P.214

地図上の表記

- A 南青山(一)
- 青山一丁目駅
- Restaurant FEU P.144
- 青山葬儀所
- 千代田線 乃木坂駅
- 心臓血管研究所附属病院
- 外苑東通り
- B 檜町公園 P.130
- 東京ミッドタウン P.131
- サントリー美術館 P.131
- 21_21 DESIGN SIGHT P.131
- Pizzeria-Trattoria Napule P.131
- Manhattan Deli P.131
- 京はやしや 東京ミッドタウン店 P.130
- Cuisine française JJ P.143
- C 谷町Jct
- 六本木(二)
- 六本木(一)

④ 国立新美術館

都営大江戸線

ゴール　大江戸線 六本木駅

六本木通り

六本木(三)　飯倉

日比谷線 六本木駅

東京メトロ日比谷線

麻布署

芋洗坂

六本木中

東洋英和女学院小

ストライプハウスギャラリー

3km

P.135 東京シティビュー
P.135 森美術館
森タワー

P.135 毛利庭園

③

六本木(五)

café Frangipani

テレビ朝日　P.133

東洋英和女学院高・中

きみちゃん像
野口雨情の詩で知られる「赤い靴の女の子」像。モデルの岩崎きみちゃんは結核により麻布で短い生涯を終えた。

櫻田神社 P.143
ル・ブルギニオン P.143

六本木ヒルズ

六本木(六)

外苑東通り

たぬき煎餅 P.133

スタート

麻布永坂町

専称寺

六本木高

麻布税務署
麻布署

南山小

セイフー

P.133 麻布十番 紀文堂

大江戸線 麻布十番駅

パティオ十番

IL MANGIARE P.143

東麻布(二)

新一の橋　都営大江戸線

赤羽橋駅

一ノ橋Jct

南北線 麻布十番駅

2km

テレビ朝日通り

西麻布(三)

笄小

中国大使館

本光寺

暗闇坂

P.133 BLUE&WHITE

元麻布(一)

麻布(五)

サンクス

麻布高・中
元麻布(二)

① 麻布山 善福寺

愛育病院

1km

中央図書館

アルゼンチン大使館
氷川神社

仙台坂

大韓民国大使館

南麻布(一)

日本基督教団安藤記念教会
初代ハワイ総領事・安藤太郎による創立。都内でも珍しい石造りの教会。

② 有栖川宮記念公園

本村小

南麻布(二)

コースの高低差

1500m / 30分　— 有栖川宮記念公園 — 800m / 16分 — 麻布山 善福寺 — スタート

③ 六本木ヒルズ　②　①

40m / 30m / 20m / 10m

2km　1km　0

134

印象的な建物は建築家、故・黒川紀章氏の設計。波のようにうねるガラスガーデンウォールが美しい

❸ 六本木ヒルズ
ろっぽんぎヒルズ

楽しくわかりやすく芸術と文化を紹介

ショップ＆レストラン、シネコン、テレビ局や庭園を有する複合施設。「文化都心」をコンセプトに平成15年(2003)にオープンし、新しい文化や情報の発信基地として注目のスポット。
📞 03-6406-6000
(インフォメーションセンター)
東京都港区六本木6
営 休 店舗により異なる

上層階には、展望台や美術館が入る六本木ヒルズ森タワー

❹ 国立新美術館
こくりつしんびじゅつかん

六本木に出現したアートの新拠点

展示スペースは国内最大級の1万4000㎡で、全国的な公募展や企画展など多彩な展覧会を開催している。敷地内には周辺の緑地に溶け込むようさまざまな樹木が植えられ、「森の中の美術館」を演出。ミュージアムショップやアートライブラリーなどの施設も充実している。
📞 03-5777-8600
(ハローダイヤル)
東京都港区六本木7-22-2
開 10:00～18:00(入館は～17:30)
金曜は～20:00(入館は～19:30)
休 火曜(祝日の場合は翌日)
料 展覧会により異なる(パブリックスペースは入場無料)
HP http://www.nact.jp/

森美術館
もりびじゅつかん

六本木ヒルズ森タワー53階にある海抜250mの展望ギャラリー。現代アートの展示を中心に企画展を開催。
📞 03-5777-8600
(ハローダイヤル)
開 10:00～22:00(火曜は～17:00)
休 要問い合わせ　料 展覧会により異なる
MAP P.134 A-2

東京シティビュー
とうきょうシティビュー

森タワー52階にある展望台。視界を遮るものがない大パノラマを朝から深夜まで楽しむことができる。
📞 03-6406-6652
開 9:00～深夜1:00(最終入館は～0:00)
休 要問い合わせ　料 1500円
MAP P.134 A-2

毛利庭園
もうりていえん

江戸時代の毛利藩屋敷跡に新たに作庭された回遊式の日本庭園。四季折々の植物を楽しめる。
📞 03-6406-6000
(インフォメーションセンター)
開 7:00～23:00
MAP P.134 B-2

TOKYO SAMPO MAP　麻布・六本木

国立新美術館から六本木交差点周辺まで戻ってくればゴールの六本木駅に着く

| 歩く時間 | 約2時間15分 |
| 歩く距離 | 約6.7km |

コース ㉔

スタート 白金高輪駅
東京メトロ南北線、都営三田線
↓
① 泉岳寺
↓
② 赤穂義士の墓
↓
③ 明治学院大学 インブリー館
↓
④ 八芳園
↓
⑤ 国立科学博物館附属自然教育園
↓
⑥ 東京都庭園美術館
↓
ゴール 目黒駅
JR山手線、東急目黒線、東京メトロ南北線、都営三田線

白金・高輪
しろかね・たかなわ

諸国大名屋敷と寺社の名残をたどり、瀟洒な雰囲気を感じるアート&ナチュラルなスポットへ

武士の鑑ともいえる忠義を果たした四十七士が眠る泉岳寺

東禅寺周辺にある洞坂。高輪エリアは細く迷いやすい道が多い

高級感溢れる閑静な住宅街の白金・高輪エリア。江戸時代には、諸大名の武家屋敷や寺社が建ち並んでいた。点在する公園の広大な敷地は、かつての大名屋敷の名残だ。

地下鉄白金高輪駅から赤穂義士の墓がある泉岳寺へ。境内には、吉良上野介の首を洗った井戸など、赤穂義士ゆかりの史跡が点在。坂道を上り下り、目黒通りへ。国立科学博物館附属自然教育園と東京都庭園美術館は、高松藩松平家の下屋敷跡。今は、手つかずの自然と庭園、アートに浸れる格好の散策エリアだ。

❶ 泉岳寺
せんがくじ

上野介の首級を挙げ主君の眠る地を目ざす

赤穂藩浅野家の菩提寺。浅野内匠頭長矩とその妻、瑤泉院の墓所の先に、義士の墓が並ぶ。四十七士の遺品が飾られている赤穂義士記念館も必見。貴重な鎖襦袢や陣太鼓、大石内蔵助(良雄)像などを展示。また、毎年12月14日には義士祭を開催、赤穂義士をしのんで今でも多くの人が訪れる。

☎ 03-3441-5560
東京都港区高輪2
開 7:00～18:00 (10月～3月 7:00～17:00 赤穂義士記念館は 9:00～16:00)
HP http://www.sengakuji.or.jp/

天保3年(1832)建造の山門の一階部分の天井には、「江戸三龍」のひとつ、銅彫大蟠龍がはめ込まれている。境内には江戸城方向を見つめる大石内蔵助像が建つ

大石内蔵助ほか16名の義士が壮絶な死を遂げた地

主君の仇討ちを成し遂げた四十七士は幕命が下るまでの間、4大名家(細川、松平、毛利、水野)の預かりとなった。元禄16年(1703)2月4日、切腹という裁定を受け、細川家の預かりとなっていた大石内蔵助ほか16名の義士がこの地で即日自刃。ほかの義士も各屋敷で自刃した。

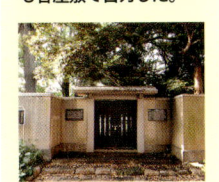

現在の都営高輪団地1丁目北側に跡地が残されている

❷ 赤穂義士の墓
あこうぎしのはか

今なお多くの参拝客が本懐を遂げた義士をしのぶ

泉岳寺境内の南側、主君浅野長矩の墓所を囲むように赤穂義士の墓碑が並ぶ。大石内蔵助ら四十七士のほかに、周囲の反対により討ち入り前に切腹した萱野三平の供養墓もあるため48基となっている。

自刃後は皆、この地へ葬られた。遺品を展示した赤穂義士館も墓地に隣接する

赤穂四十七士を供養する春・冬の「義士祭」

毎年4月1～8日、12月14日に四十七士を供養する義士祭を開催。法要は非公開だが、春には大石内蔵助の守り本尊でもある摩利支天など寺宝が公開される。冬には有志の若手俳優などによる四十七士行列が催される。本堂に上がれるのは春のみ。

義士に扮し、街を練り歩く

義士の自刃の跡から泉岳寺へは細い道をたどっていく

🌸 おさんぽごはん、おさんぽショッピング。

こまやしょうてん
駒屋商店　　　　　　　　　　　みやげ物

泉岳寺前に軒を構える、明治20年(1887)創業で、忠臣蔵にまつわるグッズを中心に扱うみやげ物店。

☎ 03-3443-8655
東京都港区高輪2-1-26
営 9:00～17:00　休 不定休
MAP P.138 F-2

白金・高輪

1:8,000　150m
周辺図 P.218

二本榎の碑
江戸時代から伝来の「二本榎」という地名を忘れぬように建てられた、地域住民の象徴的な碑。

東禅寺
日本で最初にイギリス公使館が置かれた寺。水戸藩士による襲撃などの舞台となった。境内は関係者以外見学不可。

スタート — 白金高輪駅

① 泉岳寺
② 赤穂義士の墓
③ 明治学院大学インブリー館
④ 八芳園

P.136 忠烈の跡
P.137 駒屋商店

コースの高低差

1950m　39分

40m / 30m / 20m / 10m

スタート — 泉岳寺① — 赤穂義士の墓② — 明治学院大学

0 / 1km / 2km

TOKYO SAMPO MAP

白金・高輪

凡例
- 見どころ
- デパート・ショップ
- 飲食店
- カフェ
- 博物館・美術館
- 宿泊施設
- コンビニ
- トイレ
- ガソリンスタンド
- 駐車場

地図上の地名・施設
- 恵比寿(三)
- 白金(六)
- 神応小
- 朝日中
- スギノキヤ
- 聖心女子学院 高・中・初等科
- 興禅寺
- 白金(四)
- ウェスティン
- 三田(一)
- プラチナ通り
- ヒトゲノム解析センター
- 東大医科学研究所
- 附属病院
- 首都高速2号線
- 松岡美術館
- BLUE POINT
- 白金台(四)
- 5km ⑤ 国立科学博物館附属自然教育園
- 外苑西通り
- ローソン
- P.140 京料理 京ゆば麺うどん さくらさくら
- P.141 千年茶館
- P.140 利庵
- 福祉会館
- 三田線 南北線 白金台駅
- セブンイレブン
- 瑞聖寺
- 上大崎(二)
- 東京都庭園美術館 ⑥
- 6km
- 4km
- シティコート
- 目黒
- 特養ホーム白金の森
- 白金台(三)
- 恵比寿駅
- P.141 cafe 茶酒 kanetanaka
- 分枝道線
- 目黒通り
- 東京メトロ南北線・都営三田線
- 高福院
- サンクス
- 上大崎
- シルバーセンター
- JR線 目黒駅
- アトレ
- ドトール
- りそな
- セブンイレブン
- 上大崎(三)
- 上大崎(一)
- 三州郷土館
- 東急目黒線 三田線 南北線 目黒駅
- ゴール
- 五反田駅
- コロンビア大使館
- 畠山記念館

目黒通り
自然教育園前を通り、目黒区内を横断する環状八号線をつなぐ道路。

標高プロファイル
- 東京都庭園美術館 ⑥ — 800m / 16分 — 国立科学博物館附属自然教育園 ⑤ — 1700m / 34分 — 八芳園 ④ — 500m / 10分
- ゴール
- 6km 5km 4km

ここにも注目

大学構内にはインブリー館のほかにも、港区指定有形文化財の大正5年（1916）建造の明治学院チャペル、明治23年（1890）建造の記念館が隣接する。インブリー館を含めてこの3つの建物は、2002年度「景観上重要な建造物等」として都に指定されている。

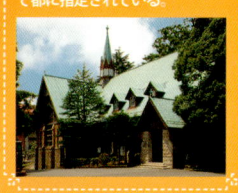

❸ 明治学院大学インブリー館
めいじがくいんだいがくインブリーかん

現存する宣教師館の中でも有数の歴史を誇る

明治学院大学構内にある、明治22年（1889）頃に建てられた宣教師館。ウィリアム・インブリー博士の居宅だった建物は洋風建築の仕様を知らしめる宣教師館として、日本でも1、2を争う貴重な存在。

☎ 03-5421-5170
(歴史資料館)
東京都港区白金台1-2-37
営 9:00～17:00　休 無休　料 無料
HP http://www.meijigakuin.ac.jp/

高輪消防署二本松出張所。昭和8年（1933）完成の建物は未だに現役。完成当時は岸壁上の灯台とも呼ばれた

1870年代にアメリカで流行した木造住宅様式で、平成10年（1998）に国の重要文化財に指定

❹ 八芳園
はっぽうえん

美しい自然に包まれた風雅な都心のオアシス

白金台の丘陵と小川跡を利用して造られた約1万5000坪の日本庭園。園内は樹齢数百年の樹木が茂り、錦鯉や水鳥が遊ぶ池の周りにレストランや茶室などがある。

☎ 03-3443-3111
東京都港区白金台1-1-1
営 10:00～21:00　休 無休
料 無料　HP http://www.happo-en.com/index.php

もとは幕臣・大久保左衛門屋敷で、その後は大名屋敷、政財界著名人の住居を経て、現在にいたる

外苑西通りの途中の白金6丁目交差点と白金台交差点を結ぶ区間は「プラチナ通り」と呼ばれる

京料理 京ゆば麺うどん さくらさくら
きょうりょうり きょうゆばめんうどん さくらさくら　うどん

祇園の離れの情緒漂う一軒家で京料理を堪能できる。看板メニューは特製京ゆば麺。

☎ 03-3440-7316
東京都港区白金台5-15-10
営 11:30～14:30(LO) 17:30～23:00(LO22:30)　休 月曜
¥ L 1000円～　D 5000円～
予約 不可　MAP P.139 B-2

利庵
としあん　そば

行列のできる手打ちそばの店。やや辛口のつゆで味わうせいろやだし巻き卵は評判。

☎ 03-3444-1741
東京都港区白金台5-17-2
営 11:30～19:30(LO)
休 月・火曜　¥ L・D 800円～
予約 不可　MAP P.139 C-3

一般的な庭園や植物園などと異なり、できる限り
自然本来の姿で残すよう工夫されている

❺ 国立科学博物館附属自然教育園
こくりつかがくはくぶつかんふぞくしぜんきょういくえん

自然を身近に感じる都民の憩いの自然園

中世の豪族の館跡という古い歴史を持つ。約20haという敷地内には、武蔵野の貴重な自然が残され、自然とふれあいながら学べる教育の場にもなっている。

☎ 03-3441-7176
東京都港区白金台5-21-5
開 9:00～17:00（9～4月は～16:30）
休 月曜（祝日の場合は翌日）
料 300円（小・中学・高校生、65歳以上無料）
HP http://www.ins.kahaku.go.jp/

TOKYO SAMPO MAP

白金・高輪

東京都庭園美術館脇の緑に囲まれた歩道
を通り、目黒駅へと下ってゆく

❻ 東京都庭園美術館
とうきょうとていえんびじゅつかん

アール・デコ調の建物と庭園が創造する美空間

昭和8年（1933）建造の朝香宮邸を、昭和58年（1983）に美術館として公開。年数回の企画展示を行ない、作品と鑑賞空間との交流が生まれるような新しい美術鑑賞のあり方を提案している。

☎ 03-3443-0201
東京都港区白金台5-21-9
開 10:00～18:00（入館は～17:30）
休 第2・4水曜（祝日の場合は翌日）
料 展覧会により異なる（庭園のみの入場料は一般200円）
HP http://www.teien-art-museum.ne.jp/

当時流行のアール・デコ様式の粋を尽くした瀟洒な建物。横には芝生広場、日本庭園、西洋庭園と3種の庭園がある

❀ おさんぽごはん、おさんぽショッピング。

カフェ さーしゃ カネタナカ
cafe 茶酒 kanetanaka カフェ

東京都庭園美術館内にたたずむ和カフェ。フードメニューはコース料理から甘味までバリエーション豊か。
☎ 03-3442-7877
東京都港区白金台5-21-9
営 10:00～22:00
休 無休　¥ 800円～
MAP P.139 B-3

せんねんちゃかん
千年茶館 カフェ

静寂と香気に包まれた茶藝館。極上の台湾茶を種類豊富に揃え、優雅にゆっくりとティータイムを満喫できる。
☎ 03-5447-1200
東京都港区白金台5-13-14
営 12:00～19:00（LO18:00）
休 月～金曜　¥ 600円～
MAP P.139 B-2

アジアンリゾートを思わせる落ち着きのある
ブラウンで統一されたIL MANGIAREの店内

ちょっと贅沢。絶品ランチ! おすすめ

カフェランチも楽しいけど散歩途中のちょっとしたイベントにもこだわりたい。
リッチで素敵な時間を演出してくれる名店のおもてなしを満喫してみては?

一皿ごとに印象深い料理をプリティクスで
Ristorante HONDA
リストランテ ホンダ
MAP P.113 C-2

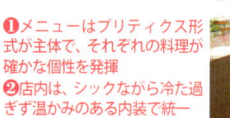

☎ 03-5414-3723
🚶 外苑前駅から徒歩5分
所 東京都港区北青山2-12-35 小島ビル1F
営 12:00～14:00(LO)　18:00～22:00(LO)
休 月曜(祝日の場合は翌日)
席 テーブル26席
予約 要
¥ L 3500円～　D 1万円～
HP http://ristorantehonda.jp/

オーナーシェフは、西麻布「アルポルト」で副料理長を務めた本多哲也氏。イタリアとフランスで修業したとあって、器に美しく盛られた繊細な料理には独特のセンスが感じられる。洗練されたサービスも心地よく、贅沢な時間を演出してくれる。

❶メニューはプリティクス形式が主体で、それぞれの料理が確かな個性を発揮
❷店内は、シックながら冷た過ぎず温かみのある内装で統一

おすすめランチ
プリティクス
コース
3675円

ダイアナ元妃が愛した世界屈指の味
OFFICINA di Enrico
オフィッチーナ ディ エンリコ
MAP P.113 B-2

☎ 03-3401-7262
🚶 表参道駅/神宮前駅から徒歩3分
所 東京都渋谷区神宮前4-26-21 Current表参道3F
営 11:30～14:30(LO)　18:00～22:00(LO)
休 月曜
席 テーブル32席、カウンター6席
予約 要
¥ L 3000円～　D 9000円～
HP http://www.officinadienrico.jp/

英国王室、ホワイトハウス、超一流レストランの総料理長として、セレブを魅了してきたイタリア料理の匠、エンリコ氏の名を冠した、世界初のレストラン。オフィッチーナとはイタリア語で「工房」。魯山人の世界観を好む氏は、「和と伊のコラボレーションを徹底追求し、新たな食の世界を切り開きたい」という思いを込める。カウンター席もあり、一人でも気軽にいけるのがうれしい。

❶熊本産馬肉のタルタル じゃがいものスプーマとロンバルディア州クアルティローロチーズ ❷スタイリッシュでモダンな店内、家具、グラスにいたるまで最高級の逸品を使用

おすすめランチ
プリティクス
コース
3800円

142

IL MANGIARE
イル マンジャーレ
MAP P.134 C-3

敏腕シェフの感性と技が冴える絶品パスタ

鵜野秀樹シェフ独自の感性によって生み出される先進的なイタリア料理が選りすぐりのワインとともに楽しめる。なかでも、生麺と乾麺を使い分けて、シンプルなソースで素材の持ち味を存分に引き出すパスタが絶品。スペシャリテは、フェデリーニを使った冷製カルボナーラ。コンソメゼリーと温泉卵、フレッシュトリュフをからめていただく究極の逸品だ。

📞 03-6459-1577
🚇 地下鉄麻布十番駅から徒歩1分
🏠 東京都港区麻布十番1-9-2 ユニマット麻布十番ビル6F
営 12:00〜14:00(LO) 18:00〜22:00(LO)
休 無休
席 26席(カウンター6席)
予約 要
¥ L 2000円〜 D 8500円〜

❶口にすると従来のカルボナーラのイメージが覆される、人気の冷製カルボナーラ
❷四元豚の自家製テッリーネ
❸比内鶏のレバーのラグー

おすすめランチ
ランチコース
3000円・4500円

ル・ブルギニオン
カジュアルでも本格派 繊細なフレンチの名店
MAP P.134 A-3

店に足を踏み入れると、ブルゴーニュにある田舎のレストランのようなやさしい、落ち着いた空気に包まれる。オーナーシェフである菊池美升氏の繊細な感性を響かせた一皿一皿。この店でいただけるのは、そんな気品高く、味わい深い料理ばかりだ。重いイメージのあるフレンチも、ここで食すれば印象が変わるというファンも多い。豊富に揃ったブルゴーニュワインとともに、ゆっくり贅沢な時間を楽しみたい。

📞 03-5772-6244
🚇 地下鉄六本木駅から徒歩7分
🏠 東京都港区西麻布3-3-1
営 11:30〜15:00(LO13:00) 18:00〜23:30(LO21:30)
休 水曜、第2火曜
席 テーブル22席
予約 可
¥ L 2650円〜 D 5775円〜

❶左から時計回りに鳩胸肉のロースト タップナードソース、イベリコ豚スペアリブのロースト、新タマネギのスープと白身魚のタルタル、冬瓜添え
❷シンプルながら瀟洒な雰囲気

おすすめランチ
ランチコース
2625円〜

Cuisine française JJ
新しい時代をリードする本格フレンチは絶品
キュイジーヌ フランセーズ ジェイジェイ
MAP P.129 C-4

フレンチの巨匠ポール・ボキューズの愛弟子として、若くして頭角を現したジョエル・ブリュアン。昭和55年(1980)に青山に構えた「レストラン・ジョエル」は在日フランス人や、本場の味を求める日本人に愛された。新しい一歩として移転したこの店でも、ジョエルはこれまでの経験と自信により、ゆるぎない最高の料理を提供。クラシックとモダンの融合を目ざし、見た目にも麗しい料理は、ここでしか味わえない一皿として心に残る。

📞 03-5413-3445
🚇 地下鉄六本木駅から徒歩5分
🏠 東京都港区赤坂9-7-1 東京ミッドタウン ガーデンテラス2F
営 11:30〜14:30(LO) 18:00〜21:30(LO)
休 無休
席 テーブル32席、個室1室
予約 要
¥ L 6000円〜 D 2万円〜

❶メインダイニング、ダイニング、個室の3つのスペースを兼ね備えたシンプルかつエレガントな空間
❷本日のお魚料理、イサキのソテー。野菜のオーブン焼きとともに
❸デザートの一例。チョコレートのムースやプラムのタルトなど

おすすめランチ
ランチコース
4200円

TOKYO SAMPO MAP
ちょっと贅沢。絶品ランチ

143

フレンチの本流を守りつつ 軽やかなガストロノミー
Restaurant FEU
レストラン フウ
MAP P.129 B-3

多くの名シェフを輩出してきたレストラン。現在の松本シェフは、フランスの一流店で6年間の研鑽を積んだ経験の持ち主。その料理はフランス料理の本質を踏まえながら、その上でモダンにアレンジされている。野菜など季節感溢れる食材も、時期によって旬の地域の農家から直接取り寄せるこだわりよう。現シェフになってから店内のインテリアを刷新。軽やかで若々しい雰囲気が料理のイメージによく似合う。

- ☎ 03-3479-0230
- ▶ 地下鉄乃木坂駅から徒歩1分
- 所 東京都港区南青山1-26-16 乃木坂リリエンハイム1F
- 営 11:30〜15:00(LO14:00) 18:00〜23:00(LO21:30、バーLO23:00)
- 休 日曜、第3月曜
- 席 テーブル34席
- 予約 要
- ¥ L 4000円〜 D 1万円〜
- HP http://www.feu.co.jp/

おすすめランチ
誘惑のメニュー
6300円

❶通りに面しながら、窓の外には涼やかな樹木の緑が。モダンな若々しさと落ち着きを併せ持つ店 ❷シャラン鴨など稀少な食材を使った秀逸なフレンチを堪能できる

華やかな世界が広がる 昭和初期の洋館で
リストランテ ASO
リストランテ アソ
MAP P.119 B-2

- ☎ 03-3770-3690
- ▶ 東急東横線代官山駅から徒歩5分
- 所 東京都渋谷区猿楽町29-3
- 営 12:00〜13:30(LO) 18:00〜20:30(LO)
- 休 無休
- 席 テーブル45席、個室3室
- 予約 可
- ¥ L 8000円〜 D 1万6000円〜
- HP http://www.hiramatsu.co.jp/restaurants/aso/

旧山手通りでひと際目立つ、ガラス張りのオープンカフェ「カフェ ミケランジェロ」の奥に建つ、一軒家のレストラン。昭和初期建築の洋館を改装した建物、木洩れ日が差す中庭は、トスカーナの雰囲気。ウエディングパーティの利用も多く、週末には着飾った姿をよく目にする。イタリア料理でありながら、「ASO料理」というべき、新鮮な驚きを誘うオリジナリティいっぱいの味を堪能できる。ワインも400種以上揃う。

❶独創的なアイデアで喜びと感動が味わえる料理の数々を提供する ❷溢れるほどの日が差し込むダイニング

おすすめランチ
ランチコース
5250円

広東料理の真髄を 余すところなく堪能する
赤坂璃宮 赤坂本店
あかさかりきゅう あかさかほんてん
MAP P.128 D-2

- ☎ 03-5570-9323
- ▶ 地下鉄赤坂駅から徒歩1分
- 所 東京都港区赤坂5-3-1 akasaka Sacas 赤坂Bizタワー Atrium2F
- 営 11:30〜15:00(LO) 17:30〜22:00(LO)
- 休 無休
- 席 テーブル90席、個室6室
- 予約 望ましい
- ¥ L 1890円〜 D 8400円〜
- HP http://www.rikyu.jp/akasaka.html

広東料理の名手として名高い譚彦彬氏が総料理長を務める、東京で最も有名な中国料理のお店。平成20年(2008)3月に満を持してakasaka Sacasへ移転進出。フカヒレ、焼き物、海鮮の3つに代表される、広東名菜の奥深い味わいを堪能できる。ランチにはセットメニューもある。「複雑にして爽やか」であり、「豊潤にして軽やか」な味付けのなかに、素材の持ち味が存分に引き出されている。

❶璃宮特製焼き物盛り合わせ。おいしさだけでなく医食同源に基づく気遣いがうれしい ❷2階はシックで落ち着いた大人の空間。3階は陽光溢れる晴れやかなダイニングだ

おすすめランチ
特製ランチセット
2625円

おすすめランチ
ランチコース
4950円

銀座でも屈指の正統派フレンチの名店
ル マノアール ダスティン

MAP P.47 B-3

本場フランスでみっちりと修業を積んだオーナーシェフ、五十嵐氏の料理は、一見お肉中心で質、量ともにしっかりと重ためという印象を受けるが、実際に食べてみると、野菜もたっぷり使われており、素材の味が堪能できる皿ばかり。年配の女性でもメインの肉料理をペロリと食べ切れてしまうおいしさに仕上がっている。

📞 03-5568-7121
▶ 地下鉄銀座駅から徒歩3分
所 東京都中央区銀座6-5-1 GINZA MSTビルB1F
営 11:30〜14:00(LO)18:00〜21:00(LO)
休 不定休
席 カウンター14席、個室1室
予約 要
¥ L 4950円〜
D 9350円〜

❶ニンジンのムースとコンソメのジュレ ウニ添えはシェフのスペシャリテ ❷エゾブタのロースト。付け合わせは野菜の湯葉包み ❸温かな印象を与えるメインダイニング

世界中の食材を紡ぐ本格派の絶品料理
GINZA LA TOUR
ギンザ ラ トゥール

MAP P.47 B-3

パリの「トゥール・ダルジャン」本店で修業し、東京店の料理長も務めた清水忠明シェフが、銀座に進出。銀座での一番店まで上り詰めることを目ざし「トゥール(塔)」と店名を付けた。揺るぎない正統派フレンチの腕前と、世界中から集まる食材の融合で、思い出に残る一皿を演出。メニューはもちろん、インテリアにも、「トゥール・ダルジャン」の精神が生きており、銀座ならではの非日常的な体験が期待できる。

📞 03-3569-2211
▶ 地下鉄銀座駅から徒歩3分
所 東京都中央区銀座6-7-6 交詢ビル5F
営 11:30〜15:00(LO13:30)18:00〜23:00(LO20:30) 日曜、祝日は〜21:30(LO17:30)
休 月曜
席 テーブル34席、個室1室
予約 望ましい
¥ L 4500円〜
D 1万2500円〜
HP http://www.ginzalatour.com/

❶鴨はトゥール・ダルジャンと同じものを空輸している ❷内装はシンプルにまとめられ、品格が漂っている

TOKYO SAMPO MAP
ちょっと贅沢。絶品ランチ

貴族のような館で一流の味を楽しむ
LA TABLE de Joël Robuchon
ラターブル ドゥ ジョエル・ロブション

MAP P.118 E-4

仏本料理界の巨匠、ジョエル・ロブション氏が手がけるシャトーレストランの1階にあるカジュアルフレンチレストラン。こちらでは豪華なシャンデリアの輝きのなか、手ごろな料金で本格フレンチが楽しめる。高級感あるラベンダー色を基調とした店内はとくに女性の人気を集めている。また、地下1階はテイクアウトで楽しめるブティックとなっており、フランス伝統菓子のマカロンやこだわりのパンも好評を博している。

📞 03-5424-1338
▶ 各線恵比寿駅から徒歩8分
所 東京都目黒区三田1-13-1 恵比寿ガーデンプレイス内 シャトーレストラン ジョエル・ロブション1F
営 11:30〜14:30(LO) ティータイム14:30〜17:00 18:00〜22:00(LO)
休 不定休
席 テーブル80席
予約 要
¥ L 2800円〜
D 5000円〜
HP http://www.robuchon.jp/ebisu/la_table.html

❶スズキのポワレ、ブイヤベースのエッセンスにアイヨリを添えて(料理は一例) ❷モダンな雰囲気のなかで、カジュアルフレンチがいただける「ラ ターブル ドゥ ジョエル・ロブション」の店内

おすすめランチ
Grand Cru コース
6500円

おすすめランチ
ランチコース
2800円・3700円

東京で一、二を争う味 何度でも訪れたい
北島亭
きたじまてい
MAP P.103 C-3

フランスの一流レストランで修業を積んだシェフによる本格フレンチ。伝統的なメニューが中心で、冬場にはジビエ(狩猟肉)も登場。一皿のポーションが大きめなので、しっかり食べられる。ウニのコンソメゼリー寄せなど定番はあるが、ほとんどのメニューは食材の仕入れによって替わるので、その日になにが出るかも楽しみのひとつ。客はテーブルで示されるホワイトボードに手書きされたメニューから料理を選ぶ。

❶まるでアートのような料理の数々。写真は一例　❷小さくともゆったりとくつろげる店内

おすすめランチ
ランチコース 1万500円～

☎ 03-3355-6667
▶ 各線四ツ谷駅から徒歩5分
所 東京都新宿区三栄町7
営 11:30～13:30(入店は～13:30) 18:00～20:00(入店は～19:30)
休 日曜、第1・3月曜
席 テーブル20席
予約 可
¥ L 1万500円～
D 1万5750円～

フランスを虜にした 繊細な味を再現
レストラン タテル ヨシノ 芝
レストラン タテル ヨシノ しば
MAP P.124 C-3

オーナーシェフは、パリの名店「ステラ・マリス」の吉野建氏。パリのエスプリと国産の食材を見事に融合させ、「ステラ・マリス」の魅力を東京で再現している。コンセプトは大地の実りを盛り込んだ「テロワ(大地)の料理」。提携農家や牧場から直接仕入れる、こだわりの食材を使った料理のほか、スッポンなど独創的な素材も繊細なフレンチに仕上げる。厳選したワインも豊富に揃うので、料理に合わせて楽しみたい。

❶エレガントながらモダンなセンスを採り入れた店内。洗練されたサービスも心地よい
❷毛ガニのトマトファルシィ緑ピーマンのジュレ。色鮮やかな美しい盛り付けの料理は秀逸のひと言

おすすめランチ
ランチコース 3675円～

☎ 03-5405-7800
▶ 地下鉄御成門駅から徒歩3分
所 東京都港区芝公園1-5-10 芝パークホテル別館1F
営 11:30～14:00(LO) 18:00～21:00(LO)
休 日曜のディナー
席 テーブル34席、個室1室
予約 要
¥ L 7000円～
D 1万2000円～
HP http://www.tateruyoshino.com

魯山人の伝統を継ぐ 温故知新の料理を堪能
新宿 割烹 中嶋
しんじゅく かっぽう なかじま
MAP P.90 D-3

店主の中嶋貞治氏の祖父は北大路魯山人が主宰した「星岡茶寮」の初代料理長。父も料理人で、祖父が始めた銀座「中嶋」から分家独立し、昭和37年(1962)にこの店を開いた。「時間と手間の凝縮が和食のおいしさのもと。気持ちを込めて、一品一品作っている」と語り、祖父創案の料理を継承しつつ、新しい和食にも挑戦している。和食の基本を捉えながらも、見た目にも色鮮やかで、うまみが凝縮した料理が魅力。

❶バジルソースか和の食材と調和する香草和えは好評　❷オーソドックスなスッポンの吸い物。コクのあるスッポンのスープは、臭みがなく、カツオと昆布のだしがやさしく香る。やわらかく煮込んだスッポンの肉と甲羅に、弾力のある粟麩が絶妙だ

☎ 03-3356-4534
▶ 各線新宿駅から徒歩4分
所 東京都新宿区新宿3-32-5 日原ビルB1F
営 11:30～14:00(LO13:45) 17:30～22:00(LO20:30)
休 日曜、祝日
席 テーブル22席、カウンター10席、個室5室
予約 要
¥ L 800円～
D 8400円～
HP http://www.shinjyuku-nakajima.com/

おすすめランチ
イワシ定食 800円～
昼のミニ懐石 5250円～

四季折々の素材を
カラリと揚げた天ぷら
てん茂
てんも
MAP P.42 B-1

風情ある引き戸を開ければ、店内の隅々にまで香ばしいゴマ油の匂いが満ち、歴史を物語る古い梁や柱などが目をひく。明治18年(1885)に初代店主が屋台から始めた江戸前の味を受け継ぎ、揚げ油にはていねいに炒って搾った上質のゴマ油のみを使用。カラリと揚がった衣にほどよく染みたゴマの香りが格別。ネタは旬の魚介が中心で、春は白魚やキス、穴子、フキノトウ、夏はアワビ、秋は栗の渋皮揚げなどが評判。

おすすめランチ
天麩羅御飯A 9450円～
天麩羅御飯B 6300円～

📞 03-3241-7035
🚃 JR新日本橋駅から徒歩2分
所 東京都中央区日本橋本町4-1-3
営 12:00～14:00(LO) 17:00～20:00(LO、土祝日は～19:00(LO))
休 日曜、祝日。8月の土曜
席 和室10席、カウンター10席
予約 可(土曜夜は前日まで)
¥ L 6300円～
  D 9450円～

① 頭からまるごと食べられる小鮎や、身の引き締まったエビなど ② 近代的なビルのなかでひと際目をひく

備長炭で焼き上げる
伝承の味を堪能
明神下 神田川本店
みょうじんした かんだがわほんてん
MAP P.34 C-4

創業200年という老舗うなぎ屋。辛口のタレも焼き具合も代々引き継がれた技が凝縮されている。備長炭でじっくりと焼き上げられたウナギはふっくらとやわらかく、伝承のタレにからみ、香ばしい風味が食欲をそそる。注文を受けてからウナギをさばいて焼き始めるので、出来上がりには1時間ほどかかるが、できたてを食べた瞬間になんともいえない感動が口いっぱいに広がっていく。

📞 03-3251-5031
🚃 JR秋葉原駅/各線御茶ノ水駅から徒歩6分
所 東京都千代田区外神田2-5-11
営 11:30～14:30(入店は～13:30) 17:00～21:30(入店は～19:30)
休 第2土曜(7・8月は営業)、日曜、祝日
席 個室7室
予約 要
¥ L・D 5000円～

うな重3990円、吸い物630円。蒲焼や白焼もおすすめの逸品

おすすめランチ
うな重 3990円

📞 03-3841-1114
🚃 つくばエクスプレス浅草駅徒歩1分
所 東京都台東区西浅草3-1-12
営 11:30～21:30(LO20:30)
休 無休
席 イス席34席 大広間48席 個室11室
予約 可
¥ L 4000円～
  D 1万円～
HP http://www.asakusaimahan.co.jp/restaurant/international.html

黒毛和牛のうまみを余すところなく堪能できるすきやきは絶品

おすすめランチ
すき焼き昼膳 3675円

秘伝の割り下と
黒毛和牛は好相性
浅草今半 国際通り本店
あさくさいまはん こくさいどおりほんてん
MAP P.30 A-2

東京のすきやきの名店といえば、必ず上位に上がる店。創業は明治28年(1895)、以来100余年、江戸っ子に愛され続けている。黒毛和牛のなかでも肉のうまみがあるメスを厳選して使用。代々引き継がれてきた秘伝の割り下は、牛肉のまろやかなうまみをひき立てる。季節料理にすきやきとしゃぶしゃぶを組み合わせた浅草今半懐石がおすすめのコース。平成20年(2008)10月には新築された店舗で営業を開始した。

📞 03-3541-2591
🚃 地下鉄築地駅から徒歩1分
所 東京都中央区築地2-12-11
営 11:30～15:00 17:00～22:00 土・日曜、祝日11:30～22:00
休 不定休
席 テーブル36席、個室10室
予約 要
¥ L 6000円～
  D 1万円～

コース料理の内容を凝縮した「大原弁当」

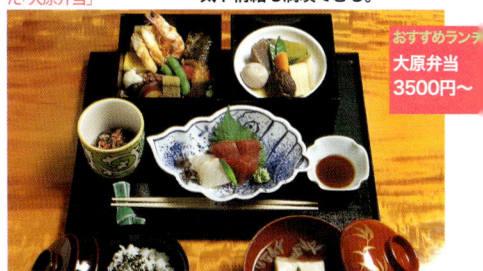

親子3代60年の歴史
味と暖簾を守る老舗
つきぢ田村
つきぢたむら
MAP P.52 A-1

市場で賑わう築地の一角で、懐石料理の普及に尽力した初代の田村平治氏以来、親子3代60年の暖簾を守る老舗料亭。「五味調和」を基本精神に四季の素材を巧みに生かす。高級素材にこだわらず、手ごろな料金設定への努力を怠らない姿勢は好評。座敷には庭のしつらえもあり、料亭との雰囲気や情緒も満喫できる。

おすすめランチ
大原弁当 3500円～

初めての
お台場を歩いてみる。

東京随一の巨大アミューズメントゾーン・お台場
シーサイド散歩を楽しくする、お台場の定番スポットを紹介。

デックス東京ビーチ
デックスとうきょうビーチ

「台場小香港」や「台場一丁目商店街」などのショップ＆レストランを楽しめる

📞 03-3599-6500（代表）
東京都港区台場1-6-1
営 ショップ11:00〜21:00（レストランは〜23:00）一部店舗は異なる
休 年1回

アクアシティお台場
アクアシティおだいば

「ラーメン国技館」、メディアージュなど併設したエンターテインメントシティ

📞 03-3599-4700
東京都港区台場1-7-1
営 ショップ11:00〜21:00（レストランは〜23:00）一部店舗は異なる
休 年1回

パレットタウン

ヴィーナスフォートのほか、大観覧車などお台場を代表するスポット満載

📞 03-3599-0700
東京都港江東区晴海1
営 ショップ11:00〜21:00（レストランは〜22:00LO）
休 不定休

昭和中期の日本をイメージ
台場一丁目商店街
だいばいっちょうめしょうてんがい

フロア全体で昭和30〜50年代を再現。レトロな雑貨に囲まれ、散策できる。

📞 03-3599-6500（代表）
営 11:00〜21:00
休 年1回

体験型サイエンスミュージアム
ソニー・エクスプローラ サイエンス

科学の原理原則を遊びに変えた、大人も楽しめるサイエンスミュージアム。

📞 03-5531-2186
営 11:00〜19:00（入場は18:30）
休 不定休　料 500円、子供200円

24時間遊べるレジャー王国
東京レジャーランド
とうきょうレジャーランド

あらゆる遊びが詰まった総合アミューズメント施設。お化け屋敷もある。

📞 03-3570-5657
営 24時間（カラオケは12:00〜翌朝6:00）
休 無休　施設により異なる

フジテレビ

バラエティ人気の高い民放本社。球体展望室はお台場のシンボル的風景。運が良ければ撮影現場に遭遇。

📞 0180-993-188（テープ案内）
東京都港区台場2-4-8
営 11:00〜20:00（入場券販売は〜23:00）
休 月曜（祝日の場合は翌日）
料 球体展望室500円、小・中学生300円

お台場海浜公園
おだいばかいひんこうえん

砂浜ゾーン、ボードウォーク、磯浜ゾーンからなるデートスポットとして人気の水辺の公園。対岸にはレインボーブリッジや都心のビル群が望める。釣りやボードセーリングも楽しめる。

東京都港区台場1-7-1

148

北西部

都心から少し離れた緩やかな
空気感が漂う、穴場的な散歩コース

TOKYO NORTHWEST

護国寺の山門。高台にある
境内は開放感ある雰囲気

歩く時間	約1時間35分
歩く距離	約4.7km

コース ㉕

スタート: 王子駅
JR京浜東北線、東京メトロ南北線、都営荒川線

↓
① 名主の滝公園
↓
② 王子稲荷神社
↓
③ 王子神社
↓
④ 音無親水公園
↓
⑤ 飛鳥山公園
↓
⑥ 旧古河庭園
↓
ゴール: 上中里駅
JR京浜東北線

王子
おうじ

特色ある地形と豊かな自然
歴史・文化を伝える庭園や建物が点在
歩くたびに新しい発見がある

春先には満開の桜に彩られる飛鳥山公園

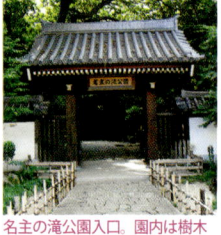

名主の滝公園入口。園内は樹木が溢れ、森に迷い込んだ感覚に

王子駅周辺に点在する緑のスポットを巡る。まずは水に因んだ2つの公園へ。名主の滝公園は、4本の滝が流れ野趣豊か。音無親水公園一帯は、音無渓谷と呼ばれた江戸の名所だった。園内には風流な橋や水車があり、今も風情が感じられる。

駅の南に広がる飛鳥山公園は、8代将軍吉宗が江戸庶民のために桜を植えて以来の桜の名所だ。園内にある3つの博物館にも寄りたい。旧古河庭園は明治の政治家・陸奥宗光の別邸跡。石造りの洋館や洋風庭園がロマンティック。

「お穴さま」という狐が住んでいた跡も残されている

都内でも有数の落差を誇る男滝（おだき）を中心に4つの滝を有する

❶ 名主の滝公園
なぬしのたきこうえん

4つの滝が流れ落ちる緑深き回遊式庭園

　江戸期の王子村名主・畑野孫八が邸宅を開いたことが公園の名前の由来。王子周辺にはかつて滝が多く、「王子七滝」と呼ばれる7つの滝があったが、現存するのは名主の滝のみとなっている。
☎ 03-3908-9275
東京都北区岸町1-15-25
🕐 9:00～17:00(7/15～9/15は9:00～18:00) 入園は各閉園30分前まで
🌐 http://www.city.kita.tokyo.jp/docs/facility/055/005519.htm

❷ 王子稲荷神社
おうじいなりじんじゃ

狐にまつわる言い伝えが多く残る神社

　関東稲荷社の総社という格式を持ち、かつては境内の至るところに狐が住んでいた。毎年2月の午の日には凧市が行なわれている。
☎ 03-3907-3032
東京都北区岸町1-12-26
🕐 参拝自由

王子稲荷神社の真横にある急勾配の「王子稲荷の坂」

落語にもなった「狐伝説」
　王子稲荷には、大晦日に稲荷の使いである狐が身支度を整えて初詣に訪れるという言い伝えが残る。この話が舞台となった落語「王子の狐」は、「きれいな娘に化けた狐を見た男が狐をだます」というストーリー。毎年、大晦日には「狐の行列」が開催されている。

❸ 王子神社
おうじじんじゃ

熊野信仰の拠点であった格式高き神社

　元亨2年(1322)、熊野より勧請。東京都天然記念物の大イチョウがそびえる。8月の例祭では北区無形文化財「王子神社田楽舞」が奉納される。
☎ 03-3907-7808
東京都北区王子本町1-1-12
🕐 参拝自由

＊ ここにも注目 ＊
王子神社末社として、蝉丸法師を祀る関神社。「かもじ（かつら）」を考案した法師は「髪の祖神」と呼ばれ、理容業界から信仰されている。毛塚は毛根供養のために建てられたもので、薄毛に悩む人も訪れているとか。

最盛期には、飛鳥山も支配地とした格式高い神社

🌸 おさんぽごはん、おさんぽショッピング。

あすかやまさくらてい
飛鳥山さくら亭　　　　食事処

飛鳥山公園内にある軽食屋。さくらうどんはコシのある麺が評判。緑茶セットもおすすめ。
☎ 03-5394-2116
東京都北区王子1-1-3
営 10:30～17:00
休 月曜　￥ 500円～
予約 不可
MAP P.152 B-2

石神井川にかかる音無橋。照明灯も歴史を感じさせる装飾性の高い立派なもの

王子

1:12,000
周辺図 P.6

地図上のポイント
- ① 名主の滝公園
- ② 王子稲荷神社
- ③ 王子神社
- ④ 音無親水公園
- ⑤ 飛鳥山公園
- ⑥ 旧古河庭園

スタート：王子駅
ゴール：上中里駅

凡例
- 見どころ
- 神社
- 飲食店
- 博物館・美術館
- デパート・ショップ
- カフェ
- コンビニ
- トイレ
- ガソリンスタンド
- 駐車場

平塚神社
かつて豊島氏ゆかりの館があった場所で、境内裏には源義家が贈ったと伝わる鎧が埋められた甲冑塚がある。

ゲーテの小径
本郷通りにつながる、ゲーテ記念館前の道はゲーテの小径と呼ばれている。

コースの高低差

区間	距離	時間
スタート → ① 名主の滝公園	400m	8分
① → ② 王子稲荷神社	600m	12分
② → ③ 王子神社 / ④ 音無親水公園	600m	12分
④ → ⑤ 飛鳥山公園	—	—

152

❹ 音無親水公園
おとなしんすいこうえん

石神井川旧流路にある憩いの親水公園

石神井川の旧流路に整備された公園。石神井川は北区付近では、音無川と呼ばれ親しまれている。純和風の舟串橋、水車など情緒に溢れる親水区域は、涼しげでしっとりとした心地よさを感じる。

📞 03-3908-9275
東京都北区王子本町1
開 終日開放（親水施設区域は9:00〜16:00）
HP http://www.city.kita.tokyo.jp/docs/facility/079/007978.htm

王子周辺のランドマークのひとつとして親しまれている

❺ 飛鳥山公園
あすかやまこうえん

4エリアに分かれる広大な敷地で桜に酔う

明治6年(1873)、日本で最初に指定された公園のひとつ。「飛鳥山の花見」で知られる自然豊かなエリア、飛鳥山博物館・紙の博物館・渋沢史料館の「飛鳥山の3つの博物館」エリア、子供向け遊戯施設が充実したエリア、噴水がある水辺エリアと大きく4つに分かれる。

📞 03-3908-9275
東京都北区王子1-1-3
開 終日開放
HP http://www.city.kita.tokyo.jp/docs/facility/055/005518.htm

休日は家族連れで賑わい、春には見事な桜が咲き乱れる東京随一の桜の名所として知られる

近隣の人たちの憩いの場で、散歩する人も多く見られる滝野川公園

❻ 旧古河庭園
きゅうふるかわていえん

大正初期の庭園を知るうえで貴重な庭園

和洋の様式が見事に調和。武蔵野の地形を巧みに利用した庭園で高地は四季折々の花が咲き乱れる洋風庭園、低地には心字池を中心とした回遊式庭園が位置する。

📞 03-3910-0394
東京都北区西ヶ原1
開 9:00〜17:00（入園は〜16:30）
休 無休　料 150円、65歳以上70円、小学生以下、都内在住・在学の中学生は無料
HP http://www.tokyo-park.or.jp/park/format/index034.html

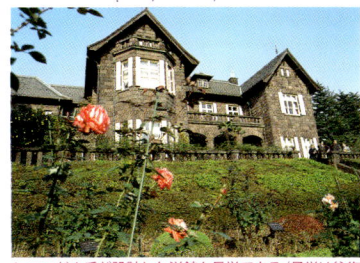

J・コンドル氏が設計した洋館も見学できる（見学は往復ハガキによる事前申し込み・要問合せ）

工場を見学に行こう！
身近な物がどのように作られるのか知りたい！

世界トップレベルの造幣技術

国立印刷局 滝野川工場
こくりついんさつきょく たきのがわこうじょう

MAP P.152 C-3

紙幣や旅券などの製造を担う国立印刷局。スタッフが製造工程をていねいに解説。展示室では、1億円の重さを体験することもできる。

📞 03-5567-1102
東京都北区西ヶ原2-3-15
開 9:00〜、10:00〜、13:00〜、14:00〜
休 土・日曜、祝日　料 無料、見学希望の場合は2週間前までに要予約（受付8:00〜16:30）

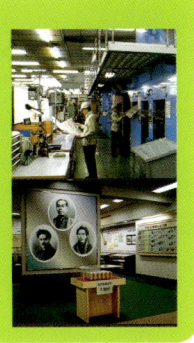

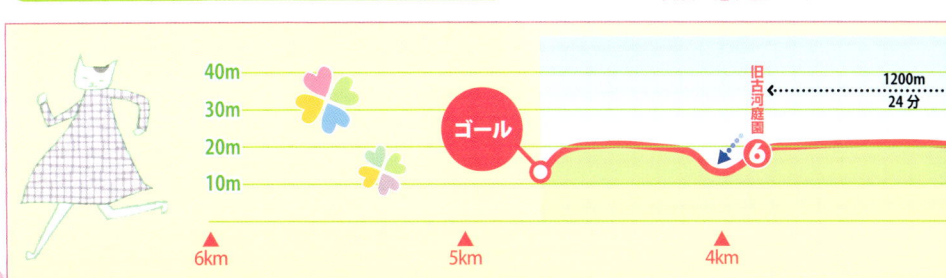

TOKYO SAMPO MAP
王子

旧古河庭園 ❻　1200m / 24分

ゴール

40m / 30m / 20m / 10m

6km　5km　4km

153

| 歩く時間 | 約1時間25分 |
| 歩く距離 | 約4.2km |

コース ㉖

スタート　護国寺駅
東京メトロ有楽町線

↓
❶ 護国寺
↓
❷ 雑司が谷旧宣教師館
↓
❸ 雑司が谷霊園
↓
❹ 鬼子母神堂
↓
❺ 威光山 法明寺
↓
❻ 自由学園明日館
↓
ゴール　池袋駅
JR山手線・埼京線、東武東上線、西武池袋線、東京メトロ丸ノ内線・有楽町線・副都心線

護国寺の横を走る国道。高速道路を隔てて右側は雑司が谷界隈

雑司が谷・池袋
ぞうしがや・いけぶくろ

入り組んだ路地や坂道を縫うように
路面電車がチンチンと走り抜ける
時代を動かした文化人の眠る街

毎月第4土曜日に骨董市が開催されている鬼子母神堂

大部分を空襲から免れた雑司が谷は、池袋の繁華街近くにありながら懐かしい風景に出会える街。江戸の元禄建築が今に残る護国寺は、欄間彫刻や天井画など見どころの多い名刹。曲がりくねった路地の続く住宅街を抜けて雑司が谷霊園へ。ここに眠る夏目漱石は、小説『こころ』の中でこの霊園を登場させている。
都電荒川線の線路を渡り、ケヤキ並木の参道を行けば鬼子母神堂。巨木の茂る緑の杜に囲まれた憩いの空間だ。賑やかな明治通りに出て池袋駅へ。

154

入り母屋造りの屋根を持つ重要文化財の観音堂(本堂)は災害にも耐え、姿を変えることなく原型をとどめる。国指定重要文化財の月光殿や、不老門など境内には見どころが多い

❶ 護国寺
ごこくじ

元禄文化の建造物が残る重要文化財の本堂

徳川5代将軍綱吉の生母・桂昌院の発願により天和元年(1681)に創建。元禄文化の粋を凝らした建造物が残る。観音堂には本尊如意輪観世音菩薩をはじめ、欄間彫刻や天井画の『彩色天女図』など貴重な文化財が随所に見られる。

☎ 03-3941-0764
東京都文京区大塚5-40-1
開 参拝自由(本堂は9:00～12:00 13:00～16:30)
HP http://www.gokokuji.or.jp/

＊ ここにも注目 ＊

江戸中期建立の鐘楼は、鐘楼のなかでも格式が高い、袴腰付重層入母屋造り形式。焼失した記録がなく、当時も現在の姿のまま鐘を鳴らしていたという。都内では、同種の遺構がほとんど失われ、貴重な歴史的資料となっている。

TOKYO SAMPO MAP
雑司が谷・池袋

❷ 雑司が谷旧宣教師館
ぞうしがやきゅうせんきょうしかん

東京都内でも数少ない明治期の宣教師館

明治40年(1907)にアメリカ人宣教師マッケーレブが建てた居宅で、区内最古の近代木造洋風建築物。当時は近隣への布教活動や幼児教育の拠点となっていた。平成元年(1989)から関連資料を展示する資料館として、一般公開されている。

☎ 03-3985-4081
東京都豊島区雑司が谷1-25-5
開 9:00～16:30
休 月曜、第3日曜、祝日の翌日
料 無料
HP http://www.city.toshima.lg.jp/bunka/shiryokan/

木造2階建て住宅で、1900年代後半のアメリカ郊外住宅の特徴を反映した質素な造りとなっている

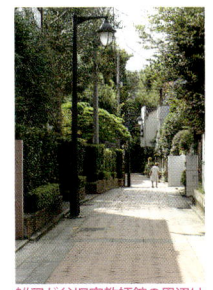

雑司が谷旧宣教師館の周辺は草木が生い茂る閑静な住宅街

おさんぽごはん、おさんぽショッピング。

群林堂
ぐんりんどう
和菓子

行列でも買う価値人の豆大福で名高い和菓子の老舗。赤えんどうの塩味がつぶ餡をひき立て一度食べたらとりこに。

☎ 03-3941-8281
東京都文京区音羽2-1-2
営 9:30～17:00 休 日曜
MAP P.156 F-4

旅猫雑貨店
たびねこざっかてん
雑貨

日本人の暮らしのなかから生まれた雑貨を旅行好きのオーナーが全国各地からチョイス。

☎ 03-6907-7715
東京都豊島区雑司が谷2-22-17
営 13:00～19:00頃、祝日 12:00～18:00頃 休 月曜、第3日曜(月曜が祝日の場合は翌日)
MAP P.156 D-4

雑司が谷・池袋

1:12,000
周辺図 P.206

大鳥神社
出雲藩主松平家の嫡男の疫病平癒が叶い、雑司が谷の鬼子母神境内に「鷺明神」として祀ったのを縁起とする神社。

凡例:
- デパート・ショップ
- 飲食店
- カフェ
- 博物館・美術館
- 劇場/ホール
- 宿泊施設
- コンビニ
- トイレ
- ガソリンスタンド
- 駐車場

① 護国寺
② 雑司が谷旧宣教師館
③ 雑司が谷霊園
④ 鬼子母神堂
⑤ 威光山 法明寺

コースの高低差

区間	距離	時間
⑤→④	950m	19分
④→③	250m	5分
③→②	750m	15分
②→旧宣教師館	350m	7分
旧宣教師館→①	800m	16分

スタート: 護国寺

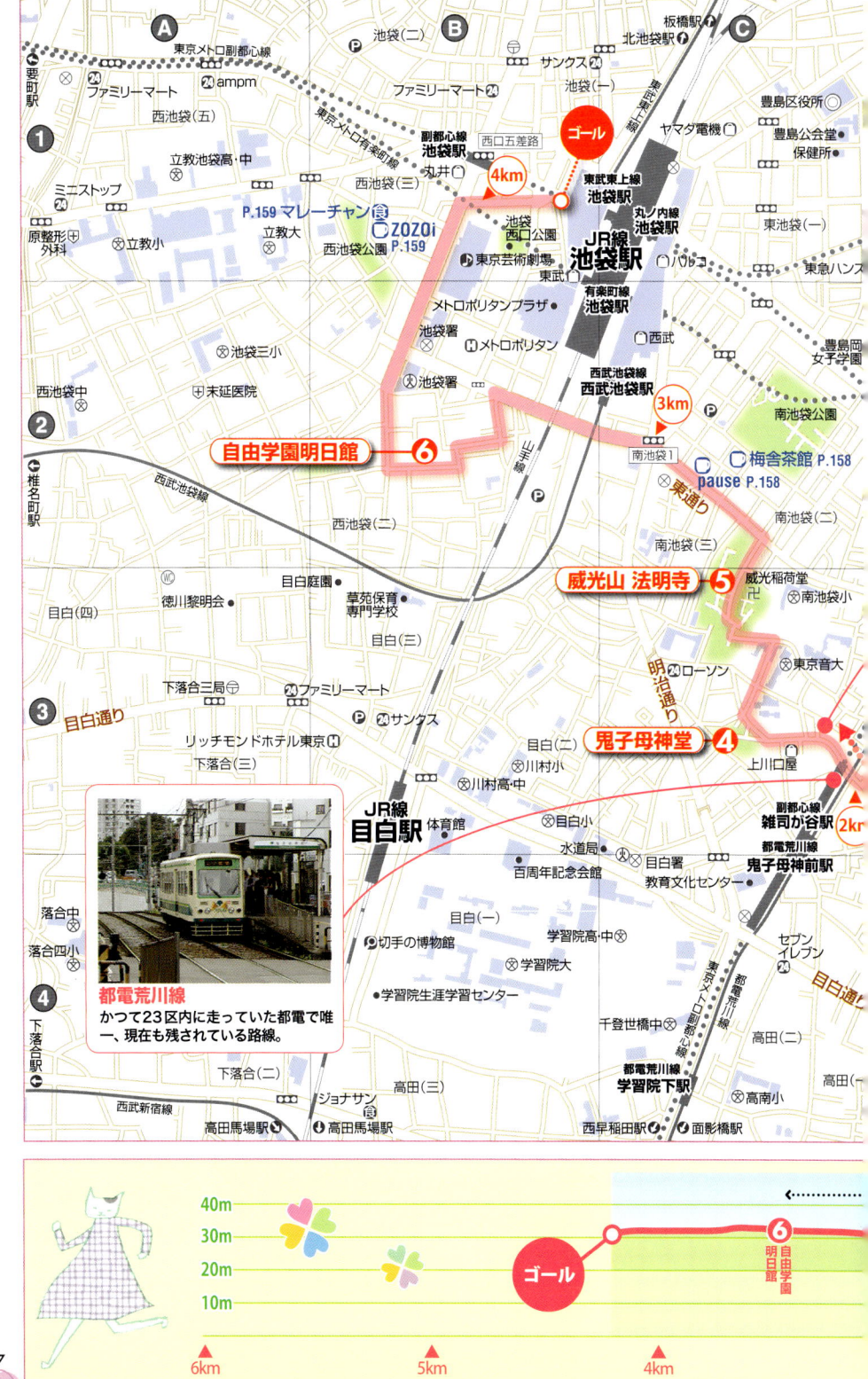

TOKYO SAMPO MAP
雑司が谷・池袋

都電荒川線
かつて23区内に走っていた都電で唯一、現在も残されている路線。

❸ 雑司が谷霊園
(ぞうしがやれいえん)

都会の真ん中の墓地に多くの著名人が眠る

　かつて江戸時代には御鷹部屋御用屋敷があったところで、明治7年(1874)に墓所のない市民のために共葬墓地「雑司ヶ谷墓地」として造営。昭和10年(1935)に雑司ヶ谷霊園と改め現在にいたる。

☎ 03-3971-6868
東京都豊島区南池袋4-25-1
開 終日開放
HP http://www.tokyo-park.or.jp/park/format/index071.html

上川口屋 鬼子母神堂の近くの200年以上も前からお店を開く上川口屋

多くの文化人が眠る公園墓地。園内にはケヤキの古木が多く見られる

雑司が谷霊園にはこんな人たちが眠っています。

●文芸・劇作
泉鏡花　　　（1872〜1939）
岩野泡鳴　　（1872〜1920）
小泉八雲　　（1849〜1904）
島村抱月　　（1870〜1918）
武林無想庵　（1870〜1918）
永井荷風　　（1880〜1959）
夏目漱石　　（1867〜1916）

●政治・経済
ジョン万次郎（1826〜1898）
東条英機　　（1885〜1948）

●芸能
大川橋蔵　　（1929〜1984）
尾上菊五郎(6代目)
　　　　　　（1886〜1949）

●芸術
サトウハチロー（1903〜1973）
竹久夢二　　（1883〜1934）
東郷青児　　（1897〜1978）
成島柳北　　（1836〜1884）

●学者
金田一京助（1882〜1971）

❹ 鬼子母神堂
(きしもじんどう)

鬼女が子供の守り神に　江戸前期の風格ある本堂

　子育てと子授けの神様。鬼子母神とは人間の子を食う鬼女だったが、改心して子供を守る神様となった。本堂は寛文4年(1664)の創建で、区内最古の建造物。樹齢700年とされる「子育て銀杏」は都の天然記念物に指定されている。

☎ 03-3982-8347
東京都豊島区雑司が谷3-15-20
開 参拝自由
HP http://www.kishimojin.jp/

堂々としたたたずまいの本堂。木立の繁える境内は静けさを感じる

雑司ヶ谷霊園から都電荒川線の軌道を横切れば、鬼子母神堂は目の前

梅舎茶館
めいしゃちゃかん　　カフェ

窓際には趣深い茶器や烏龍が並び、まるで中国の下町にいるような雰囲気。味わえるお茶は約25種類と豊富。

☎ 03-3971-2256
東京都豊島区南池袋2-18-9-201
営 12:00〜19:00
休 月・火曜　￥ 1500円〜
MAP P.157 C-2

pause
ポーズ　　カフェ

おもちゃメーカーが手がけるカフェ。ショーケースにユニークなおもちゃを陳列。

☎ 03-5950-6111
東京都豊島区南池袋2-14-12
山口ビル1F
営 12:00〜23:00(日曜、祝日は〜22:00)　休 無休
￥ 400円〜　MAP P.157 C-2

158

法寺から東通りを池袋方面へ。信号を渡って線路下をくぐり自由学園を目ざす

❺ 威光山 法明寺
いこうざん ほうみょうじ

徳川将軍家からも崇敬　由緒ある都内屈指の名刹

弘仁元年(810)、慈覚大師により真言宗の寺院として創建されたあと、正和元年(1312)に日蓮宗に改宗。徳川3代将軍家光より御朱印を受け、代々将軍家からの尊崇を受けた。飛地境内には安産・子育てに御利益のある鬼子母神堂がある。

📞 03-3971-4383
東京都豊島区南池袋3-18-18
🕐 参拝自由
🌐 http://www.homyoji.or.jp/

立派な山門の先には、本堂のほか、安国堂や酒井抱一のあさがお塚がある。奥の稲荷堂は赤い鳥居の先に祀られている

雑司が谷・池袋 / TOKYO SAMPO MAP

ライト氏のアイデアが詰まった建築意匠を感嘆

フランク・ロイド・ライト氏は限られた工事のなかで建物全体の意匠を幾何学的な模様にまとめることによって、ユニークな空間をつくり出した。六角形の建物に合わせて、背もたれが六角形の椅子を配すなど、建物と家具の調和が見事にはかられている。

❻ 自由学園明日館
じゆうがくえんみょうにちかん

巨匠のこだわりが詰まった重要文化財の名建築

大正10年(1921)に羽仁吉一・もと子夫妻が創立。自由学園の校舎として使用されていた。設計はアメリカの巨匠フランク・ロイド・ライト氏で、高さが抑えられたたたずまいと、建物前に広がる芝生広場で開放的な空間を演出。

📞 03-3971-7535
東京都豊島区西池袋2-31-3
🕐 10:00～16:00(入館は～15:30) 18:00～21:00(入館は～20:30、夜間見学は毎月第3金曜日のみ) 土・日曜、祝日10:00～17:00(入館は～16:30)
休 月曜(祝日の場合は翌日)
料 喫茶付見学600円、見学のみ400円(中学生以下無料)、お酒付見学1000円(夜間見学のみ)
🌐 http://www.jiyu.jp/

関東大震災や第二次世界大戦を免れた建物は、平成9年(1997)に国の重要文化財に指定

🌸 おさんぽごはん、おさんぽショッピング。

マレーチャン
マレーシア・ハラール料理

店名はマレーシアの代表的なソースの名前。流行の本格マレーシア料理が食べられる。

📞 03-5191-7638
東京都豊島区西池袋3-22-6
営 11:00～14:30 17:00～23:00(金・土・日曜は～0:00) 休 月曜の昼
¥ L 840円～ D 1000円～
予約 可　MAP P.157 B-1

ZOZOi
ゾゾイ　カフェ

フランスのカフェを思わせるかわいい雰囲気。メニューはアジアンテイストなドリンクから、手作りフードなど多彩。

📞 03-5396-6676
東京都豊島区西池袋3-22-6
営 12:00～22:00(日曜、祝日は～21:30)　休 火曜
¥ 500円～　MAP P.157 B-1

159

| 歩く時間 | 約1時間45分 |
| 歩く距離 | 約5.3km |

コース㉗

- スタート **石神井公園駅** 西武池袋線
  ↓
- ❶ 石神井公園
  ↓
- ❷ 三宝寺池
  ↓
- ❸ 三宝寺
  ↓
- ❹ 道場寺
  ↓
- ❺ 禅定院
  ↓
- ゴール **石神井公園駅** 西武池袋線

石神井公園駅から歩いてすぐのところにある和田堀公園

石神井公園
しゃくじいこうえん

溢れんばかりの緑とのどかな風景がかつての武蔵野の自然の面影を感じさせる、都会ハイキングコース

三宝寺池など、豊かな自然が貴重な植物や生物などをはぐくむ

起伏に富んだ豊かな自然が残る石神井公園一帯。四季折々の美しい風景とともに、点在する古刹に歴史を感じられるエリアだ。

ボート遊びと釣りが楽しめる石神井池から木々に囲まれた三宝寺池を散策。園内には、貴重な植物や生物を観察できる施設も整っている。公園の自然を満喫したら、徳川家ゆかりの三宝寺、キリシタン灯籠のある禅定院などの名刹を見学。石神井川沿いを歩いて石神井公園駅へ戻る。途中にある和田堀緑道も緑が心地よく、散策におすすめだ。

160

石神井公園には、自然が多く残るということで、野鳥なども集まって来る

園内には野球場、記念庭園や野外ステージなどといったさまざま施設がある

❶ 石神井公園
しゃくじいこうえん

豊かな武蔵野の自然は春の桜、秋の紅葉が見物

三宝寺池とボートで賑わう石神井池を中心に、起伏に富んだ豊かな自然が20haの敷地に残る。石神井城跡や殿塚、姫塚、沼沢植物群落など、見どころも多い。
📞 03-3996-3950
東京都練馬区石神井台1-26-1
🕐 終日開放
HP http://www.tokyo-park.or.jp/park/format/index006.html

＊ ここにも注目 ＊
石神井公園内にある石神井池は「ボート池」とも呼ばれ、カップルや家族連れがボートを漕ぐ光景が見られる。野鳥がのんびりと泳ぐ姿も見ることができ、自然を間近に感じることができるスポットとして人気がある。

TOKYO SAMPO MAP　石神井公園

❸ 三宝寺
さんぽうじ

徳川幕府が手厚く保護 徴税吏も入れなかった寺

応永元年(1394)、石神井村に創建し、太田道灌により現在地に移転。北条、徳川氏から保護され、江戸時代には周辺に数十の末寺を持つにいたった。また3代将軍徳川家光が狩りをしたときに休憩所として立ち寄った、という歴史も持つ由緒あるお寺。
📞 03-3996-0063
東京都練馬区石神井台1-15-6
🕐 参拝自由

ひと際目をひく大塔。山門から寺に入り本堂に着くと左側に見える

❷ 三宝寺池
さんぽうじいけ

井の頭池、善福寺池と並ぶ武蔵野三大湧水池

石神井公園の西側にある、国の天然記念物に指定された沼沢植物群落を有する池。氷河期から生息していると言われるミツガシワや、コウホネ、マコモといった植物が見られる。
📞 03-3996-3950
東京都練馬区石神井台1-26
🕐 終日開放

都心とは思えないほど緑豊か。中ノ島という浮き島がある

三宝寺のほかにもお寺や神社が多いエリア。写真の稲荷神社もそのひとつ

三宝寺池は武蔵野三大湧水池のひとつとして数えられ、昭和30年代頃までは、真冬でも凍らない「不凍池」として知られた

石神井公園

1:12,000

周辺図 P.7

和田堀緑道
三宝池、石神井池と石神井川をつないでいた和田堀を暗渠化した、清涼感を感じる緑道。

氷川神社
かつて石神井城にあった神社。豊島氏が大宮の氷川大社の分霊を祀ったことが創始とされている。

コースの高低差

- ① 石神井公園
- ② 三宝寺池 — 1000m / 20分
- ①〜② 1350m / 27分

スタート

162

❹ 道場寺
とうじょうじ

四季それぞれに違う趣 総欅造りの三重塔が建つ

　豊島輝時によって、文中元年（1372）に、豊島氏の菩提寺として創建。境内には太田道灌に滅ぼされた石神井城にあった豊島一族の墓と伝わる石塔三基が残され、今でも菩提が弔われている。境内の裏側には土塁の跡も残る。

☎ 03-3996-0015
東京都練馬区石神井台1-16-7
参拝自由
HP http://www.musashino-kannon.com/jiin/02.htm

夏季はクロマツなどの緑が建物を囲む。冬季は雪が美しく白色に彩る

TOKYO SAMPO MAP
石神井公園

お寺にキリスト像が？ とても珍しいキリシタン灯籠

　本堂の前にある小さな灯籠。「寛文十三年十月朔日」と刻まれた織部灯籠はその姿から別名「キリシタン灯籠」といわれ、区内では珍しい石像物のひとつ。

悠然としたたたずまい

❺ 禅定院
ぜんじょういん

説明板にキリシタンの文字 史跡が豊富な名刹

　明応3年（1494）に願行上人が開いたといわれる。文政年間には一度火事で焼失してしまった。現在の石神井小学校の前身である豊島小学校が、一時この寺を借りて開設されていた。

☎ 03-3996-4311
東京都練馬区石神井町5-19-10
参拝自由

境内には南北朝時代の年号が刻まれた板碑など、歴史的に貴重なものが多い

石神井公園の横に流れる石神井川。遊歩道を歩いてまわるのもよい

ゴール　❺禅定院　800m／16分　❹道場寺　300m／6分　❸三宝寺

6km　5km　4km

歩く時間	約1時間
歩く距離	約3.2km

コース㉘

スタート 中野駅
JR中央線、総武線、東京メトロ東西線

↓
① 中野サンプラザ
↓
② 中野ブロードウェイ
↓
③ 薬師あいロード
↓
④ 新井薬師
↓
⑤ 哲学堂公園
↓
ゴール 哲学堂バス停
中野駅行で中野駅まで15分。200円

中野
なかの

下町でも大都会でもない地域で
一風変わった情緒が浸透する街
個性豊かな商店街や公園が魅力的

哲学堂公園の四聖堂の正門にあたる哲理門。別名・妖怪門

駅北口の目の前のサンモールは中野ブロードウェイに通ずる

都心に近い住宅街として賑わいを見せる中野。JR中野駅から中野ブロードウェイ、個性的な商店が並ぶ薬師あいロードを進めば新井薬師に出る。寺は「目の薬師」として知られ、毎月第1日曜の骨董市や8のつく日の縁日は賑やかだ。中野通りを歩いて哲学堂公園を目ざす。哲学をテーマに造園されたユニークな公園で、園内に瓦葺の平屋や六角堂などの古建築、庭園が点在。花の名所としても知られる区民の憩いの場だ。帰りは公園近くから出るバスを利用したい。

164

❷ 中野ブロードウェイ
なかのブロードウェイ

中野の文化を育てた大型ショッピングモール

昭和39年(1964)にアメリカのショッピングセンター方式を採り入れて、誕生した大型複合施設。「商業地区」と「住宅地区」に分かれており、かつては作家時代の故青島幸男、ザ・タイガース時代の沢田研二が住むなど多くの著名人が居宅を構えていた。

📞 03-3388-7004
（ブロードウェイ商店会）
東京都中野区中野5-52-15
営休 店舗により異なる
HP http://www.nbw.jp/

中野ブロードウェイ特有の個性的なお店が並ぶ

❶ 中野サンプラザ
なかのサンプラザ

駅前に悠然とそびえる中野のランドマーク

宿泊施設、大型ホール、アミューズメント施設を備える中野のランドマークビル。20階のレストランフロアからの眺望は抜群。

📞 03-3388-1151
東京都中野区中野4-1-1
営休 店舗により異なる
HP http://www.sunplaza.jp/

中野駅のすぐ目の前。1階の広場でちょっと休憩するのもいい

昔懐かしのおもちゃに出会える！

ブリキ、フィギュア、超合金…
子供の頃、欲しかったおもちゃに再び心躍らせる

マニア垂涎のお宝が大集合
まんだらけ中野
まんだらけなかの

MAP P.166 A-4

漫画を扱う本館、古いおもちゃが揃うスペシャル館など、専門ごとに分かれた23店舗が中野ブロードウェイ内に点在。ほかではお目にかかれない入手困難なお宝アイテムを多数揃えている。

📞 03-3228-0007
東京都中野区中野5-52-15
中野ブロードウェイビル2〜4F
営 12:00〜20:00　休 無休
HP http://www.mandarake.co.jp/

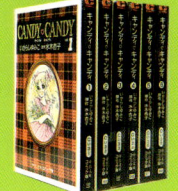

早稲田通側と新井交差点側にアーチが架けられている

❸ 薬師あいロード
やくしあいロード

新井薬師の門前通り下町ならではの店が並ぶ

中野区でも五指に入る大型商店街。新井薬師の門前町として古くから参拝客に親しまれ。現在は隣接商店街と合併し、約130店舗が軒を連ねる。

📞 03-3386-5664
（薬師あいロード商店街振興組合）
東京都中野区新井1-15-12
営休 店舗により異なる

💚 おさんぽごはん、おさんぽショッピング。

やくし たじまや
薬師 但馬屋　　煎豆

大正14年(1925)創業。おすすめは店内で煎る「素煎落花生」。毎月8の付く日の縁日では赤えんどう豆を限定販売。

📞 03-3386-2615
東京都中野区新井1-30-9
営 10:30〜18:00
休 日曜、祝日
MAP P.166 B-3

あおば ほんてん
青葉 本店　　ラーメン

遠方からのファンも多い東京屈指の有名店。スープはあっさりした豚骨ベースの醤油味。

📞 03-3388-5552
東京都中野区中野5-58-1
営 10:30〜19:00(売切次第終了)　休 木曜
¥ 850円〜　予約 不可
MAP P.166 B-4

中野

1:12,000　0　200m
周辺図 P.7

新井薬師公園
新井薬師に隣接した公園。大正3年（1914）に新井薬師の境内が開放されたのが始まり。

凡例：
- デパート・ショップ
- 飲食店
- コンビニ
- トイレ
- ガソリンスタンド
- 駐車場

井戸水
近隣住民に今なお利用されている井戸。新井薬師手前にも井戸がある。

主なポイント：
- ① 中野サンプラザ
- ② 中野ブロードウェイ
- ③ 薬師あいロード
- ④ 新井薬師
- ⑤ 哲学堂公園（ゴール）
- スタート：中野駅

コースの高低差

スタート① 中野サンプラザ	② 中野ブロードウェイ	③ 薬師あいロード	④ 新井薬師	⑤ 哲学堂公園
250m / 5分	350m / 7分	300m / 6分	1650m / 33分	

0 / 1km / 2km

166

❹ 新井薬師
あらいやくし

病治癒の逸話が多く
眼病平癒で信仰を受ける

天正14年(1586)に行春という僧によって開かれた梅照院(新井薬師)。2代将軍徳川秀忠の子の悪質な眼病が、祈願により快癒したしたことから「眼の薬師」とも呼ばれている。病治癒に関して広く信仰を集め、かつては「東の浅草寺、西の新井薬師」といわれるほど有名であった。境内には体の痛みや悪いところを除いてくれるという「ねがい地蔵尊」もある。

📞 03-3386-1355
東京都中野区新井5-3-5
🈳 参拝自由
HP http://www.araiyakushi.or.jp/

普段は静かな本堂だが、毎月8、18、28日に開かれる縁日では賑わいを見せる。「ねがい地蔵尊」へのお願いは忘れずに

陶器好きにうれしい
新井薬師の骨董市

毎月第1日曜(5:00～15:30、1月は第2日曜)に行なわれる新井薬師アンティークフェアは、昭和47年(1972)から始まった関東で最も歴史ある骨董市のひとつ。陶磁器をはじめ、古い着物、古道具、和雑貨など、幅広い品揃え。なかでも古伊万里の店が多く、陶器好きにはおすすめ。ほかにも、海外からのアンティーク物も揃う。

お気に入りのアイテムが見つかるかも!?

❺ 哲学堂公園
てつがくどうこうえん

自然と古建築物を通じて
哲学に触れる公園

明治39年(1906)、東洋大学の創始者、井上円了博士によって開設。公園内は哲学に由来する空間に分けられ、名付けられたユニークな造り。花の名所としても親しまれ、季節ごとに楽しめる。

📞 03-3951-2515
東京都中野区松が丘1-34-28
🈳 8:00～18:00(10/1～3/31は9:00～17:00)
HP http://www.tetsugakudo.jp/

新井薬師駅から線路沿いを進めば中野通りへとつながる

孔子・釈迦・ソクラテス・カントの世界四哲人を祀った四聖堂や、東洋の「六賢」を祀った赤色塗りの六賢台など古建築物が見どころ

妖怪・不思議研究のパイオニア
お化け博士・井上円了

井上円了博士は哲学者・教育者であると同時にお化け博士としても有名。知識人たちが無視してきた妖怪や、不思議現象を日本人の心にとって重要な問題として捉え、あらゆる文献を渉猟。ライフワークとして、『妖怪学講義』全6冊を著した。

公園内に設置された井上円了のレリーフ

TOKYO SAMPO MAP
中野

167

東京ショッピング STREET ②

独特の文化を醸し出す中央線沿線

ねじめ民芸店　民芸品
ねじめみんげいてん

北砥部焼やお面など、日本の伝統民芸品を扱う店だが、最近は客からの需要が高い、縮緬小物や和紙小物なども豊富に揃えている。手ぬぐいも、古典的な柄から現代的な柄までさまざまな種類がある。タペストリーにして部屋に飾るなど、若者にも人気を博している。

☎ 03-3312-9408
東京都杉並区阿佐ヶ谷南1-33-5
営 12:00～20:30
休 水曜

店内には、現代風の和雑貨が所狭しと並ぶ

吉澤商店　精肉店
よしざわしょうてん

ドイツのオルデンブルクにある職業訓練所で学んだご主人が作るこだわりの自家製ハムやソーセージは絶品。アイデアマンのご主人はアニメ『ギャートルズ』でおなじみの巨大骨付肉（要予約）やマンモスの輪切りなど、驚きの目玉商品を作っている。インパクトだけでなく味も保証付。

☎ 03-3311-0831
東京都杉並区阿佐ヶ谷南1-36-16
営 10:00～20:00
休 水曜

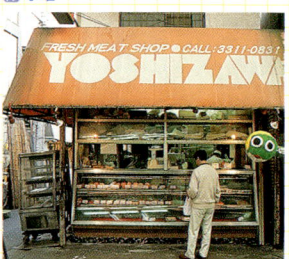

手作りハムとソーセージがズラリと並ぶ

阿佐ヶ谷
あさがや

レトロな雰囲気流れるアーケード街

阿佐ヶ谷駅から青梅街道までの約700mをつなぐ阿佐ヶ谷パールセンター。昭和30年代を彷彿とさせるレトロムードの専門店と、現代的なお店が混在する個性豊かな商店街。

最寄り駅 **阿佐ヶ谷駅** JR中央線・総武線

西荻窪
にしおぎくぼ

個性的なアンティークショップで有名

西荻窪東口から女子大通りを吉祥寺方面へ行くと、閑静な住宅街に紛れて、かわいらしいアンティークショップが点在。西荻北4丁目は西荻においても個性的な店が多い。

最寄り駅 **西荻窪駅** JR中央線・総武線

駱駝　雑貨
らくだ

明治・大正・昭和の家具、ガラス器を扱うアンティークショップ。昭和5年（1930）に建てられた民家を改装した店内に、着物や時代箪笥、和ガラスなどが並ぶ。なかでも着物は若い女性に人気で価格もお手ごろ。ほか、部屋の和風リフォームや、格子戸なども扱っている。

☎ 03-3397-8737
東京都杉並区西荻北4-35-8
営 12:00～19:00
休 水曜

和箪笥や雑貨類がセンス良く並べてある

ティアドロップ倶楽部　雑貨
ティアドロップくらぶ

昭和60年（1985）の創業以来洋家具ともマッチするこだわりの和風アンティークを扱うお店。昭和初期から昭和20年代にかけての和風照明シェードをはじめ、和家具、時計、陶器、ガラス器などを揃える。どれも保存状態が良く、家具はきれいに修繕されているので、すぐに使用できる。

☎ 03-3390-3707
東京都杉並区西荻北4-19-22
営 12:00～19:00
休 水曜

和風のデザインが魅力の照明シェード

北東部

下町風情が生き残る街並は、時が静止したような懐かしい風景を描き出す

TOKYO NORTHEAST

両国、浅草橋の中間にある柳橋。
川沿いに停船する屋形船は趣がある

| 歩く時間 | 約1時間40分 |
| 歩く距離 | 約4.9km |

コース ㉙

スタート 業平橋駅
東武伊勢崎線

1. 牛嶋神社
2. 弘福寺
3. 長命寺
4. 鳩の街通り商店街
5. 向島百花園

ゴール 東向島駅
東武伊勢崎線

かつて花街として栄えた名残が街並からも伝わってくる

向島
むこうじま

下町の暮らしや伝統を伝える博物館
かつての花街から古刹を巡り
懐かく人情味溢れる散歩道をゆく

業平橋周辺の路地裏風景は、どこか懐かしさを残している

かつては花街として栄えた向島。今では昭和の匂いを色濃く残す下町として親しまれている。

まずは業平橋駅から隅田川沿いへ古社名刹の旅。牛嶋神社、風邪除けの撫で牛が立つ病気快癒の撫で牛や3代将軍家光ゆかりの長命寺をお参りしたら、向島名物の長命寺桜餅や言問団子を味わいひと休み。鳩の街通り商店街で昭和レトロを楽しみ向島百花園へ。江戸の骨董商が造り上げた花々の美しい公園だ。大名庭園とはひと味違う町人文化の粋を感じたい。

小さな博物館の"すみだマイスター"

墨田区が伝統工芸技術の継承者に認定している"すみだマイスター"の確かな技術を覗く

親子2代で技術を継承

江戸木目込人形博物館
えどきめこみにんぎょうはくぶつかん

MAP P.172 B-3

愛らしい顔立ちをした江戸木目込人形。今のご主人、6代目の塚田さんと、7代目を継ぐ息子さんとが並んで作業する風景を見学できる。大正から昭和にかけての歴史ある人形も展示している。

📞 03-3622-4470(塚田工房)
東京都墨田区向島2-11-7
営 10:00～17:00(見学・体験ともに要予約) 休 日曜、祝日 料 無料

撫で牛は心身の悪いところをなでてから、牛の同じ部分をなでると病気が治癒するという

① 牛嶋神社
うしじまじんじゃ

「撫で牛」をなでて病気快癒を祈願

貞観年間(859～877)、慈覚大師の創建と伝わる古社。江戸時代には江戸城の鬼門守護の社であった。境内にある撫で牛は病気快癒の祈願物として信仰されている。

📞 03-3622-0973
東京都墨田区向島1-4-5
営 参拝自由

---

③ 長命寺
ちょうめいじ

家光が名を授ける比叡山延暦寺の末寺

腹痛に見舞われた3代将軍徳川家光が境内にある井戸水で薬を飲み、痛みが消えたと出来事から長命寺という名を授けたと伝わる。

📞 03-3622-7771
東京都墨田区向島5-4-4
営 参拝自由

見番通り一帯は料亭が多く、花街の雰囲気が今なお残されている

弁財天を祀り、境内には松尾芭蕉の句碑などの史跡もある

---

② 弘福寺
こうふくじ

本堂や山門に見られる堂々とした唐風建築

布袋様を祀る。禅宗のなかでも中国禅に近い宗派、黄檗宗の寺。随所に唐風の造りが見られる境内には、爺婆尊という咳止めに御利益のある神像もある。

📞 03-3622-4889
東京都墨田区向島5-3-2
営 参拝自由

創建は延宝2年(1674)。現在の建物は昭和8年(1933)のもの

🌸 おさんぽごはん、おさんぽショッピング。

ことといだんご
言問団子 甘味処

新粉餅を小倉餡でくるんだ茶、白餡でくるんだ白、味噌餡を求肥でくるんだ黄の3色の団子は150年以上変わらぬ味。

📞 03-3622-0081
東京都墨田区向島5-5-22
営 9:00～18:00
休 火曜 ¥ 600円～
MAP P.172 B-3

ちょうめいじさくらもち
長命寺桜もち 甘味処

享保2年(1717)に初代が桜の葉の塩漬けを使った桜もちを考案。長命寺門前で商ったのが始まり。3～4月は予約必至。

📞 03-3622-3266
東京都墨田区向島5-1-14
営 9:00～18:00
休 月曜 ¥ 250円～
MAP P.172 B-3

TOKYO SANPO MAP | 向島

向島

1:12,000　200m
周辺図 P.8

凡例:
- 博物館・美術館
- デパート・ショップ
- 飲食店
- カフェ
- コンビニ
- トイレ
- ガソリンスタンド
- 駐車場

桜橋
X字型と珍しい形状。花見シーズンには、隅田川両岸の桜を見るために往来する人で多く利用される。

秋葉神社
正応年間(1288～1293)創建。火伏せの神様として有名な神社。

コースの高低差

- ④ 鳩の街通り商店街
- ③ 長命寺
- ② 弘福寺
- ① 牛嶋神社 — スタート

650m / 13分　1300m / 26分

20m / 10m

2km　1km　0

商店街でホッとひと休み。
昔懐かしい商店街の風景に溶け込む癒しのスポットを紹介！

昭和を彷彿とさせるようなカフェ
こぐま
MAP P.172 B-2

下町情緒漂う、鳩の街通り商店街でもひと際目をひく、昭和2年(1927)築の長屋を改装したカフェ。書斎コーナーやアートギャラリーも併設するので、散歩がてらにゆっくりするのもいい。

☎ 03-3610-0675
東京都墨田区向島2-11-7
営 昼頃～19:00　休 火・水曜　料 400円～

④ 鳩の街通り商店街
はとのまちどおりしょうてんがい

80年の歴史を持つ昭和レトロな下町商店街

昭和20～30年代には、赤線地帯として知られていた。現在は、下町情緒溢れる商店街で、古い建物や看板が趣を感じさせる。

☎ 03-3612-9495
（鳩の街通り商店街振興組合）
東京都墨田区向島5-48-6
営 休 店舗により異なる
HP http://hatonomachi-doori.com/

シャッターが降りた店も多いが、近年、チャレンジスポット鈴木荘（工房＆ショップ）やカフェがオープンするなど、商店街に活気が見られる

⑤ 向島百花園
むこうじまひゃっかえん

江戸情緒が残る風光明媚な名庭園

骨董屋を営んでいた佐原鞠塢（きくう）が文化年間の初頭に造園。四季折々に野趣溢れる景観を楽しめる。毎年暮れには竹かごに植え込んだ春の七草を販売する。七福神・福禄寿も園内に祀られている。

☎ 03-3611-8705
東京都墨田区東向島3-18-3
開 9:00～17:00(入園は～16:30)
休 無休　料 150円、65歳以上70円、都内在住の小・中学生以下無料
HP http://www.tokyo-park.or.jp/park/format/index032.htm

江戸の墨客も通った美しい庭園。「ハギのトンネル」は、9月には花が咲き乱れる。文人たちの足跡を歌った碑も多い

歩く時間	約1時間25分
歩く距離	約4.3km

コース ㉚

スタート 両国駅
JR総武線、都営大江戸線

① 両国国技館
② 東京都江戸東京博物館
③ 旧安田庭園
④ 横網町公園
⑤ 回向院
⑥ 鳥越神社

ゴール 蔵前駅
都営大江戸線・浅草線

シンプルなデザインで、ノスタルジックな雰囲気の両国駅

両国
りょうごく

力士御用達の店が点在する大相撲の聖地で江戸文化と残された下町を巡る

大相撲の本場所中は、国技館通りに登りが立つ

両国といえば相撲の街。両国国技館周辺では、相撲部屋やちゃんこ屋をあちこちで目にできる。江戸時代、両国橋界隈は有数の繁華街となり、街には町人文化が花開いた。

両国国技館は駅のすぐ近くにあり、館内に相撲博物館を併設する。東京都江戸東京博物館では、江戸と昔の東京を原寸大模型で再現。大名庭園の旧安田庭園、吉良邸跡、振袖火事の犠牲者を弔う回向院で江戸の歴史に触れる。両国橋を渡って浅草橋へ。問屋街を抜けると7世紀創建の鳥越神社がある。

❶ 両国国技館
りょうごくこくぎかん

大相撲ファンの聖地には相撲の博物館もある

相撲好きならば、場所中でなくても、まずは立ち寄りたいスポット。国技館内には、化粧廻し、番付など大相撲に関する資料を集めた相撲博物館もある。

相撲博物館
📞 03-3622-0366
東京都墨田区横網1-3-28
開 10:00〜16:30 休 土・日曜、祝日(本場所中は毎日開館・大相撲観戦者のみ見学可) 料 無料
HP http://www.sumo.or.jp/

街を歩けばあちこちに相撲にちなんだスポットが発見できる

国技館通りで見ることができる迫力の力士像

❷ 東京都 江戸東京博物館
とうきょうとえどとうきょうはくぶつかん

江戸時代の暮らしを体感できる博物館

エントランスをくぐると、時は江戸。細部にいたるまで忠実に復元された日本橋の模型を渡り、常設展示室へ。テーマ構成は江戸と東京の2つ。江戸時代の実物大の長屋や、寛永の大名屋敷、社交場として知られる鹿鳴館や新宿の夜のヤミ市など、具体的な模型を呈示することで、視覚的にも理解しやすくなっており、よくできた模型は眺めるだけで面白い。

📞 03-3626-9974
東京都墨田区横網1-4-1
開 9:30〜17:30(土曜は〜19:30) 入館は各閉館30分前まで
休 月曜(祝日の場合は翌日、大相撲東京本場所中は開館)、臨時休館日あり
料 600円、65歳以上300円、学生480円、中学・高校生300円、都内在住・在学の中学生、小学生、未就学児童無料(企画展は展示ごとに異なる) HP http://www.edo-tokyo-museum.or.jp/

江戸後期の日本橋北側や、長屋風景を原寸大に復元した模型、両国橋西詰のジオラマなど、精巧な作りの展示で当時の情景を思い浮かべることができる

TOKYO SAMPO MAP
両国

🌸 おさんぽごはん、おさんぽショッピング。

えどそば ほそかわ
江戸蕎麦 ほそ川
そば

小学生以下お断りの大人だけに許された絶品そばのお店。
📞 03-3626-1125
東京都墨田区亀沢1-6-15
営 11:45〜15:00(LO) 17:30〜21:00(LO) 休 月曜、第3火曜
¥ L 3000円〜 D 6000円〜
予約 可(土・日曜、祝日不可)
MAP P.176 E-3

とうきょうモダンてい
東京モダン亭
洋食

ノスタルジックな風情満点のレトロモダンな洋食店。
📞 03-5619-4777
東京都墨田区横網1-4-1 江戸東京博物館1F
営 11:30〜18:00(土曜は〜20:00) LOは各閉店30分前
休 月曜 ¥ L・D 1000円〜
予約 不可 MAP P.176 D-3

175

両国

1:8,000 0　150m
周辺図 P.212

凡例
- 見どころ
- デパート・ショップ
- 飲食店
- 博物館・美術館
- 宿泊施設
- コンビニ
- トイレ
- ガソリンスタンド
- 駐車場

地図上の地名・施設

浅草税務署
都下水道局蔵前庁舎
首都高速6号向島線
蔵前橋
隅田川
本所（一）
本所（二）
墨田区
石原（一）
石原（二）
サンクス
二葉小
亀沢（一）
亀沢（二）
安田学園高・中
東京都復興記念館
同愛記念病院
慰霊堂
公会堂
④ 横網町公園
③ 旧安田庭園
第一ホテル両国
両国中
日大一高・中
1km
P.175 江戸蕎麦 ほそ川
東京モダン亭 P.175
大江戸線両国駅
① 両国国技館
② 東京都江戸東京博物館
JR線 両国駅
スタート
総武本線
セブンイレブン
錦糸町駅
やんこ川崎 P.179
両国力士もなか とし田
P.178 江戸相撲小物 両国髙はし
両国（三）P.178
両国花火資料館
本所松坂町公園
2km
⑤ 回向院
両国三局
相撲写真資料館
本所署
両国小
健康センター
岡田屋履物店 P.178
足袋資料館
緑小
緑（二）
両国（四）
緑（一）
両国（二）
桐の博物館
一之橋
首都高速7号小松川線
竪川
千歳（一）
千歳（二）
千歳（三）
森下駅
立川（一）
立川（二）

両国橋
万治2年（1659）架橋以来、焼失を繰り返し、昭和7年（1932）現在の橋が完成。西詰の広小路は江戸を代表する盛り場だった。

コースの高低差

1750m 35分	1200m 24分	400m 8分		
回向院	横網町公園	旧安田庭園 / 東京都江戸東京博物館 / 両国国技館	スタート
▲2km	▲1km	▲0	

20m / 10m
① 両国国技館
② 東京都江戸東京博物館
③ 旧安田庭園
④ 横網町公園
⑤ 回向院

蔵前玩具問屋街
浅草橋駅から蔵前へと通ずる江戸通りは玩具の問屋がひしめく「玩具問屋街」と呼ばれている。

柳橋
元禄11年(1698)に架橋され、現在の橋は昭和4年(1929)の完成。川の両岸に屋形船の舟宿が並ぶ情緒溢れる風景が特徴。

❻ 鳥越神社

明治22年(1889)に安田財閥所有になり、大正11年(1922)東京市(現東京都)に寄贈された。震災によりほとんどが焼失したが、震後の復旧により市民庭園として開園。園内には両国公会堂が建設された

③ 旧安田庭園
きゅうやすだていえん

隅田川の水を引いた潮入回遊式庭園

　元禄年間(1688〜1704)に造営された丹後宮津藩主松平家の下屋敷。安政年間(1854〜1859)に隅田川の水を引いた潮入回遊式庭園として整備された大名庭園の典型をなす名園。
📞 03-5608-6291
東京都墨田区横網1-12-1
開 9:00〜16:30
休 無休　料 無料　HP http://www.city.sumida.lg.jp/

歴史の爪痕を残す場所。
両国界隈に残された
江戸の歴史を物語る屋敷跡を巡る

赤穂義士討ち入りの面影
本所松坂町公園
ほんじょまつざかちょうこうえん

MAP P.176 D-4

　本所松坂町公園のある一帯はかつて赤穂四十七士が討ち入った吉良上野介の屋敷があった。公園の北側は立派ななまこ壁で囲まれており、公園内には吉良の首を洗ったとされる首洗い井戸や供養碑などが残されている。
📞 03-3631-3022
東京都墨田区両国3-13-9
開 8:00〜17:00

④ 横網町公園
よこあみちょうこうえん

震災と戦災のメモリアルパーク

　陸軍被服廠跡地。関東大震災によって亡くなった遭難者の供養と復興事業記念のため、園内には震災記念堂(現東京都慰霊堂)と復興記念館が建てられている。
📞 03-3622-1208
東京都墨田区横網2-3-25
開 終日開放
HP http://www.tokyo-park.or.jp/park/format/index087.html

＊ ここにも注目 ＊
復興記念館前には、震災による被災品を屋外ギャラリーとして展示。ドロドロに溶解した鉄柱やクギ、無惨に破損した鉄柱や焼損した印刷機などは、当時の惨憺たる光景を物語る貴重な展示だ。

陸軍被服廠移転後、公園を造設中に震災が発生。避難所となったこの場所でも多くの犠牲者が出た。鎮魂のための慰霊堂と、被災品を展示する復興記念館は当時の状況を後世に伝えている

えどすもうこもの りょうごくたかはし
江戸相撲小物 両国髙はし
相撲グッズ

四股名入り座布団など、力士の愛用品が揃う店。力士カードや力士の湯飲みなど手ごろな価格の相撲グッズが揃う。
📞 03-3631-2420
東京都墨田区両国4-31-15
営 9:30〜19:00
休 日曜不定休
MAP P.176 E-3

おかだやはきものてん
岡田屋履物店
履物

力士も愛用する大きなサイズの草履や下駄を扱う老舗履物店。力士用の大きなサイズはもちろん、女性用の大きなサイズもある。
📞 03-3631-2002
東京都墨田区緑1-17-10
営 9:00〜20:00　休 無休
MAP P.176 E-3

柳橋周辺は、屋形船が多く見られるなど下町風情を感じさせる

敷地内には、昭和11年（1936）に相撲協会が歴代年寄り慰霊のため建立した、3m程の高さの石碑や力塚などがある

❺ 回向院
えこういん

江戸時代に勧進相撲が行なわれていた舞台

江戸時代に勧進相撲が行なわれていた場所。勧進相撲富岡八幡宮や浅草大護院（蔵前神社）など、各所で開催されていたが、なかでも回向院での開催が最も多く、天保4年（1833）以降の相撲興行は回向院で行なうのが定例となり、明治43年（1910）に両国国技館が完成するまで続けられていた。

📞 03-3634-7776
東京都墨田区両国2-8-10
営 9:00～16:30
HP http://www.ekoin.or.jp/

TOKYO SAMPO MAP　両国

下町名所の歴史ある商店街「鳥越おかず横丁」

鳥越神社の100mほど西にある商店街。戦火を逃れたため、3代にわたる老舗なども現在に引き継がれている。物菜や漬物、豆腐、佃煮など、庶民的な食品を売る店舗が200mにわたって連なる。

夕方になると地元の人で賑わい、下町の暮らしがうかがえる

❻ 鳥越神社
とりごえじんじゃ

古式ゆかしい祭りで有名 下町っ子おなじみの神社

毎年1月8日に境内で催されるとんど焼きや、6月の第1または第2日曜日に開催される例大祭に登場する東京一の重さを誇る千貫御輿、夜祭りがとくに有名。7月1日の水上祭も年々盛り上がりを見せており、お祭り好きの下町っ子に長年親しまれている神社。

📞 03-3851-5033
東京都台東区鳥越2-4-1
営 9:00～17:00
HP http://www004.upp.so-net.ne.jp/kab_ra/

1350年以上の歴史がある近隣の神社でも随一の古社

地域住民で賑わいを見せる鳥越神社のとんど焼き風景

🌸 おさんぽごはん、おさんぽショッピング。

ちゃんこ かわさき
ちゃんこ川崎　　　ちゃんこ

日本で初めてちゃんこメニューを採用した店。創業時から鶏ソップのみのシンプルな味。

📞 03-3631-2529
東京都墨田区両国2-13-1
営 17:00～22:00(LO21:00)
休 日曜、祝日　¥ D 2940円～
予約 可（4名以上のコースのみ）
MAP P.176 D-3

りょうごくりきしもなか としだ
両国力士もなか とし田　　　和菓子

力士もなかなど、東京場所中限定販売の大入り大福210円、ちゃんこ番189円など、両国ならではの和菓子が揃う。

📞 03-3631-5928
東京都墨田区両国4-32-19
営 9:30～19:00
休 日曜、祝日
MAP P.176 D-3

歩く時間 約1時間55分
歩く距離 約5.8km

コース ㉛

| スタート | **錦糸町駅** JR総武線、東京メトロ半蔵門線 |

↓
❶ 猿江恩賜公園
↓
❷ 横十間川
↓
❸ すみだ江戸切子館
↓
❹ 久米繊維
↓
❺ olinas錦糸町
↓
❻ 亀戸天神
↓

| ゴール | **亀戸駅** JR総武線、東武亀戸線 |

錦糸町・亀戸
きんしちょう・かめいど

発展著しい駅前を離れて
下町の路地裏に人情を感じ
淡い香り漂う天神様へ

東京一と呼ばれるほど見事に咲き誇る亀戸天神の藤まつり

錦糸町駅前。東側には東京楽天地など商業ビルが建ち並ぶ

錦糸町駅南の横十間川沿いに広がる猿江恩賜公園は、江戸幕府の貯木場跡に生まれた公園。当時の様子を再現したミニ木蔵がある。川べりに続く横十間川の遊歩道を散策し、錦糸町駅の北側へ。

ビルの建ち並ぶ賑やかな駅前を過ぎるときに、細い路地に町工場や住宅の連なる下町となる。すみだ江戸切子館で江戸の伝統工芸に触れたら、菅原道真ゆかりの亀戸天神へ向かう。由緒ある神社は「花の天神様」と呼ばれ、フジの名所として有名。南下してJR亀戸駅に至る。

180

川沿いは舗装されているので、ゆったりと歩くことができる

❶ 猿江恩賜公園
さるえおんしこうえん

猿江貯木場跡の緑溢れる静かな公園

横十間川の江戸時代に幕府の御木蔵（貯木場）だったところで、昭和7年（1932）に公園として開園。かつての貯木場の水面風景を再現したミニ木蔵がある。また、しだれ桜やソメイヨシノなど桜の木も豊富で、隠れた花見スポットとしても知られている。

📞 03-3631-9732
東京都江東区毛利2〜住吉2
開 終日開放
HP http://www.tokyo-park.or.jp/park/format/index013.html

公園は花々が咲き誇る開放的な北側地区と、緑が茂る南側地区に分かれている

❷ 横十間川
よこじっけんがわ

川の眺めを感じられる水辺の散歩道

猿江恩賜公園の脇を流れる河川。川辺の風景を眺めながらゆったりと散歩を楽しめる。

📞 03-5683-5581
東京都江東区北砂1〜墨田区江東橋4
開 終日開放
HP http://www.city.koto.lg.jp/seikatsu/douro/10078/17620.html

❸ すみだ江戸切子館
すみだえどきりこかん

古典柄から新作まで華やかで繊細な伝統工芸

江戸時代後期に誕生した江戸切子の歴史や製造工程、工程模型などを紹介している工房＆ショップ。現代作家の作品をおよそ350点、展示・販売しているほか、タンブラーやグラスに切子を施す制作体験もできる。

制作体験は一人から可能。創業100年を超える老舗の伝統技術を直に体験できる

📞 03-3623-4148
東京都墨田区錦糸2-6-5
開 10:00〜17:00
休 土・日曜、祝日（第2・4土曜は開館）
料 無料（制作体験は別途・要予約）
HP http://www.edokiriko.net/

横十間川の名前の由来は、江戸城から見て横に流れていて、川幅が十間（18m）あったことからだといわれている

TOKYO SAMPO MAP

錦糸町・亀戸

🌸 おさんぽごはん、おさんぽショッピング。

こーひーやほるん
珈琲屋ほるん
喫茶

山好きのオーナーがつけた店名はマッターホルンから。ランチタイムはアメリカンクラブサンドなど6種類から選べる。

📞 03-3625-6955
東京都墨田区太平3-14-2
営 9:00〜19:00
休 火曜　¥ 880円〜
MAP P.182 A-1

猿江恩賜公園北側の緑の帽子を被ったような時計塔は、公園のランドマーク的存在

錦糸町・亀戸

1:12,000　　200m
周辺図 P.8

亀戸天神通り商店街
亀戸天神の門前通り。蔵前橋通りの両岸に昔ながらのお店が建ち並ぶ。

錦糸堀公園
本所七不思議のひとつ、「おいてけ堀」にちなんで、かわいい河童の石像が置かれている公園。

コースの高低差

1500m　30分
1200m　24分

- 横十間川 ❷ 2km
- 猿江恩賜公園 ❶ 1km
- スタート 0

20m
10m

182

見事に咲き誇るフジの花は東京一ともいわれるほどの鮮やかさ。

❹ 久米繊維
くめせんい

日本初のTシャツを製造
伝統の技と粋を織り込む

昭和10年(1935)年創業。Tシャツがアウターとして浸透していなかった1950年代半ば、「色丸首」の名で日本初となる12色のTシャツを開発・製造し、日本のTシャツ文化の先駆けとなった。

☎ 03-3625-4188
東京都墨田区太平3-9-6
営 10:00〜17:00
休 3月中旬〜8月中旬 日曜、祝日
8月中旬〜3月中旬 土・日曜、祝日
HP http://www.t-galaxy.com/

シックな雰囲気のショールーム。オリジナルTシャツのオーダーもできる

❻ 亀戸天神
かめいどてんじん

新緑と花々の
コントラストが美しい

寛文2年(1662)に菅原道真の末裔、大鳥居信祐が太宰府天満宮より勧請。春は梅まつりや藤まつりの花、秋は菊まつりなどが四季折々の花々が咲き乱れ、「花の天神様」の愛称で親しまれている。

☎ 03-3681-0010
東京都江東区亀戸3-6-1
開 参拝自由
HP http://www.kameidotenjin.or.jp/

❺ olinas錦糸町
オリナスきんしちょう

吹き抜けの開放感溢れる
ショッピングモール

ファッション、グルメ、雑貨などさまざまなジャンルの専門店が集積した大型ショッピングモール。olinasという名前は、錦糸町という地名から「錦の糸がさまざまな模様を織りなす」という意味からきている。

☎ 03-3625-3085
東京都墨田区太平4-1-2
営 10:00〜21:00(店舗により異なる) 休 無休
HP http://www.olinas.jp/

吹き抜けで開放感あるデザインのショッピングモール

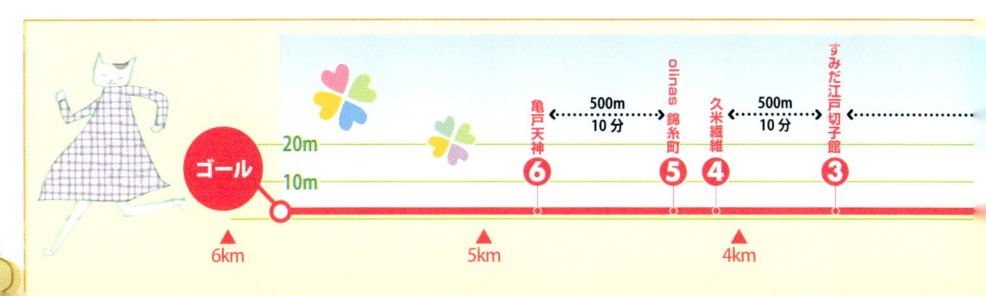

歌川廣重が錦絵に描いた姿
そのままのフジが見事
亀戸天神「藤まつり」

4月下旬から境内に100株以上あるフジの花が咲き始める亀戸天神。江戸時代、初代宮司によって植えられたフジは、以来、江戸の名所として語られ、4代将軍家綱を始め、綱吉、吉宗も訪れたという記録があり、多くの浮世絵の題材にも取り上げられたほどの美しさだった。

『名所江戸百景 亀戸天神境内』
歌川廣重 安政3年(1856)

TOKYO SAMPO MAP 錦糸町・亀戸

歩く時間	約1時間40分
歩く距離	約4.9km

コース ㉜

スタート 森下駅
都営新宿線・大江戸線

① 江東区芭蕉記念館
↓
② 芭蕉庵史跡展望庭園
↓
③ 江東区深川江戸資料館
↓
④ 清澄庭園
↓
⑤ 深川不動堂
↓
⑥ 富岡八幡宮
↓

ゴール 門前仲町駅
東京メトロ東西線、都営大江戸線

隅田川沿いにある芭蕉稲荷。芭蕉ゆかりのスポットが点在する

森下・深川
もりした・ふかがわ

江戸情緒を色濃く残す東京きっての下町に芭蕉の足跡をたどる

萬年橋は、富嶽三十六景や名所江戸百景などに描かれている

江戸時代に松尾芭蕉が移り住み、町人文化が栄えた深川。水運の発達した往時の名残の橋や堀川が街に味わいを添える。

大江戸線森下駅からまずは芭蕉ゆかりの地を巡る道筋へ。芭蕉庵史跡展望庭園近くの芭蕉稲荷付近が、芭蕉の暮らした草庵跡。豪商・紀伊国屋文左衛門ゆかりの清澄庭園を散策して門前仲町へ。深川不動堂と富岡八幡宮は、今も昔も庶民の心のよりどころ。かつて勧進相撲が開かれた富岡八幡宮では毎年、深川八幡祭りが盛大に行なわれることでも有名だ。

184

夕方5時になると、芭蕉像が清洲橋の方へ向く

❶ 江東区芭蕉記念館
こうとうくばしょうきねんかん

句碑に囲まれた建物に芭蕉の資料を保存

芭蕉は延宝8年(1680)、日本橋から深川の草庵に移り住み、その庵を俳諧活動の拠点とした。記念館では芭蕉自筆の短冊や掛軸などを展示する。

☎ 03-3631-1448
東京都江東区常盤1-6-3
開 9:30～17:00(入館は～16:30)
休 第2・4月曜(祝日の場合は翌日)
料 100円、中学生以下50円
HP http://www.kcf.or.jp/basyo/index.html

庭園の築山には祠や、「ふる池や蛙飛び込む水の音」の句碑がある

❷ 芭蕉庵史跡展望庭園
ばしょうあんしせきてんぼうていえん

芭蕉像が隅田川を見渡す絶好の展望スポット

隅田川と小名木川の合流地にある庭園。眺めが良く、四季折々の水辺の風景が楽しめる。園内には、芭蕉翁像や芭蕉のレリーフが配されている。

☎ 03-3631-1448
(江東区芭蕉記念館)
東京都江東区常盤1-1-3
開 9:15～16:30 休 第2・4月曜(祝日の場合は翌日) 料 無料
HP http://www.kcf.or.jp/basyo/sisekitenbouteien.html

いざ旅立たんとばかりに芭蕉像が悠々と構える「採茶庵跡」

芭蕉は「奥の細道」の旅に立つ前、しばらく杉山杉風の別墅採茶庵に住み、元禄2年(1689)に旅立ったという。跡地には本物と見間違うくらい、精巧な銅像が置かれている。

遠くからみるとちょっと不気味に感じる!?

❸ 江東区深川江戸資料館
こうとうくふかがわえどしりょうかん

深川の暮らしを再現江戸時代にタイムスリップ

火の見櫓がそびえ、通りに面してお店が並び、白壁の土蔵が建つその奥には裏長屋の人情味溢れる暮らしが広がる。当時の街並を等身大で体感できる資料館。

☎ 03-3630-8625
東京都江東区白河1-3-28
開 9:30～17:00(入館は～16:30)
※平成21年7月から1年間休館
休 第2・4月曜(祝日の場合は翌日)
料 300円、小・中学生50円(小・中学生のみでの入館は不可) HP http://www.kcf.or.jp/fukagawa/index.html

裏長屋の外観風景や、当時の典型的な間口の広さなどを再現している

TOKYO SAMPO MAP　森下・深川

おさんぽごはん、おさんぽショッピング。

みや古
みやこ　　深川めし

アサリを醤油で味付けし、それを煮汁ごと炊き込んだ、深川めしのランチは1500円。

☎ 03-3633-0385
東京都江東区常盤2-7-1
営 11:30～14:00 16:30～20:30(LO) 休 木曜
¥ L 1500円～ D 2500円～
予約 可 MAP P.186 B-1

深川浜
ふかがわはま　　深川めし

一度に深川飯と深川丼が両方楽しめるランチのハーフセット1280円がおすすめ。

☎ 03-3642-9654
東京都江東区富岡1-8-6 井関ビル1F
営 11:30～14:00 17:00～23:00
土・日曜、祝日11:30～21:00 休 無休
¥ L 945円～ D 3500円～
予約 可 MAP P.186 C-4

森下・深川

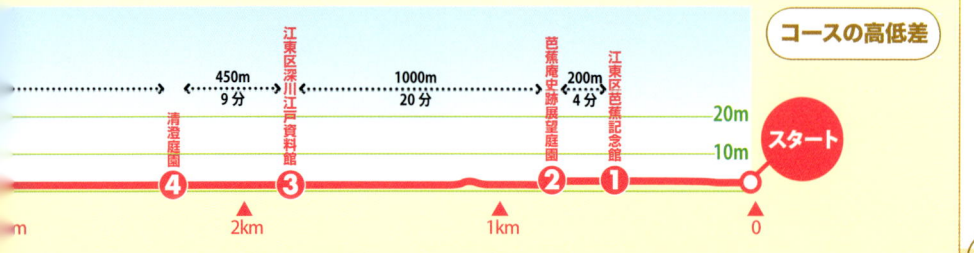

1:12,000　200m
周辺図 P.212

凡例
- 見どころ
- 飲食店
- 博物館・美術館
- 劇場・ホール
- デパート・ショップ
- H 宿泊施設
- 24 コンビニ
- WC トイレ
- ガソリンスタンド
- P 駐車場

コース
- スタート
- ❶ 江東区芭蕉記念館
- ❷ 芭蕉庵史跡展望庭園
- ❸ 江東区深川江戸資料館
- ❹ 清澄庭園
- ❺ 深川不動堂
- ❻ 富岡八幡宮
- ゴール

清洲橋
ケルン市のライン川にかかるつり橋をモデルにした優美な曲線を持つ橋。

永代橋
現存する最古のタイドアーチ橋。ライン川に架かる、ルーデンドルフ鉄道橋をモデルに建てられた。

コースの高低差

区間	距離	時間
スタート → ❶江東区芭蕉記念館	200m	4分
❶ → ❷芭蕉庵史跡展望庭園	1000m	20分
❷ → ❸江東区深川江戸資料館	450m	9分
❸ → ❹清澄庭園		

20m / 10m

仙台堀川沿いは芭蕉の十八句の札が立てられた「芭蕉俳句の散歩道」となっている

❹ 清澄庭園
きよすみていえん　→P.18

全国の奇岩珍石を集めた、東京都名勝第1号の庭園

☎ 03-3641-5892
東京都江東区清澄2・3
開 9:00～17:00　休 無休　料 150円、65歳以上70円、小学生および都内在住・在学の中学生は無料　HP http://teien.tokyo-park.or.jp/contents/index033.html

❺ 深川不動堂
ふかがわふどうどう

門前仲町の中心 庶民の心のよりどころ

　江戸でも成田山の不動明王を参拝したいという庶民の強い思いから、元禄16年(1703)、成田山の御本尊の出張開帳が富岡八幡宮の別当永代寺で行なわれたのが起こり。神仏分離令により、永代寺は廃寺となり、現在の地に深川不動堂が正式に認められるようになった。

☎ 03-3641-8288
東京都江東区富岡1-17-1
開 8:00～17:45(本堂および内仏殿1・2F) 9:00～16:45(内仏殿4F)
HP http://www.fukagawafudou.gr.jp/

永代通りに面した鳥居を抜けると、人情味溢れる風情の深川不動堂前参道。毎月1・15・28日は縁日で賑わう

江戸三大祭りにも数えられる伝統ある例祭「深川八幡祭り」

　例年、8月15日を中心に行なわれる富岡八幡宮の例祭は「深川八幡祭り」と呼ばれ、江戸三大祭りのひとつにも数えられる。とくに3年に1度の本祭りは、54基の大御輿が練り歩く盛大なもの。

神輿の担ぎ手に清めの水がかけられることから「水掛け祭り」とも呼ばれる

❻ 富岡八幡宮
とみおかはちまんぐう

伊能忠敬も必ず訪れた下町の守り神・八幡様

　寛永4年(1627)創建。今も昔も「深川の八幡様」として親しまれている。江戸後期の測量家・伊能忠敬が測量旅行の出発にあたり、必ず参拝していたゆかりの地であり、江戸勧進相撲の発祥の地としても知られる。

☎ 03-3642-1315
東京都江東区富岡1-20-3
開 9:00～17:00　HP http://www.tomiokahachimangu.or.jp/

正面参道の大鳥居をくぐり、朱の鮮やかな本殿へ。境内には力士に関する碑も多く置かれている

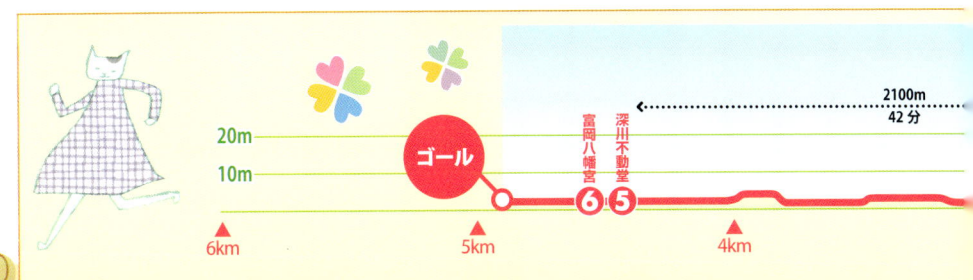

| 歩く時間 | 約1時間 |
| 歩く距離 | 約2.9km |

コース ㉝

スタート 柴又駅
京成金町線
↓
① 良観寺
↓
② 柴又ハイカラ横丁
↓
③ 柴又帝釈天
↓
④ 葛飾区 山本亭
↓
⑤ 矢切の渡し
↓
⑥ 葛飾柴又寅さん記念館
↓
ゴール 柴又駅
京成金町線

帝釈天参道は引きも切らないほどの観光客で賑わいを見せる

柴又
しばまた

映画『男はつらいよ』の雰囲気そのままの懐かしさのなかで下町人情活劇の主演を演じる

柴又帝釈天前。ほのぼのとした下町風情が漂う情景

映画『男はつらいよ』の舞台地・柴又。賑やかで人情味溢れる街の雰囲気は映画の世界そのままだ。

京成線の柴又駅を出ると、寅さんの銅像が「よく来たね」とばかりに出迎えてくれる。柴又帝釈天の参道には、老舗商店が昔ながらの店構えで軒を連ねる。名物の草団子を食べ、寅さんが産湯をつかったという柴又帝釈天へ。広い境内には多くの殿宇が並び、見どころ豊富だ。江戸川の矢切の渡しで手漕ぎの和船を見学し、葛飾柴又寅さん記念館で寅さんの思い出に浸り、柴又駅へと戻る。

188

❷ 柴又ハイカラ横丁
しばまたハイカラよこちょう

昭和30年代を思わせる手作り感覚の駄菓子屋

帝釈天参道の入口にある、昭和30〜40年代をイメージした駄菓子とおもちゃの店。2階は「柴又のおもちゃ博物館」となっている。

📞 03-3673-9627
東京都葛飾区柴又7-3-12
営 10:00〜19:00　休 火曜
HP http://www2.odn.ne.jp/shibamata/おもちゃの博物館

📞 03-3673-2256
東京都葛飾区柴又7-3-12 2F
営 11:00〜18:00
休 月〜金曜　料 200円

少年時代を思い出すようなおもちゃ箱のような外観

❶ 良観寺
りょうかんじ

福々しい宝袋尊は和合と成功の神様

江戸時代初期、商人が山中で出会った布袋像を持ち帰ると、商売繁盛した。この御利益を大勢の人の役に立てたいと発願し、宝袋尊と称して、寺に奉納されたのが良観寺の起こり。

📞 03-3627-7685
東京都葛飾区柴又3-33-13
開 参拝自由

願かけ宝袋尊や、風車を手にしたやすらぎ地蔵が見どころ

柴又駅の目の前にある寅さんの銅像。寅さんおよび、故・渥美清さんを讃えて建てられたもの

❸ 柴又帝釈天
しばまたたいしゃくてん

財を授与し、国土を護る四天王、毘沙門天を祀る

右手に財宝を生む宝棒、左手に除災招福の宝塔を持つ毘沙門天はインドの神様で多聞天とも呼ばれる。帝釈天は梵天とともに仏法を守護する神様で、日蓮上人が刻んだ、この寺の御本尊。

📞 03-3657-2886
東京都葛飾区柴又7-10-3
彫刻ギャラリー・邃渓園(すいけいえん)
開 9:00〜16:00
料 400円、小・中学生200円
HP http://www.taishakuten.or.jp/

本堂、帝釈堂、釈迦堂など建造物の見応え十分。境内には寅さんが産湯をつかったとされる御神水がある。彫刻ギャラリー鑑賞も外せない

昔ながらの風情で賑わう光景は、さながら映画のセットに迷い込んだ気分

🌸 おさんぽごはん、おさんぽショッピング。

高木屋老舗
たかぎやろうほ
和菓子

江戸時代から続く和菓子店。ヨモギの新芽と、コシヒカリで作る草団子630円〜は柴又みやげの定番だ。

📞 03-3657-3136
東京都葛飾区柴又7-7-4
営 7:00〜18:30　休 無休
MAP P.190 A-3

とらや
和菓子

『男はつらいよ』の第1〜4作目まで寅さんの実家として撮影された店。とらや限定・焼き草団子は土・日曜、祝日のみの販売(夏季は販売休止)。

📞 03-3659-8111
東京都葛飾区柴又7-7-5
営 9:00〜18:30　休 無休
MAP P.190 B-3

柴又

1:8,000　150m
周辺図 P.6

五智如来像
真勝院にある大日如来の知恵を5つに分け、五仏にあてた五智如来石像。葛飾区指定有形文化財。

- A デパート・ショップ
- 食 飲食店
- 24 コンビニ
- WC トイレ
- G ガソリンスタンド
- P 駐車場

松戸市
江戸川

良観寺 ①
柴又ハイカラ横丁 ②
柴又帝釈天 ③ 1km
葛飾区 山本亭 ④ 2km
矢切の渡し ⑤
葛飾柴又寅さん記念館 ⑥

スタート — 柴又駅（京成金町線）
ゴール

柴又公園
葛飾柴又寅さん記念館のある公園。7000株以上のツツジなどが咲く。

コースの高低差

ゴール ← 葛飾柴又寅さん記念館 [600m/12分] 矢切の渡し [400m/8分] 葛飾区山本亭 — 柴又帝釈天 [350m/7分] 柴又ハイカラ横丁 — 良観寺 → スタート

⑥ 2km ─ ⑤ ─ ④ 1km ③ ─ ② ─ ① 0

20m / 10m

190

昭和初期の現在まで残した数少ない
庭園を眺めながら小休止を

❹ 葛飾区 山本亭
かつしかく やまもとてい

書院造りの和室と庭
見事な邸宅景観に感動

　大正ロマンを今に伝える和洋折衷の邸宅。素晴らしい庭を眺めながら抹茶やコーヒー（500円・菓子付）をいただける。

📞 03-3657-8577
東京都葛飾区柴又7-19-32
開 9:00〜17:00
休 第3火曜（12月は第3火〜木曜）
料 100円（中学生以下、障害者手帳をお持ちの方は無料）
HP http://www.shibamata.jp/yamamoto-tei/yamamoto.html

山田洋二監督が名誉館長を務める葛飾柴又寅さん記念館の内観 ©松竹提供

❻ 葛飾柴又 寅さん記念館
かつしかしばまたとらさんきねんかん

手紙や愛用品も公開
寅さんのすべてがわかる

　映画『男はつらいよ』の世界を14のエリアに分けて紹介。脚本や寅さんの履歴書、全財産のスーツケース、車寅次郎からのはがきなど、貴重な品々が並ぶ。

📞 03-3657-3455
東京都葛飾区柴又6-22-19
開 9:00〜17:00（入館は〜16:30）
休 第3火曜（祝日の場合は翌日）、12月第3火〜木曜　料 500円、小・中学生300円、65歳以上400円
HP http://www.katsushika-kanko.com/1_tora/toraindex1.html

寅さん記念館前にある、カバンと帽子のオブジェ付のユニークな座椅子

❺ 矢切の渡し
やぎりのわたし

珍しい和船に注目
都内唯一の渡し場

　江戸幕府は水戸街道に金町の関所を設け、通行人を取り締まったが、付近の農民だけには渡船を許可。矢切の渡しは今なお、珍しい手漕ぎ和船が運航されている。

東京都葛飾区柴又7-13先
江戸川河川敷
開 9:30〜日没まで（3月中旬〜11/30は毎日、12/1〜3月中旬は、土・日曜、祝日および庚申の日）
休 雨天荒天気、7・8月は月・火曜休みの日あり　料 100円

柴又帝釈天とともに、残したい日本の音風景100選に選ばれている

矢切の渡しの船着き場。放木に描かれた文字が目印となり、わかりやすい

🌸 おさんぽごはん、おさんぽショッピング。

かわうおりょうり かわじん
川魚料理 川甚　　　　　　　　川魚料理

170年以上続く老舗。鯉の洗い、ウナギなど川魚のコースが楽しめる。予約が望ましい。

📞 03-3657-5151
東京都葛飾区柴又7-19-14
営 11:00〜22:00(LO19:30) 日曜、祝日は〜21:00(LO19:00)　休 水曜
¥ L 3675円〜 D 5565円〜
予約 可　MAP P.190 B-2

東京ショッピング STREET ③
温かい雰囲気に癒される懐かしき風景

マルジ
衣類・服飾

衣類で健康をサポートする赤い健康パンツでおなじみ。真っ赤な生地にカエルのイラストをあしらった、「若カエル」パンツ（女性用750円、トランクス1280円）が定番商品。へその下にある丹田のツボに赤色で刺激を加えることが健康に良いとか。近隣には支店が3店舗ある。

☎ 03-3910-1409
東京都豊島区巣鴨4-21-1
営 10:00〜20:15
休 不定休

「唯一無二」の個性的な商品ばかりが揃う

御菓子司 松月堂
おんかしじ しょうげつどう
和菓子

昭和3年（1928）から店を開く老舗で、地蔵最中で有名な和菓子店。お地蔵様をかたどった最中は3種類。緑色の最中は抹茶餡、ピンク色はゴマ餡、茶色はつぶ餡が入っている。パリッとした皮と、甘さひかえめの餡が絶妙にマッチ。体の悪い部分から食べると御利益があるとか。

☎ 03-3917-5350
東京都豊島区巣鴨3-18-17
営 9:00〜18:00
休 水曜（4の付くの場合は翌日）

地蔵最中3個250円、塩豆大福1個120円

巣鴨
すがも
買物帰りに、とげぬき地蔵にお参り

JR巣鴨駅から南西へ200mほど進むと「おばあちゃんの原宿」こと巣鴨地蔵通り商店街。温かい雰囲気が漂う商店街のなかほどに、とげぬき地蔵で有名な高岩寺がある。

最寄り駅 **巣鴨駅** JR山手線、都営三田線

戸越銀座
とごしぎんざ
数多い「○○銀座」の草分け的商店街

戸越銀座駅と直角に走る、戸越銀座商店街は全長1.6kmでまっすぐの商店街では日本一の長さ。「○○銀座」という名がついたのもここが最初。変わらない情緒は長年愛されている。

最寄り駅 **戸越銀座駅** 東急池上線

青柳
あおやぎ
和菓子

本物を作り続けるという職商人の精神を受け継ぐ3代目のご主人が館から手作りしている。名物「衣柿」をはじめ、四季を通して10種類以上も並ぶ上生菓子が目を楽しませてくれる。また、独自限定品「レモン水羊羹」や「柚子饅頭」も自然の果物が使われており、ヘルシーで人気。

☎ 03-3781-4394
東京都品川区平塚2-15-13
営 9:00〜20:30
休 不定休

色合いが美しい上生菓子、牡丹252円

旭昇園
きょくしょうえん
お茶

お茶ならなんでも揃う老舗茶舗。店を切り盛りする奥さんがおいしいお茶の淹れ方を教えてくれるのもうれしい。ギタリストのChar、DeftechやAIもひいきの店なので、彼らのファンもここ目当てに訪ねて来るという。抹茶入り玄米茶200g袋詰735円が大人気。

☎ 03-3781-8003
東京都品川区戸越1-17-10
営 10:00〜19:30
休 無休

健康茶から高級煎茶まで品揃えが豊富

多摩

**都会の喧騒から離れた
自然に癒される爽やかな緑の散歩道**

TAMA

井の頭公園の弁天池。都心から少し離れた
地域では、武蔵野の自然の名残がある

歩く時間 約1時間15分
歩く距離 約3.8km

コース ㉞

スタート **吉祥寺**駅
JR中央線・総武線
京王井の頭線
↓
❶ 井の頭恩賜公園
↓
❷ 弁財天
↓
❸ 三鷹の森ジブリ美術館
↓
❹ 山本有三記念館
↓
❺ 井の頭自然文化園
↓
❻ 吉祥寺サンロード
↓
ゴール **吉祥寺**駅
JR中央線・総武線
京王井の頭線

吉祥寺・三鷹
きちじょうじ・みたか

賑わいを見せる繁華街を過ぎれば
今も残る武蔵野の自然
迎え入れてくれるやさしさに飛び込む

井の頭通りに面した丸井の脇道を進み、井の頭公園入口へ

開園以来、癒しスポットとして老若男女に愛される井の頭公園

おしゃれなショッピングタウンであり、武蔵野の自然も残る吉祥寺は、暮らしたい街ランキングではつねに上位組。吉祥寺駅南に広がる井の頭恩賜公園は、街を代表する憩いのスポットだ。東に神田川源流の井の頭池が広がり、春には桜が咲き誇る。

三鷹の森ジブリ美術館では、『となりのトトロ』などジブリの作品世界を楽しみたい。雑木林の広がる自然文化園を散策したら駅の北側へ。いつも人通りで賑やかなサンロードのモールを抜ければ、吉祥寺駅は目の前だ。

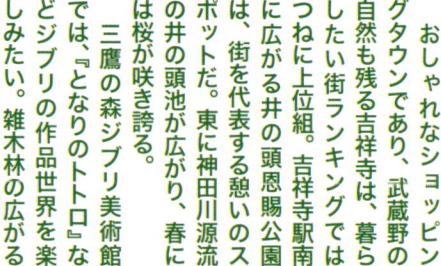

TOKYO SAMPO MAP 吉祥寺・三鷹

❶ 井の頭恩賜公園
いのかしらおんしこうえん

水面に映える桜も美しい爛漫の桜並木を歩く

東西に延びる広大な池がある公園。桜の季節には、園内がソメイヨシノで埋め尽くされ、多くの行楽客で賑わう。吉祥寺通りを挟んで、井の頭自然文化園がある。

📞 0422-47-6900
東京都武蔵野市御殿山1-18-31
🕐 終日開放
🌐 http://www.kensetsu.metro.tokyo.jp/seibuk/inokashira/index.html

緑に溢れた癒しを感じる公園で、桜の咲く頃が最も美しい。夜桜は幻想的

❷ 弁財天
べんざいてん

江戸庶民から寄贈された石灯籠や水盤

天慶年間(938〜947)、源経基が、伝教大師作と伝わる弁財天女像をこの地に安置したのが始まり。源頼朝や新田義貞、徳川家康・家光も足跡を残している。

📞 0422-49-1621
東京都武蔵野市御殿山1-18-31
🕐 終日開放
🌐 http://www.inokashirabenzaiten.com/

ボートに乗ったカップルは弁財天に嫉妬されて別れしまうという伝説もある

❸ 三鷹の森ジブリ美術館
みたかのもりジブリびじゅつかん

夢や工夫をちりばめたジブリアニメの美術館

遠くからでもひと目でそれとわかるカラフルな建物の美術館。地上2階・地下1階からなる館内には好奇心を刺激する発見があちこちにちりばめられているので、童心に返って楽しめる。

📞 0570-055077
(ごあんないダイヤル)
東京都三鷹市下連雀1-1-83
🕐 10:00〜18:00 カフェ11:00〜19:00(LO18:20) 🚫 火曜、長期休館あり
💴 1000円、中学・高校生700円、小学生400円、4歳以上100円、4歳未満無料
🌐 http://www.ghibli-museum.jp/
◆チケット予約方法
全国のローソン(📞0570-084003)で日時指定入場引替券を購入。
入場時間は10:00、12:00、14:00、16:00の1日4回で入場時間から30分以内に入場する。入れ替え制ではない。チケットの日時変更や払い戻しは不可

『天空の城ラピュタ』のロボット兵は屋上庭園に設置されている。館内にはカフェ「麦わらぼうし」もある
©Museo d'Arte Ghibli

🌸 おさんぽごはん、おさんぽショッピング。

茶席 万亭
ちゃせきまんてい　　　喫茶

30年続く知る人ぞ知るお茶専門店。普通の家に小さな看板なので見逃さないよう注意。抹茶・菓子のセットは700円。

📞 0422-46-9871
東京都武蔵野市吉祥寺南町1-19-19
🕐 12:00〜17:00(LO)
🚫 不定休　💴 700円〜
🗺 P.196 C-3

NIGIRO cafe
ニギロ カフェ　　　カフェ

テラス席が広くオープンな開放的溢れるカフェ。料理はボリュームたっぷりの本格カリフォルニア料理を提供。

📞 0422-40-9533
東京都武蔵野市吉祥寺南町1-9-6
🕐 11:30〜23:00(LO22:30)
🚫 無休　💴 600円〜
🗺 P.196 C-3

吉祥寺・三鷹

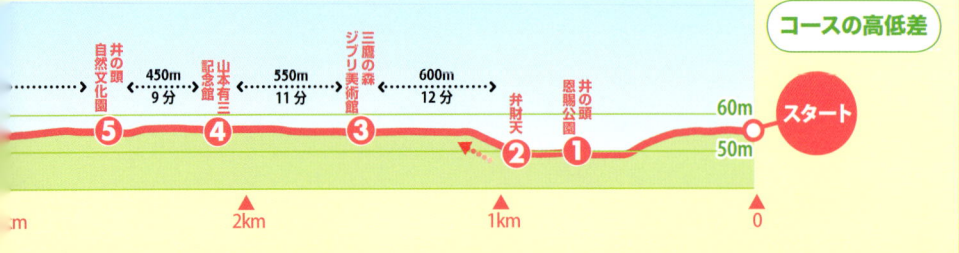

1:12,000　200m
周辺図 P.7

ハーモニカ横丁
ハーモニカの吹吸口のように並んだ飲食横丁だったことから名がついた。

七井橋
井の頭公園を横断する架け橋。春には360度の桜風景を楽しめる。

コースの高低差

- スタート → ① 井の頭恩賜公園 (600m 12分) → ② 弁財天 → ③ 三鷹の森ジブリ美術館 (550m 11分) → ④ 山本有三記念館 (450m 9分) → ⑤ 井の頭自然文化園
- 標高 60m / 50m

主なスポット:
① 井の頭恩賜公園
② 弁財天
③ 三鷹の森ジブリ美術館
④ 山本有三記念館
⑤ 井の頭自然文化園
⑥ 吉祥寺サンロード

凡例: デパート・ショップ／カフェ／博物館・美術館／劇場・ホール／コンビニ／トイレ／ガソリンスタンド／駐車場

196

井の頭公園付近の玉川上水沿いは、閑静で落ち着いた緑道となっている

『路傍の石』執筆中に道ばたで見つけ、拾ってきたという石。作名に因み、路傍の石と呼ばれるようになった

❹ 山本有三記念館
やまもとゆうぞうきねんかん

山本有三が暮らした西洋風近代建築の家

『路傍の石』『ストウ婦人』などで知られる作家、山本有三の旧邸。入口では「路傍の石」が見学者を迎え入れ、テーマを定め、山本有三の直筆資料や愛用品などを常時展示している。

☎ 0422-42-6233
東京都三鷹市下連雀2-12-27
開 9:30～17:00
休 月曜(祝日の場合は開館、火・水曜の2日間休館) 料 300円
HP http://mitaka.jpn.org/yuzo/

❺ 井の頭自然文化園
いのかしらしぜんぶんかえん

自然生態観察と芸術鑑賞もできる文化園

動物園、水生物館と長崎平和祈念像の作者・北村西望の作品群を集めた彫刻園からなる文化園。

☎ 0422-46-1100
東京都武蔵野市御殿山1-17-6
開 9:30～17:00(入園は～16:00)
休 月曜 料 400円、中学生150円、65歳以上200円、小学生以下、都内在学・在住の中学生は無料
HP http://www.tokyo-zoo.net/zoo/ino/

動物園の人気者・ゾウのはな子やかわいい動物たちに心癒される

❻ 吉祥寺サンロード
きちじょうじサンロード

「住みたい街」の繁華街駅前ショッピングモール

駅北側ロータリーのから延びるショッピングモール。縦横に走る路地にバリエーション豊かなお店が並ぶ。メインストリートから少し離れた裏路地はノスタルジックな雰囲気が漂う。

☎ 0422-21-2202
(吉祥寺サンロード商店街振興組合)
東京都武蔵野市御殿山1-18-31
営 店舗により異なる
HP http://www.sun-road.or.jp/

おもにA地区とB地区に分かれており、さまざまな店舗が個性を放っている

吉祥寺に来たら必ず寄りたい！
駅前商店街サンロード内の数あるお店のなかでも、吉祥寺名物といえばココ

行列覚悟の絶品メンチカツ
サトウ

MAP P.197 C-2

うまみと甘みのある松阪牛を使ったメンチカツをボール型にすることで肉汁を閉じこめる。1個180円とお得。
☎ 0422-22-3130
東京都武蔵野市吉祥寺本町1-18
営 9:00～20:00 休 不定休

TOKYO SAMPO MAP 吉祥寺・三鷹

ゴール ❻ 吉祥寺サンロード 1200m 24分

60m
50m

6km 5km 4km

197

歩く時間	約2時間
歩く距離	約6.1km

コース ㉟

スタート　深大寺バス停
調布駅から京王バス
深大寺行で15分。200円

↓
❶ 深大寺城跡
↓
❷ 神代植物公園
　 水生植物園
↓
❸ 深大寺
↓
❹ 神代植物公園
↓
❺ 国立天文台
↓
❻ 天文台歴史館
↓

ゴール　天文台バス停
京王バス 調布駅行で調布
駅まで20分。200円

元禄8年（1695）建立の深大寺山門は、境内現存の最古の建造物

深大寺
じんだいじ

都会の喧騒から離れ
武蔵野の自然に心をかよわせ
憩いの緑地へと歩をすすめる

深大寺の参道には、風情ある休憩所やみやげ物屋が点在

深大寺バス停から深大寺城の遺構を見学し、神代植物公園の湿地帯を散策。深大寺は、東京で浅草寺に次ぐ古い寺院。風格ある伽藍の数々を見てまわりたい。参道には名物の深大寺そばの店やみやげ物屋が軒を並べる。
境内を抜けて、都内有数規模の神代植物公園へ。大温室もあり、年間を通して花々が咲き誇る。自然の姿が残る野川沿いを北に進めば世界最先端の観測施設を誇る国立天文台。古い観測施設や天文台歴史館など、一部の施設を一般公開している。

198

深大寺参道のちょうど中心に構えられている水車館

開けた芝生広場に点在する石柱は、武家屋敷が建てられていた名残

❶ 深大寺城跡
（じんだいじじょうあと）

扇谷上杉氏が造営した城郭の跡地

扇谷上杉氏は関東の覇権を争う北条市との攻防のなか、建てられた深大寺城の跡地。隣接している、神代植物公園水生植物園と行き来することができる。

東京都調布市深大寺元町2
🈺 終日開放

❷ 神代植物公園 水生植物園
（じんだいしょくぶつこうえん すいせいしょくぶつえん）

湿地帯の木道を散策 水辺の花々を愛でる

神代植物公園の分園。深大寺の湧き水が集まって、湿地帯となっており、アシ、カキツバタなどさまざまな水生植物を観察できる。

📞 042-483-2300
東京都調布市深大寺元町2
🈺 9:00〜16:30（入園は〜16:00）
🈳 月曜（祝日の場合は翌日）
💴 無料

しっとりとした草木が茂る水辺の散歩道

江戸時代の大火で焼失するも再建。「そば守観音像」は深大寺ならでは

❸ 深大寺
（じんだいじ）

湧き水と樹木に囲まれた古代からの歴史ある名刹

天平5年（733）開創の由緒ある寺院。白鳳時代のものといわれる金銅釈迦如来倚像があり、国の重要文化財に指定されている。

📞 042-486-5511
東京都調布市深大寺元町5-15-1
🈺 9:00〜17:00
🌐 http://www.csa.gr.jp/csajindai.htm

顔、形、大小違うだるまがずらり 深大寺のだるま市

毎年3月3〜4日に行なわれる深大寺のだるま市は江戸時代から続く名物行事。東京に春を呼ぶと親しまれて、開運のだるまを求めて多くの人が足を運ぶ。

露店が所狭しと並ぶ

🌸 **おさんぽごはん、おさんぽショッピング。**

元祖 嶋田家
（がんそ しまだや） そば

伝統の味を守り続ける深大寺そばの元祖。人気は三昧そばと精進揚げのセット「むさしの」。

📞 042-482-3578
東京都調布市深大寺元町5-12-10
🈺 9:00〜17:00
🈳 月曜（祝日の場合は翌日）
💴 500〜1600円　予約 可
🗺 P.200 C-3

鬼太郎茶屋
（きたろうちゃや） カフェ

「ゲゲゲの鬼太郎」をモチーフにしたユニークな茶屋。目玉おやじの栗ぜんざいは500円。

📞 0424-82-4059
東京都調布市深大寺元町5-12-8
🈺 10:00〜17:00(LO)
🈳 月曜（祝日の場合は翌日）
💴 350円〜
🗺 P.200 C-3

深大寺

1:12,000　200m
周辺図 P.7

凡例
- デパート・ショップ
- カフェ
- 見どころ
- 飲食店
- コンビニ
- トイレ
- ガソリンスタンド
- 駐車場

野川
野川沿いは、「武蔵野の路」と呼ばれ、清涼感ある散歩コースとなっている。

亀島弁財天
深大寺山門の目の前にあり、参道の中心部にあるひっそりとした祠。

コース地点
- ⑤ 国立天文台
- ⑥ 天文台歴史館
- ゴール
- ④ 神代植物公園
- ③ 深大寺
- ② 神代植物公園水生植物園
- ① 深大寺城跡
- スタート

コースの高低差

区間	距離	時間
④→③	1400m	28分
③→②	850m	17分

高低: 40m〜60m

200

❹ 神代植物公園
(じんだいしょくぶつこうえん)

年間を通して四季に合う花々を観賞できる

約4800種、10万本の樹木が植えられた都内屈指の植物公園。バラ園、つつじ園などのほか、珍しい熱帯植物が見られる大温室もある。

📞 042-483-2300
東京都調布市深大寺元町5-31-10
開 9:30〜17:00(入園は〜16:00)
休 月曜(祝日の場合は翌日)
料 500円、65歳以上250円、中学生200円、小学生以下、都内在学・在住中の中学生無料
HP http://www.kensetsu.metro.tokyo.jp/seibuk/jindai/

武蔵野の自然が色濃く残る園内。熱帯植物が茂る大温室も見どころ

国立天文台内にある、太陽系の広がりを140億分の1に縮小して各惑星を紹介した「太陽系ウォーキング」

❺ 国立天文台
(こくりつてんもんだい)

宇宙と地球を探る世界最先端の観測施設

明治21年(1888)に港区麻布に創られた東京天文台を前身として、大正13年(1924)に三鷹に移転した。広大な敷地には天文観測施設が点在し、その一部が一般公開されている。

📞 0422-34-3688
(問い合わせは9:00〜18:00)
東京都三鷹市大沢2-21-1
開 10:00〜17:00(入場は〜16:30)
休 無休 **料** 無料
HP http://www.nao.ac.jp/

❻ 天文台歴史館
(てんもんだいれきしかん)

貴重な望遠鏡とともに国立天文台の歴史を紹介

国立天文台の敷地内にある施設。大正15年(1926)に完成した高さ19.5m、ドーム直径15mの巨大な建物。ドーム内は屈折望遠鏡としては日本最大口径を誇る65cm屈折望遠鏡が、日本の天文学の記念碑的存在として静態保存されている。

📞 0422-34-3688
(問い合わせは9:00〜18:00)
東京都三鷹市大沢2-21-1
開 10:00〜17:00(入場は〜16:30)
休 無休 **料** 無料
HP http://www.nao.ac.jp/

鉄筋コンクリート2階建ての建物は国登録有形文化財。ドイツ製の望遠鏡はおもに土星衛星や星の位置観測に使用されていた

国立天文台内で最も古い観測用建物、第一赤道儀室は太陽黒点のスケッチ観察で活躍した。国登録有形文化財

東京都内の交通

東京都内での散歩を効率的に、しかもなるべく少ない出費で済ますなら、JRや地下鉄の得するチケットを使うのがおすすめ。自分の散歩コースと組み合わせたい!!

東京散歩に お得 & 便利 なきっぷ

●**JR・都区内フリーきっぷ**
その日のうちなら下図のフリー区間内で何回も乗降自由なチケット。フリー区間外での途中下車は不可。特急・急行を利用の場合は別途特急・急行券が必要。

おもな出発地と料金(子供半額)
東京都区内730円、三鷹1020円、川崎1020円、横浜1140円、関内1300円、大宮1300円、津田沼1140円、千葉1630円

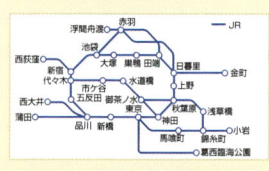

●**都内・りんかいフリーきっぷ**
下図の線内なら乗降自由な東京への往復チケット。有効期間は2日間。特急(新幹線を含む)・急行を利用の場合は別途特急・急行券が必要。

おもな出発地と料金(子供半額)
小田原2910円、熱海3790円、成田2230円、高崎3790円、甲府4430円、前橋3790円、日光3790円、銚子4430円、木更津2570円、水戸4430円

●**都営交通一日乗車券**
発売日から6カ月間のうち1日に限り都営地下鉄全線、都電・都バスが一日中乗降自由になるチケット。快速バスは100円、深夜バスは200円、別途必要になる。
料金 710円、子供360円
都営・都バス各営業所、地下鉄各線および定期券売所で購入。当日券は都電・都バスの社内、都営地下鉄の自動販売機で購入できる。

●**東京フリーきっぷ**
都内のJR線、東京メトロ、都営地下鉄、日暮里・舎人ライナー、都バス(深夜バスを除く)で一日何度でも乗降自由なチケット。特急・急行を利用の場合は別途特急・急行券が必要。下図のJR線、都電、地下鉄線および　　内の地下鉄線が自由に乗降できるエリア。
料金 1580円(子供半額)
チケットは都区内のJR駅各駅、びゅうプラザ、都営地下鉄各駅、都電・都バス営業所、東京メトロの定期券売場で購入できる。

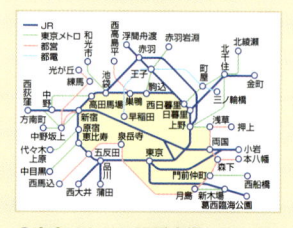

●**東京メトロ一日乗車券**
発売日から6カ月間のうち、1日に限り東京メトロ全線が一日中乗降自由。
料金 710円、子供360円
定期券売場(一部を除く)で購入できる。当日券は自動券売機でも購入できる(一部を除く)。

●**都営地下鉄・東京メトロ一日乗車券**
都営地下鉄・東京メトロの全路線で一日乗降自由になるチケット。
料金 1000円、子供500円
各駅の自動券売機で購入できる。当日販売。

●**ゆりかもめ一日乗車券**
ゆりかもめが一日乗降可能になる。散歩の強力な味方になるはず。
料金 1000円、子供500円

JR

■**山手線**
都心をおよそ1時間かけて1周する環状線。通常は2~6分ごとに運行。山手線の進行方向は、時計回りを「外回り」、反時計回りを「内回り」という。

■**京浜東北線**
横浜方面から東京を通り、大宮方面へ通じる。品川駅~田端駅間は山手線と同じ路線を走る。日中は快速運転で、10~15時台にかけては田町駅~田端駅間を快速運転している。

■**中央線**・■**総武線**
山手線の中央を東西に貫くように東京駅~新宿駅に抜け、吉祥寺、八王子方面へ走る。東京駅~新宿駅間は所要約15分(山手線だと約30分)。早朝、深夜を除き、快速運転で、御茶ノ水駅~新宿駅間は四ツ谷駅のみ停車。同区間の通過駅と御茶ノ水駅より先は総武線を利用。

■**京葉線**
東京駅から東京ディズニーリゾート(舞浜)方面へ、幕張メッセや千葉マリンスタジアム(海浜幕張)に向かう際に利用。東京駅~蘇我駅間を快速運転している。

東京都内の交通

東京メトロ銀座線
0 浅草 — 2 田原町 — 3 稲荷町 — 5 上野 — 6 上野広小路 — 8 末広町 — 9 神田 — 11 三越前 — 13 日本橋 — 14 京橋 — 16 銀座 — 18 新橋 — 20 虎ノ門 — 22 溜池山王 — 24 赤坂見附 — 26 青山一丁目 — 27 外苑前 — 29 表参道 — 31 渋谷

東京メトロ丸ノ内線
0 池袋 — 2 新大塚 — 3 茗荷谷 — 5 後楽園 — 6 本郷三丁目 — 8 御茶ノ水 — 9 淡路町 — 10 大手町 — 12 東京 — 13 銀座 — 14 霞ケ関 — 15 国会議事堂前 — 16 赤坂見附 — 18 四ツ谷 — 19 四谷三丁目 — 21 新宿御苑前 — 22 新宿三丁目 — 23 新宿 — 25 西新宿 — 26 中野坂上 — 28 新中野 — 29 東高円寺 — 30 新高円寺 — 32 南阿佐ケ谷 — 33 荻窪
分岐: 中野坂上 — 方南町 — 中野富士見町 — 中野新橋

所要時間
黒=普通
赤=急行・快速

東京メトロ日比谷線
0 北千住 — 3 南千住 — 5 三ノ輪 — 7 入谷 — 9 上野 — 10 仲御徒町 — 12 秋葉原 — 13 小伝馬町 — 14 人形町 — 16 茅場町 — 17 八丁堀 — 19 築地 — 20 東銀座 — 21 銀座 — 23 日比谷 — 25 霞ケ関 — 26 神谷町 — 28 六本木 — 30 広尾 — 32 恵比寿 — 34 中目黒

東京メトロ東西線
0 中野 — 3 落合 — 5 高田馬場 — 7 早稲田 — 9 神楽坂 — 11 飯田橋 — 13 九段下 — 14 竹橋 — 15 大手町 — 16 日本橋 — 17 茅場町 — 19 門前仲町 — 20 木場 — 22 東陽町 — 23 南砂町 — 25 西葛西 — 27 葛西 — 28 浦安 — 30 南行徳 — 31 行徳 — 32 妙典 — 36 原木中山 — 42 西船橋

東京メトロ千代田線
0 綾瀬 — 北綾瀬 — 2 北千住 — 4 西日暮里 — 5 千駄木 — 6 根津 — 7 湯島 — 8 新御茶ノ水 — 10 大手町 — 12 二重橋前 — 13 日比谷 — 14 霞ケ関 — 15 国会議事堂前 — 16 赤坂 — 17 乃木坂 — 18 表参道 — 19 明治神宮前 — 20 代々木公園 — 21 代々木上原
分岐: 綾瀬 — 北綾瀬

東京メトロ有楽町線
0 和光市 — 2 地下鉄成増 — 4 地下鉄赤塚 — 5 平和台 — 7 氷川台 — 8 小竹向原 — 10 千川 — 12 要町 — 13 池袋 — 15 東池袋 — 17 護国寺 — 19 江戸川橋 — 21 飯田橋 — 23 市ケ谷 — 25 麹町 — 26 永田町 — 28 桜田門 — 29 有楽町 — 30 銀座一丁目 — 32 新富町 — 34 月島 — 39 豊洲 — 45 新木場

東京メトロ半蔵門線
0 渋谷 — 2 表参道 — 4 青山一丁目 — 7 永田町 — 9 半蔵門 — 11 九段下 — 12 神保町 — 14 大手町 — 15 三越前 — 17 水天宮前 — 19 清澄白河 — 20 住吉 — 22 錦糸町 — 24 押上

東京メトロ南北線
0 目黒 — 2 白金台 — 3 白金高輪 — 5 麻布十番 — 6 六本木一丁目 — 8 溜池山王 — 10 永田町 — 11 四ツ谷 — 13 市ケ谷 — 14 飯田橋 — 15 後楽園 — 16 東大前 — 18 本駒込 — 20 駒込 — 23 西ケ原 — 24 王子 — 26 王子神谷 — 28 志茂 — 30 赤羽岩淵

東京メトロ副都心線
0 和光市 — 2 地下鉄成増 — 4 地下鉄赤塚 — 5 平和台 — 7 氷川台 — 8 小竹向原 — 10 千川 — 13 要町 — 池袋 — 東新宿 — 25 渋谷 — 新宿三丁目 — 北参道 — 明治神宮前

都営浅草線
0 西馬込 — 2 馬込 — 3 中延 — 5 戸越 — 7 五反田 — 9 高輪台 — 11 泉岳寺 — 13 三田 — 14 大門 — 15 新橋 — 17 東銀座 — 19 宝町 — 20 日本橋 — 22 人形町 — 23 東日本橋 — 24 浅草橋 — 25 蔵前 — 26 浅草 — 27 本所吾妻橋 — 28 押上

都営三田線
0 目黒 — 2 白金台 — 3 白金高輪 — 5 三田 — 6 芝公園 — 7 御成門 — 9 内幸町 — 10 日比谷 — 11 大手町 — 12 神保町 — 14 水道橋 — 15 春日 — 17 白山 — 18 千石 — 20 巣鴨 — 22 西巣鴨 — 24 新板橋 — 25 板橋区役所前 — 26 板橋本町 — 28 本蓮沼 — 30 志村坂上 — 32 志村三丁目 — 34 蓮根 — 35 西台 — 37 高島平 — 39 新高島平 — 51 西高島平

都営新宿線
0 新宿 — 2 新宿三丁目 — 4 曙橋 — 5 市ヶ谷 — 7 九段下 — 8 神保町 — 10 小川町 — 12 岩本町 — 13 馬喰横山 — 15 浜町 — 17 森下 — 19 菊川 — 20 住吉 — 22 西大島 — 24 大島 — 26 東大島 — 28 船堀 — 30 一之江 — 33 瑞江 — 35 篠崎 — 42 本八幡

都営大江戸線
21 光が丘 — 19 練馬春日町 — 豊島園 — 練馬 — 新江古田 — 落合南長崎 — 中井 — 東中野 — 中野坂上 — 西新宿五丁目 — 都庁前 — 新宿西口 — 東新宿 — 若松河田 — 牛込柳町 — 牛込神楽坂 — 飯田橋 — 春日 — 本郷三丁目 — 上野御徒町 — 新御徒町 — 蔵前 — 両国 — 森下 — 清澄白河 — 月島 — 勝どき — 築地市場 — 汐留 — 大門 — 赤羽橋 — 麻布十番 — 六本木 — 青山一丁目 — 国立競技場 — 代々木 — 新宿 — 都庁前

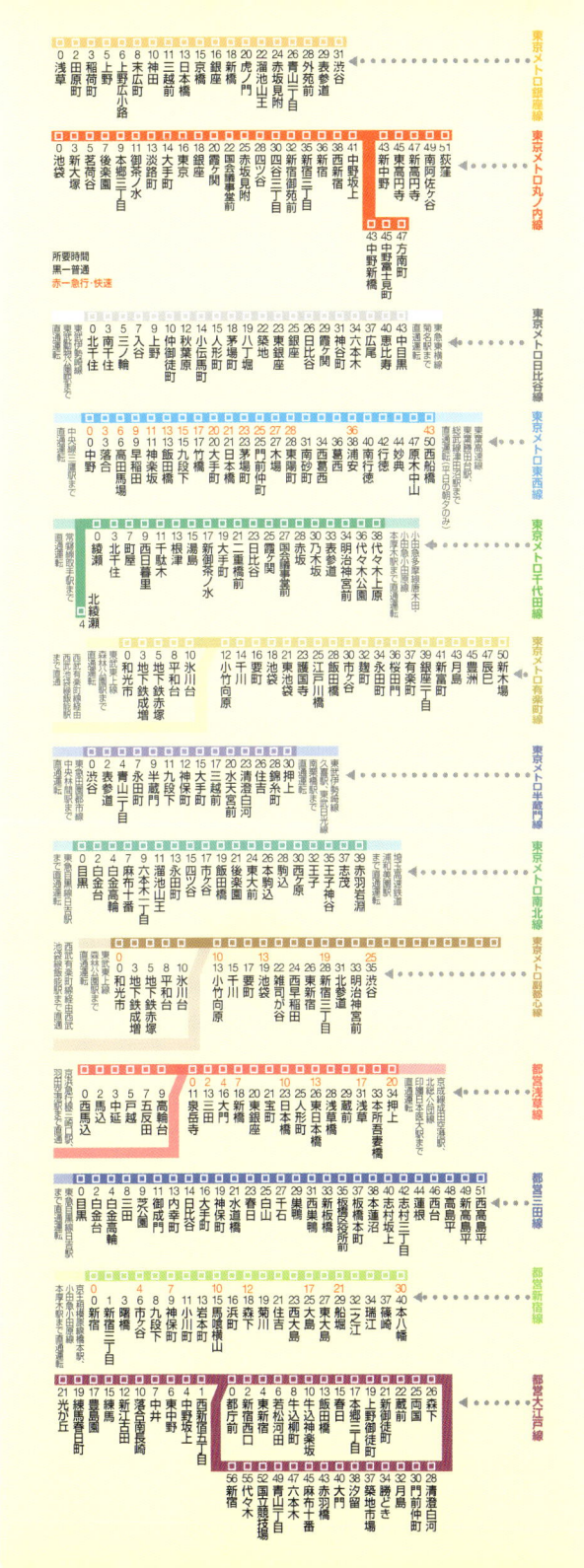

地下鉄（東京メトロ・都営線）

2009年9月現在で、東京メトロ9路線と都営地下鉄4路線がある。各路線にはイメージカラーがあり、乗り換えの際などには目印にもなる。乗り換えにかかる時間は1〜5分が目安だが、大きな駅では5分以上かかったりもする。

移動は各路線のホーム間で済むところもあれば、一度改札を通過するところもある。その際には乗り換え専用のオレンジ色の改札機を利用する。また、JR線、私鉄線と相互乗り入れしている路線もあり、乗り換えなしで利用することができる。

私鉄・その他

東急線、京王線、小田急線、西武線、東武線、都電荒川線など、おもに山手線の各駅から放射状に近郊を結ぶ各線が通じている。また、新橋駅から東京臨海新交通ゆりかもめがあり、羽田空港から浜松町へは東京モノレールが通じている。

バス

一般の旅行者にとってバスを把握するのは難しい。しかし、東京駅八重洲口から銀座方面へ向かう銀ぶらバスや、浜松町からレインボーブリッジを渡り、台場、東京ビッグサイトへと向かうバスなど観光路線として楽しめる路線も多い。

Suicaイオカード/PASMO

ワンタッチで改札を通過でき、乗り越しても改札機で自動精算できるプリペイド式のカード。現金をチャージすることにより繰り返し使用できる。Suica、イオカードは1枚2000円（デポジット500円を含む。カード返却時に返金される）。2007年3月18日から運用が開始されたPASMOは関東エリアの鉄道、バスで使用できる。

久喜
大宮
野田線
北大宮
大宮公園
大和田
七里
岩槻
東岩槻
豊春
八木崎
久喜
春日部
藤の牛島
南桜井
川間
七光台
清水公園
愛宕
野田市
梅郷
運河
江戸川台
初石
流山おおたかの森
つくば
柏
常磐線快速
常磐線
北柏
取手
さいたま新都心
与野
北浦和
浦和
南浦和
与野
本町
与野
浦和
武蔵浦和
戸田
戸田
公園
舟渡
赤羽
一ノ割
武里
せんげん台
大袋
北越谷
越谷
南越谷
流山
平和台
鰭ヶ崎
小金城趾
総武流山線
豊四季
南柏
流山セントラルパーク
北小金
新柏
新松戸
東川口
浦和美園
武蔵野線
東浦和
埼玉高速鉄道
戸塚安行
新井宿
鳩ヶ谷
南鳩ヶ谷
川口元郷
見沼代親水公園
舎人
舎人公園
谷在家
西新井大師西
江北
高野
扇大橋
足立小台
日暮里・舎人ライナー
新越谷
蒲生
新田
松原団地
草加
谷塚
竹ノ塚
伊勢崎線
吉川
新三郷
三郷
三郷中央
八潮
六町
青井
南流山
幸谷
馬橋
北松戸
新京成電鉄
新八柱
松戸
上本郷
松戸新田
みのり台
八柱
常盤平
増尾
逆井
東北本線
蕨
西川口
川口
赤羽岩淵
南北線
志茂
王子神谷
荒川遊園地前
小台
宮ノ前
熊野前
東尾久三丁目
町屋二丁目
町屋駅前
大師線
西新井
大師前
梅島
五反野
金町
亀有
京成金町
綾瀬
小菅
五香
高柳
赤羽
板橋区役所前
十条
東十条
王子駅前
栄町
荒川車庫前
梶原
飛鳥山
赤土小学校前
荒川七丁目
荒川二丁目
荒川区役所前
荒川一中前
三ノ輪橋
町屋
千住大橋
北千住
牛田
柴又
金町線
元山
六実
新板橋
下板橋
滝野川一丁目
西ヶ原四丁目
板橋
王子
上中里
尾久
新庚申塚
庚申塚
巣鴨新田
埼京線
要町
大塚
大塚駅前
新大塚
向原
東池袋四丁目
雑司ヶ谷
鬼子母神前
学習院下
面影橋
早稲田
西早稲田
都電荒川線
副都心線
池袋
目白
高田馬場
雑司が谷
新大久保
大江戸線
西武新宿
東新宿
新宿
巣鴨
駒込
本駒込
千石
白山
茗荷谷
護国寺
江戸川橋
東大前
田端
西日暮里
新三河島
千駄木
根津
千代田線
日暮里
三河島
鶯谷
京成本線
京成上野
南千住
京成関屋
三ノ輪
入谷
つくばエクスプレス
堀切菖蒲園
お花茶屋
堀切
鐘ヶ淵
東向島
青砥
京成立石
四ツ木
八広
京成曳舟
曳舟
押上線
伊勢崎線
京成高砂
新柴又
矢切
北国分
秋山
東松戸
松飛台
大町
北総・公団線
新鎌ヶ谷
くぬぎ山
北初富
京成小岩
小村井
業平橋
押上
本所吾妻橋
上野
稲荷町
田原町
浅草
浅草
上野御徒町
上野広小路
湯島
末広町
春日
本郷三丁目
後楽園
新御徒町
仲御徒町
蔵前
御徒町
秋葉原
日比谷線
銀座線
亀戸線
半蔵門線
東あずま
亀戸水神
亀戸
江戸川
京成本線
国府台
市川大野
武蔵野線
鎌ヶ谷
初富
鎌ヶ谷大仏
馬込沢
野田線
二和向台
三咲
滝不動
高根公団
高根木戸
新京成電鉄
新宿三丁目
曙橋
若松河田
牛込柳町
牛込神楽坂
飯田橋
新宿御苑前
水道橋
御茶ノ水
新御茶ノ水
三田線
新宿線
小川町
淡路町
神田
岩本町
馬喰町
東日本橋
浜町
浅草橋
両国
錦糸町
総武線快速
平井
新小岩
総武線各停
小岩
市川
京成八幡
鬼越
京成中山
東中山
京成西船
船橋法典
海神
東海神
飯山満
北習志野
習志野
薬園台
船橋日大前
八千代緑が丘
東葉高速鉄道
千駄ヶ谷
代々木
信濃町
四ツ谷
四谷三丁目
市ヶ谷
九段下
神保町
麹町
半蔵門
竹橋
明治神宮前
国立競技場
永田町
大手町
新日本橋
馬喰横山
人形町
森下
菊川
住吉
西大島
大島
東大島
船堀
一之江
瑞江
篠崎
本八幡
下総中山
菅野
渋谷
表参道
外苑前
青山一丁目
赤坂見附
国会議事堂前
溜池山王
赤坂
乃木坂
桜田門
二重橋前
有楽町線
東京
日比谷
有楽町
水天宮前
清澄白河
門前仲町
木場
東陽町
南砂町
西葛西
葛西
浦安
南行徳
行徳
妙典
原木中山
西船橋
東西線
大江戸線
千代田線
日比谷線
恵比寿
広尾
六本木
六本木一丁目
霞ヶ関
神谷町
虎ノ門
麻布十番
赤羽橋
内幸町
御成門
新橋
銀座
銀座一丁目
東銀座
築地
新富町
八丁堀
越中島
潮見
月島
新木場
葛西臨海公園
舞浜
新浦安
市川塩浜
南北線
白金台
白金高輪
三田線
芝公園
大門
三田
目黒
浅草線
泉岳寺
大崎
五反田
高輪台
品川
田町
浜松町
汐留
竹芝
日の出
芝浦ふ頭
築地市場
勝どき
新豊洲
豊洲
辰巳
市場前
有明テニスの森
国際展示場
有明
東雲
東京ディズニーランド
リゾートゲートウェイ
東京ディズニーシー
ベイサイド
ディズニーリゾートライン
二俣新町
南船橋
京成船橋
大神宮下
船橋
東船橋
前原
新津田沼
船橋競馬場
谷津
津田沼
八千代中央
村上
勝田台
目黒線
不動前
武蔵小山
西小山
洗足
池上線
大崎広小路
戸越銀座
荏原中延
戸越
荏原町
中延
西大井
戸越公園
旗の台
大井町線
馬込
下神明
新川崎
東海道本線
北品川
新馬場
青物横丁
鮫洲
立会川
大森海岸
平和島
大森町
梅屋敷
東京モノレール
品川シーサイド
お台場海浜公園
台場
東京テレポート
国際展示場正門
青海
天王洲アイル
りんかい線
ゆりかもめ
船の科学館
テレコムセンター
大井競馬場前
流通センター
昭和島
整備場
天空橋
羽田空港
新整備場
羽田空港第1ビル
羽田空港第2ビル
大井町
池上線
西馬込
石川台
雪が谷大塚
御嶽山
久が原
千鳥町
池上
蓮沼
大森
多摩川線
矢口渡
蒲田
京急蒲田
川崎
京急川崎
八丁畷
六郷土手
雑色
京浜急行本線
糀谷
空港線
大鳥居
穴守稲荷
港町
鈴木町
川崎大師
東門前
産業道路
小島新田
大師線
川崎新町
浜川崎
昭和
扇町
東京湾
新習志野
海浜幕張
京葉線
京成津田沼
総武線快速
千葉線
京成大久保
実籾
八千代台
成田空港
千城台
京成幕張本郷
幕張本郷
京成幕張
幕張
検見川浜
稲毛海岸
検見川
京成稲毛
みどり台
西登戸
新検見川
稲毛
作草部
穴川
天台
千葉公園
西千葉
東千葉
千葉都市モノレール
千葉みなと
市役所前
新千葉
京成千葉
千葉
ちはら台
蘇我
蘇我
佐倉

東京都内の交通

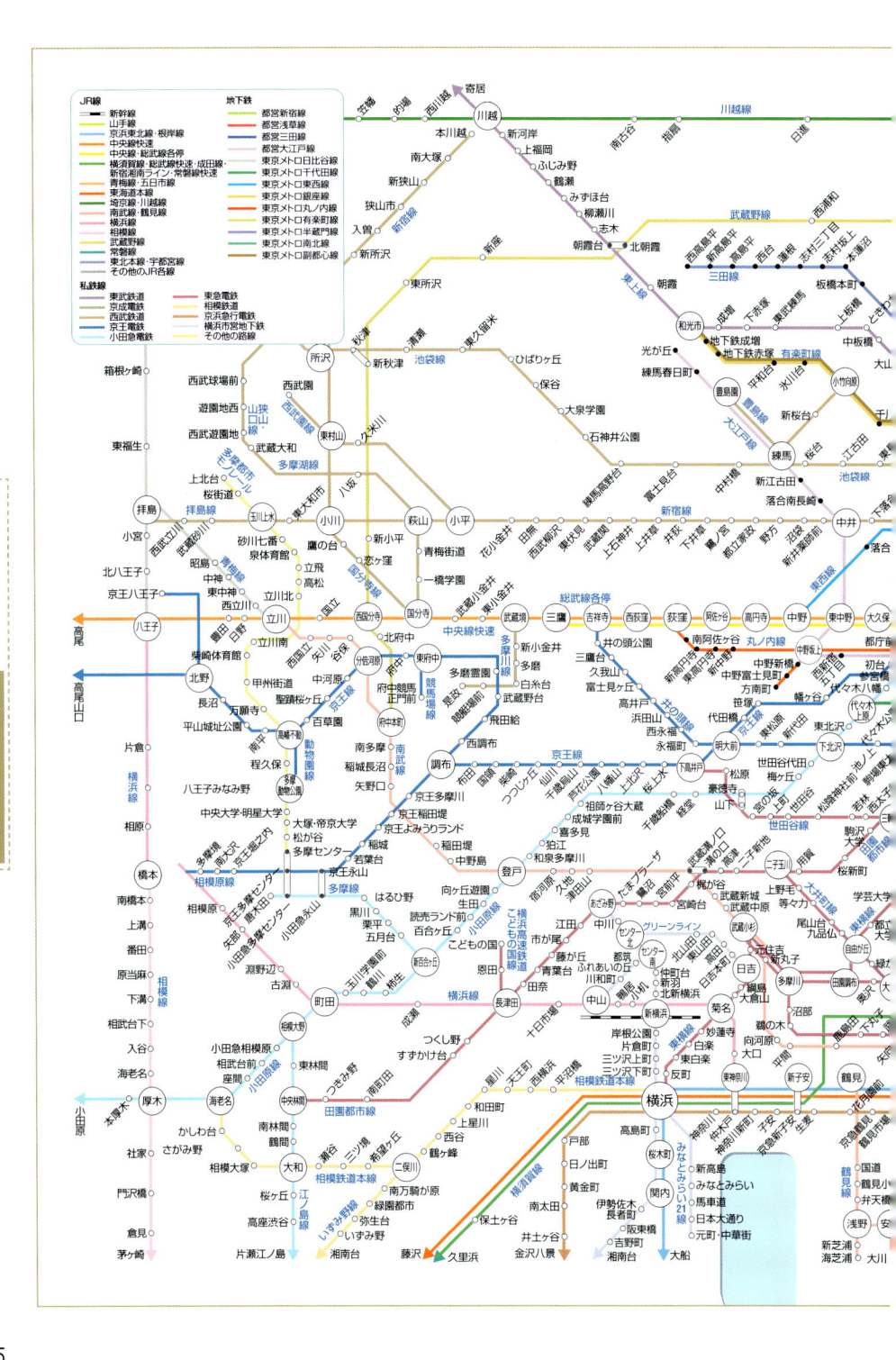

十条駅
D
E
F
新板橋駅
P.153 飛鳥山公園
P.151 飛鳥山さくら亭
王子駅
大宮駅
旧渋沢庭園
P.153 国立印刷局 滝野川工場
上中里駅
P.152 ゲーテの小径
滝野川一丁目駅
王子駅
滝野川署
西ヶ原一里塚跡
平塚神社
P.152
東京ゲーテ記念館
西ヶ原駅
滝野川信金
地震の科学館
滝野川5
滝野川3
滝野川6
滝野川1
中山道
首都高中央環状王子線
122
近藤勇の墓
谷端小
板橋駅
滝野川二小
西巣鴨
善養寺
西ヶ原四丁目駅
北区
西ヶ原3
上中里1
東京メトロ南北線
飛鳥中
コモディイイダ
西巣鴨駅
西ヶ原4
西ヶ原小
大正大
池袋4
滝野川7
巣鴨北中
新庚申塚駅
武蔵野高・中
P.153 旧古河庭園
池袋一小
淑徳巣鴨高・中
白山通り
朝日小
駒込6
コープ
駒込7
池袋3
西巣鴨2
庚申塚駅
巣鴨5
染井霊園
女子栄養大短大部
上池袋
駒込小
西巣鴨1
西巣鴨小
17
豊島市場
巣鴨4
駒込5
巣鴨局
駒込3
明治通り
本郷高・中
駒込駅
巣鴨高・中
文京高
巣鴨学校
駒込中
とげぬき地蔵尊(高岩寺)
三菱養和スポーツクラブ
駒込駅
巣鴨新田駅
豊成小
都電荒川線
山手線
北大塚1
西友
巣鴨駅
巣鴨駅
P.14 六義園
P.209
十文字高・中
大塚駅
東池袋2
大塚駅前駅
ホテルベルクラシック東京
巣鴨署
巣鴨1
本駒込6
サンシャインシティ
豊島局
南大塚3
千石4
都営三田線
向原駅
南大塚1
小石川高
東池袋
朋有小
西巣鴨中
巣鴨小
東洋女子高
古代オリエント博物館
千石駅
西友
造幣東京博物館
東池袋5
南大塚2
春日通り
千石駅前
白山駅
千石3
東池袋駅
東池袋四丁目駅(サンシャイン前)
新大塚駅
千石1
大塚病院
明化小
不忍通り
一行院
雑司ヶ谷駅
大塚6
大塚5
文京区
林町小
大塚4
大塚小
十中
雑司が谷霊園
P.158
南池袋PA
千石2
護国寺 P.155
善心寺
東邦音楽短大
池袋4
白山4
豊島ヶ岡御陵
東京メトロ丸ノ内線
筑波大附小
旧東京医学校本館
26 池袋・雑司が谷 P.154
大塚3
文京スポーツセンター
小石川植物園
雑司が谷旧宣教師館 P.155
254
大塚3
占春園
白山3
雑司が谷1
護国寺前
教育の森公園
4
附属中
附属高
筑波大教育部
護国寺
護国寺駅
講談社
窪町小
オルゴールの小さな博物館
お茶の水女子大
附属小
カイザースラウテルン広場
筑波大附属盲学校
群林堂 P.155
七中
目白台2
跡見学園女子大
茗荷谷駅
小石川5
大塚署
目白台3
大塚1
日本女子大
貞静学園高・中
石川啄木終焉の地
筑波大附高・中
P.210
後楽園駅
1
2
3

池袋
1:18,000
0
200m
周辺図P.6
A
B
C
1
2
3
4
中板橋駅
大山駅
大山町
大山東町
東武東上線
板橋2
板橋1
ヨークマート
六小
板橋区
大山金井町
川越街道
首都高5号池袋線
二中
七小
下板橋駅
幸町
254
池袋本町3
文成小
池袋本町4
中丸町
池袋本町2
板橋高
千川2
高松3
五小
熊野町
東京交通短大
豊島学院
池袋中
つつじ苑
豊南高
南町
北池袋
昭和鉄道高
池袋二小
北池袋駅
区立体育館
山手通り
高松小
池袋本町1
千川1
フーデックス
池袋4
千川駅
池袋小
高松2
高松
東京メトロ副都心線
東京メトロ有楽町線
要町1
池袋3
池袋1
上池袋2
西部区民事務所
千川中
赤札堂
清掃工場
熊谷守一美術館
要小
東武東上線
池袋2
要町駅
要町1
千早2
見どころ
寺院
神社
デパート・ショップ
飲食店
カフェ
博物館・美術館
劇場/ホール
宿泊施設
西池袋5
豊島区役所
城西大附高・中
立教池袋高・中
池袋駅
西口五差路
マレーチャン
P.159
丸井
首都高速中央環状新宿線
千早1
立教小
池袋西口公園
池袋駅
東池袋1
立教大
パルコ
P.159
ZOZOi
東京芸術劇場
東武
池袋駅
東急ハンズ
西池袋3
メトロポリタン
長崎2
西池袋4
池袋三小
池袋署
西武
東京メトロ副都心線
サミット
長崎神社
西池袋中
P.159
自由学園明日館
池袋駅
南池袋1
南池袋公園
東池袋
東長崎駅
椎名町駅
西武池袋線
自由学園
梅舎茶館
P.158
pause
P.158
目白図書館
南長崎2
西池袋2
山手線
P.159
威光山 法明寺
南池袋2
富士見台小
徳川黎明会
目白庭園
威光稲荷堂
目白4
目白3
エヌビー通信社
南池袋3
目白5
明治通り
東京音大
南長崎1
P.158
鬼子母神堂
大鳥神社
川村短大
リッチモンドホテル東京
目白2
雑司が谷駅
山手通り
聖母大
目白小
鬼子母神前駅
目白駅
目白署
聖母病院
新宿区
下落合3
目白1
落合一小
旅猫雑貨店
P.155
落合中
目白ヶ丘教会
切手の博物館
学習院大
都電荒川線
雑司が谷2
薬王院
日立目白クラブ
中落合2
七曲坂
相馬坂
造船技術センター
千登世橋中
目白通り
下落合2
高田3
妙正寺川
氷川神社
西武新宿線
P.211
中井駅
下落合駅
中央図書館
高田馬場駅
学習院下駅
高南小

D
E
F
北町屋局
第七峡田小
橋井堂森医院跡
町屋4
町屋8
慈眼寺
千住1
千住署
千住宮元町
一里塚跡
高札場跡
町屋3
東京メトロ千代田線
墨堤通り
千住仲町
第四峡田小
町屋2
町屋1
千住緑町2
千住宮元町
源長寺
町屋二丁目駅
五中
北千住駅
町屋駅前駅
千住河原町
第九峡田小
下水処理場
千住緑町1
ニッピ
千住宿歴史プチテラス
町屋駅
赤札堂
町屋駅
隅田川
千住大橋駅
荒川6
荒川7
荒川七丁目駅
千住橋戸町
千住関屋町
四中
都電荒川線
荒川8
橋戸稲荷神社
常磐線
東京メトロ日比谷線
SPAC
中央卸売市場足立市場
花の木ハイム荒川
荒川自然公園
大橋公園
荒川2
熊野神社
千住大橋
南千住浄水場
荒川二丁目駅
第二峡田小
荒川区
荒川工高
荒川4
素盞雄神社
南千住7
地下鉄車庫
宮地
荒川1
南千住6
南千住
南千住二中
峡田小
荒川区役所
荒川公園
南千住署
南千住4
荒川区役所前駅
第三瑞光小
西日暮里1
荒川局
一中
瑞光小
荒川3
荒川一中前駅
南千住駅
第三峡田小
三河島駅
隅田川貨物駅
南千住駅
尾竹橋通り
三ノ輪橋駅
南千住5
回向院
東日暮里3
オリンピック
浄閑寺
サンハイム
コープ
大関横丁
東日暮里6
東日暮里2
東日暮里1
三ノ輪駅
南千住3
日暮里中央通り
三ノ輪
泪橋
第二日暮里小
東泉小
玉姫稲荷神社
西日暮里5
千束神社
日光街道
つくばエクスプレス
吉野通り
清川2
いなげや
日本堤2
東日暮里4
根岸5
竜泉3
竹台高
金曽木小
下谷署
一葉記念館
日本堤1
根岸4
竜泉2
東京メトロ日比谷線
見返り柳
石浜小
東浅草小
大音寺
飛不動尊
根岸小前
昭和通り
竜泉1
千束4
吉原大門跡
清川1
根岸小
柏葉中
吉原神社
東浅草2
根岸3
下谷2
鷲神社
下水道局
東浅草局
小野照崎神社
千束3
吉原弁財天
見どころ
博物館・美術館
アミューズメント
寺院
神社
デパート・ショップ
飲食店
カフェ
劇場/ホール
宿泊施設
鶯谷駅
入谷駅
大正小
台東区
今戸2
成館
寛永寺霊園
入谷
入谷1
入谷2
浅草5
今戸1
入谷
言問通り
東京国立博物館
P.37
上野局
上野忍岡高
江戸下町伝統工芸館
国立西洋美術館
P.37
首都高速1号上野線
東北・上越新幹線
松が谷4
北上野2
生涯学習センター
西浅草3
P.37
国立科学博物館
よしもと浅草花月
浅草3
上野駅
上野学園高・中
松が谷3
P.212
浅草駅
浅草花やしき P.31

日暮里

1:18,000
0 ——— 200m
周辺図 P.6

① 谷中・根津・千駄木 P.22

主な地点・施設

- 上中里駅
- 上中里
- 西ヶ原東出張所
- 滝野川小
- 西ヶ原駅
- 尾久駅
- 竹内クリニック
- 西尾久5
- 西尾久4
- 尾久操車場
- 七中
- 尾久宮前小
- 田端変電所
- 尾久小
- 東尾久3
- 東尾久六町
- 東尾久三丁目駅
- 尾久5
- 東尾久2
- 九中
- 尾久1
- 東尾久四局
- 赤土小学校前駅
- 赤土小
- 女子聖学院高・中
- 聖学院高・中
- 中里3
- 田端操車場
- 田端中
- 東田端2
- 田端中央病院
- 新町中
- 日暮里舎人ライナー
- 北区
- 中里2
- 山手線
- 東田端局
- JR東日本
- 田端新町1
- 荒川5
- 中里小
- 八幡神社
- 田端6
- 滝野川七小
- 大龍寺
- 田端文士村記念館
- 駒込駅
- 中里1
- 滝野川一小
- 田端5
- 田端駅
- 田端新町2
- 新三河島駅
- 巣鴨駅
- 駒込1
- 白菊ストア
- 田端3
- 芥川龍之介旧居跡
- 荒川税務署
- 東京メトロ南北線
- 北田端局
- 東覚寺
- 田端1
- 西日暮里6
- 京成本線
- 田端2
- セレス21
- P.14 六義園
- 本駒込5
- 本駒込図書館
- コープ
- 開成中
- 開成高
- 西日暮里駅
- 諏訪台中
- 西日暮里2
- ひぐらし小
- ← P.206
- 財団法人東洋文庫
- 本郷通り
- 本駒込4
- 動坂下
- 不忍通り
- 西日暮里駅
- 本駒込6
- 駒込署
- 富士神社
- 昭和小
- 道灌山下
- P.27 竹工房 翠屋
- P.23 川むら
- 西日暮里2
- 谷中3
- 夕焼けだんだん
- 日暮里駅
- 谷中せんべい P.23
- 東京グリーンコート局
- 八中
- 谷中5
- 朝倉彫塑館
- 東京経営短大村田女子高
- 駒込病院
- 千駄木小
- 岡倉天心記念公園
- 観音寺 P.24
- 天王寺 P.27
- 谷中7
- 本駒込3
- 吉祥寺
- 千駄木3
- P.25 初音の森
- 大円寺
- すぺーす小倉屋 P.26
- 本駒込2
- 南谷寺（目赤不動尊）
- 都営三田線
- 千駄木駅
- 谷中霊園 P.27
- 下石神駅
- 本駒込1
- 蓮光寺
- 駒込高
- 団子坂
- 全生庵
- 谷中6
- 栄松院
- 龍光寺
- 本郷図書館鷗外記念室
- 団子坂下
- 菊寿堂 いせ辰 谷中本店 P.27
- 谷中3
- 白山5
- 京北白山高・中
- 汐見小
- SCAI THE BATH HOUSE P.26
- 京華女子高・中
- 東洋大
- 千駄木4
- 夏目漱石住居跡（猫の家）
- 谷中2
- 大名時計博物館
- 寛永寺
- 白山4
- こむぎこ
- 白山神社
- 白山上
- 向丘2
- 向丘高
- 都文館高・中
- 日本医大
- P.23
- 谷中1
- 台東区立下町風俗資料館付設展示場 P.26
- 上野2
- 東京芸大
- 白山駅
- 白山1
- 円乗寺
- 浄妙寺
- P.26 根津のたいやき
- 根津神社 P.26
- 谷中2
- 護国院
- 東京藝術大大学美術館
- 白山下
- 向丘1
- 誠之小
- 文京学院大
- 弥生1
- 根津1
- 根津小
- 池之端4
- 旧博物館動物園駅
- 小石川植物園
- 東大前駅
- 東京大学農学部
- 根津局
- 根津駅
- 東京都美術館
- 不忍通り
- 水月ホテル鷗外荘（森鷗外旧居跡）
- 春日駅
- 後楽園駅
- 本郷弥生
- ↓ P.213
- 湯島駅
- 言問通り

209

地図上のテキスト（主な地名・駅名・施設名）：

凡例
- 見どころ
- 博物館・美術館
- 演芸場
- 寺院
- 神社
- デパート・ショップ
- 飲食店
- カフェ
- 劇場/ホール
- 宿泊施設

区画記号: D / E / F、1 / 2 / 3 / 4

エリア・区
- 文京区
- 千代田区

主な駅
- 早稲田駅
- 江戸川橋駅
- 神楽坂駅
- 牛込神楽坂駅
- 飯田橋駅
- 市ケ谷駅
- 四ツ谷駅
- 四谷三丁目駅
- 曙橋駅
- 九段下駅
- 半蔵門駅
- 麹町駅
- 後楽園駅
- 護国寺駅
- 茗荷谷駅
- 松河田駅

⑯ 神楽坂 P.94
⑰ 四ツ谷 P.100

ページ参照
- ▲P.206
- P.213➡
- P.214
- P.61 遊就館
- P.61 靖国神社
- P.59 CANAL CAFÉ
- P.95 紀の善
- P.95 神楽坂
- P.98 マンヂウカフェ mugimaru2
- P.98 兵庫横丁
- P.98 かくれんぼ横丁
- P.99 赤城神社
- P.99 カド
- P.99 鳥茶屋
- P.99 宮城道雄記念館
- P.96 若宮八幡神社
- P.97 袖摺坂
- P.98 光照寺
- P.99 尾崎紅葉旧居跡
- P.101 市谷亀岡八幡宮
- P.101 エノテカノーリオ P.105
- P.101 フェアファックス・グリル
- P.101 エドカノ
- P.101 新宿歴史博物館
- P.104 北島亭 P.146
- P.104 於岩稲荷陽運寺
- P.104 於岩稲荷田宮神社
- P.104 たいやきわかば
- P.105 妻家房 四谷本店
- P.105 祥山寺
- P.105 須賀神社
- P.105 西念寺
- P.102 四谷見附橋

主な施設・地名
- 野間記念館
- 新江戸川公園
- 永青文庫
- 史跡関口芭蕉庵
- 椿山荘
- 獨協高・中
- 東京カテドラル
- 東京音大付高
- 拓殖大
- 印刷博物館
- 同人社跡
- リーガロイヤルホテル東京
- 早稲田大・大隈庭園・大隈講堂
- 坪内博士記念演劇博物館
- 早稲田高・中
- 早稲田鶴巻町
- 漱石公園
- 夏目漱石生誕の地
- 牛込二中
- 矢来能楽堂
- 済松寺
- 牛込保健センター
- 多聞院
- 浄輪寺
- 晴和病院
- 新宿山吹高
- 大日本印刷
- 市ヶ谷商高
- 白銀公園
- 善國寺
- 東京理科大学 近代科学資料館
- 牛込見附跡
- 日本歯科大
- 日本歯科大
- 通信病院
- 富士見小
- 白百合学園 中・高
- 法政大
- 三輪田学園
- 靖国神社
- 九段小学舎大
- 東京女子医大
- 成城高・中
- 韓国学校
- 牛込仲之小
- 大日本印刷
- お札と切手の博物館
- 市谷記念館
- 防衛省
- 儀仗広場
- グランドヒル
- 司法書士会館
- 四谷税務署
- 消防博物館
- 愛住院
- 文化放送
- 於岩稲荷田宮神社
- 若葉2
- 新宿通り
- 東郷元帥記念公園
- 東京家政学院短大・高・中
- 大妻女子大・短大
- 山種美術館
- 千鳥ケ淵
- イギリス大使館
- 戦没者墓苑
- 内堀通り
- 半蔵濠
- 麹町学園女子高・中
- 上智大
- 日本テレビ
- 雙葉学園
- 中央総武線
- サクライ
- 永田町駅
- 赤坂見附駅
- 東郷元帥記念公園

道路・交通
- 東京メトロ有楽町線
- 東京メトロ東西線
- 東京メトロ南北線
- 東京メトロ半蔵門線
- 都営大江戸線
- 都営新宿線
- 首都高5号池袋線
- 新目白通り
- 早稲田通り
- 大久保通り
- 外苑東通り
- 靖国通り
- 新宿通り
- 20

新宿・四ツ谷

1:18,000
0　　　200m
周辺図 P.6

上野・浅草・両国・森下・深川

エリア

- ④ 上野 P.36
- ② 浅草 P.28
- ㉚ 両国 P.174
- ㉜ 森下・深川 P.184

凡例

- 見どころ
- 博物館・美術館
- アミューズメント
- 劇場/ホール
- 寺院
- 神社
- デパート・ショップ
- 飲食店
- カフェ
- 温泉
- 書店

主な地点・施設

上野周辺（D1）
- 国立科学博物館 P.37
- 国立西洋美術館 P.37
- 上野学園高・中
- 上野公園
- 台東保健所
- 伊能忠敬墓
- ホテルアスティル上野
- 岩倉高
- 上野駅
- 台東区役所
- 坂東報恩寺
- 上野小
- 下谷神社
- 稲荷町駅

浅草周辺（E1・F1）
- 浅草観音温泉
- 浅草花やしき P.31
- 浅草神社 P.31
- 浅草寺 P.31
- 隅田公園
- 浅草駅
- 木馬亭
- どぜう飯田屋 P.31
- 浅草今半 国際通り本店 P.147
- 浅草梅園 P.29
- 荒井文扇堂 P.29
- 仲見世商店街
- 松ヶ枝屋 P.29
- 浅草演芸ホール P.31
- 満願堂 P.29
- 浅草公会堂
- スターの広場 P.30
- 雷門 P.29
- 浅草東場
- 言問橋
- 東武伊勢崎線
- 墨田区役所
- 枕橋
- 吾妻橋 P.31
- 並木藪 P.31
- 浅草駅 駒形堂
- 東京メトロ銀座線
- 田原町駅
- 熊谷稲荷
- 法泉寺

新御徒町・蔵前周辺（D2・E2）
- 東上野1
- 白鴎小・中
- 元浅草3
- 寿1
- 国際通り
- 駒形1
- 駒形橋
- 東駒形2
- 新御徒町駅
- 春日通り
- 都営大江戸線
- つくばエクスプレス
- 仲御徒町駅
- 佐竹商店街
- 台東4
- 平成小
- 竹町公園
- 秋葉神社
- 蔵前4
- 寿3
- 蔵前駅
- 蔵前3
- 蔵前神社
- 駒形PA
- 厩橋
- 本所1
- ライオン
- 本所2
- 台東区
- 三筋2
- 蔵前小
- 玩具問屋街
- 鳥越おかず横丁 P.179
- 小島1
- 蔵前橋通り
- 蔵前1
- 蔵前2
- 蔵前橋
- 横網1
- 石原2
- 首都高1号上野線
- 鳥越神社 P.179
- 鳥越
- 蔵前署
- 蔵前工高
- べっ甲資料館
- 墨田区

浅草橋・両国周辺（D3・E3・F3）
- 三井総合病院
- 和泉小
- 浅草橋3
- 須賀神社
- 柳橋2
- 同愛記念病院
- 復興記念館
- 慰霊堂
- 木彫資料館
- 二葉小
- YKK
- 亀沢2
- 浅草橋4
- 横網町公園 P.178
- 旧安田庭園 P.178
- 第一ホテル両国
- 日大一高・中
- 浅草橋駅
- 神田川
- 両国 P.174
- 両国駅 P.175
- 両国国技館 P.175
- 東京都江戸東京博物館 P.175
- 江戸蕎麦 ほそ川 P.175
- 亀沢3
- 日本橋女学館高・中
- 両国局
- ちゃんこ川崎 P.179
- 東京モダン亭 P.175
- 総武本線
- 靖国通り
- 都営新宿線
- 一橋高
- お玉ヶ池跡
- 両国橋 P.177
- 船宿街
- 江戸相撲小物 P.178
- 両国高はし P.178
- 岡田屋履物店 P.178
- 緑小

馬喰町・東日本橋周辺（D4・E4）
- 本町2
- 日本橋
- 馬喰町駅
- 東神田1
- 東日本橋駅
- 馬喰横山駅
- 日本中一
- 江戸通り
- 両国花火資料館
- 回向院 P.179
- 両国力士もなか とし田 P.179
- 足袋資料館
- 本所松坂町公園 P.178
- 両国小
- 小伝馬町駅
- 小伝馬町牢屋敷跡
- 小伝馬町局
- 思スクエア
- 中央区
- 日本橋富沢町
- 東日本橋1
- 両国Jct
- 竪川
- 首都高速7号小松川線
- 立川2
- 立川1
- 中和小
- 法務局出張所

浜町・森下周辺（D5・E5・F5）
- 人形町駅
- 久松小
- 浜町一局
- 明治座
- 栗田美術館
- ジュサブロー館
- 浜町駅
- 浜町公園
- 新大橋1
- 新大橋2
- 時雨塚跡
- 新大橋
- 水道局
- 千歳1
- 千歳3
- 都営大江戸線
- ㉜ 森下・深川 P.184
- 森下町局
- 森下駅
- 江戸3
- 菊川1

人形町・清澄周辺（D6・E6・F6）
- 江東区
- 本町
- 人形町駅
- 人形町駅
- 甘酒横丁
- 江戸橋
- 凧の博物館 P.43
- たいめいけん P.43
- 日本橋
- 江戸橋Jct
- 日本橋蛎殻町
- 下町おもしろ工房
- 水天宮前駅
- 水天宮
- 日本橋浜町3
- 清洲橋 P.186
- 浜町
- 江東区芭蕉記念館 P.185
- みや古 P.185
- 常盤 P.185
- 芭蕉庵史跡展望庭園
- 芭蕉稲荷神社（芭蕉庵跡）
- 清澄通り
- 高橋
- 森下1
- 森下3
- のらくろード
- 深川1
- 清澄白河駅
- 萬年橋
- 白河1
- 清澄2
- 東京証券取引所

参照ページ

- ▲ P.208
- ▼ P.216

浅草・上野 1:18,000

赤坂・麻布・六本木エリアの地図

主要スポット・ランドマーク:
- 信濃町駅
- 四谷駅
- 四ツ谷駅
- 学習院初等科
- 慶応病院
- 四谷局
- 南元町
- 信濃町
- 明治記念館
- 東宮御所
- 明治神宮外苑
- 聖徳記念絵画館
- 秩父宮ラグビー場
- 伊藤忠商事
- 外苑前駅
- 青山一丁目駅
- 青山霊園 P.114
- 乃木坂駅
- 乃木神社
- 旧乃木邸 P.131
- Restaurant FEU P.144
- 国立新美術館 P.135
- 政策研究大学院大
- 六本木駅
- サントリー美術館 P.131
- 21_21 DESIGN SIGHT P.131
- 京ばやしや 東京ミッドタウン店 P.130
- Manhattan Deli P.131
- Pizzeria-Trattoria Napule P.131
- Cuisine française JJ P.143
- 檜町公園 P.130
- 東京ミッドタウン P.131
- 赤坂見附駅
- 赤坂トンネル
- 迎賓館
- ニューオータニ
- ニューオータニ美術館
- 紀尾井町
- 麹町駅
- 麹町中
- 平河町
- 半蔵門駅
- ルポール麹町
- 最高裁
- 国立劇場
- 国会図書館
- 永田町駅
- 議員会館
- 国会議事堂
- 国会議事堂前駅
- 桜田門駅
- 東京メトロ南北線
- 日比谷高
- 首相官邸
- 霞ヶ関駅
- 内閣府
- 溜池山王駅
- 赤坂エクセルホテル東急
- 赤坂プリンス
- 豊川稲荷別院
- 山脇学園短大
- カナダ大使館
- 高橋是清翁記念公園 P.129
- akasaka Sacas P.127
- 赤坂璃宮 赤坂本店 P.144
- 赤坂 砂場 P.127
- 日枝神社 P.127
- とらや 赤坂本店 P.130
- 報土寺 P.130
- 古香庵 P.127
- 鹿島KI
- 山王病院
- 赤坂駅
- ②② 赤坂 P.126
- アークヒルズ
- 米大使館
- 大倉集古館
- オークラ
- 谷町Jct
- 六本木一丁目駅
- パストラル
- 六本木1
- 偏奇館跡
- 国際仏教大学院大
- 神谷町駅
- 飯倉
- ストライプハウスギャラリー
- 麻布中
- 麻布署
- 東京シティビュー P.135
- 森美術館 P.135
- 毛利庭園 P.135
- 六本木ヒルズ P.135
- テレビ朝日
- 櫻田神社
- 東洋英和女学院
- café Frangipani P.133
- 麻布小
- 麻布局
- 郵政総合研究所
- ロシア大使館
- 芝高
- 長谷寺 P.115
- 富士フイルム
- 西麻布
- 高樹町
- 西麻布2
- 西麻布3
- 西麻布4
- 高陵中
- APA
- 日赤医療センター
- 日赤看護大
- 順心女子学園
- 広尾駅
- 有栖川宮記念公園 P.133
- ナショナル麻布スーパーマーケット
- 中央図書館
- ドイツ大使館
- 聖心女子大
- 明治屋
- 祥雲寺
- 中国大使館
- 笄小
- 麻布十番 紀文堂 P.133
- IL MANGIARE P.143
- きみちゃん像 P.134
- BLUE & WHITE P.133
- 麻布山 善福寺 P.133
- 仙台坂
- 日本基督教団安藤記念教会 P.134
- 元麻布1
- 元麻布2
- 元麻布3
- 南麻布1
- 南麻布2
- 南麻布3
- 南麻布4
- 南麻布5
- 称念寺
- 麻布税務署
- ル・ブルギニオン P.143
- たぬき煎餅 P.133
- 麻布十番駅
- 新一の橋
- 一ノ橋Jct
- 麻布永坂町 P.125
- 東京タワー P.125
- ギネス世界記録博物館 P.125
- 東麻布1
- 東麻布2
- 赤羽橋駅
- 大門駅
- 芝公園
- 都営大江戸線
- 三田病院
- 簡保事務センター
- 都立民生病院
- 三田高
- 三田2
- 綱町三井倶楽部
- 豪州大使館
- 慶應義塾大
- 麻布十番2
- 本村小
- 白金高輪駅
- 港区

②③ 麻布・六本木 P.132

↑P.210
↑四ツ谷へ
↑P.218
↓本村小
P.217→

渋谷・青山・六本木

1:18,000
0　　　200m
周辺図 P.6

主な地点・施設

- 南新宿駅
- 代々木3
- 代々木1
- ↑P.211
- 新宿三丁目駅
- 鳩森小
- 千駄ヶ谷5
- 中央本線
- 千駄ヶ谷駅
- 創価学会
- 代々木PA
- 代々木駅
- 明治神宮宝物殿
- 原宿署
- 北参道
- 国立能楽堂
- 外苑
- 国立競技場駅
- 都営大江戸線
- 東京体育館
- 秩父宮記念スポーツ博物館
- 聖徳記念絵画館
- 千駄ヶ谷4
- 北参道駅
- 鳩森八幡神社
- 千駄ヶ谷1
- インテス
- 国立霞ヶ丘競技場
- 代々木5
- 代々木
- オリンピックセンター
- 明治神宮
- 神宮会館
- 渋谷区
- 山手線
- 明治通り
- 千駄ヶ谷2
- 明治公園
- 日本青年館
- 第2野球場
- 神宮球場
- 明治神宮御苑
- モロッコ大使館
- 國學院高
- テピア
- 青山高
- 千駄ヶ谷小前
- 東京オリンピック記念道路
- 原宿外苑下
- トルコ大使館
- 北青山2
- 代々木公園 P.109
- バードサンクチュアリ
- 竹下通り
- 東郷記念館
- P.114 Flaneur
- P.114 ワタリウム美術館
- 代々木公園駅
- 代々木八幡駅
- 原宿駅
- 龍の子 P.111
- 神宮前3
- ブラジル大使館
- P.142 Ristorante HONDA
- 神宮前1
- 太田記念美術館 P.111
- BMWスクエア
- 東京メトロ千代田線
- 神宮橋
- 明治神宮前駅
- ⑲ 青山・表参道 P.110
- 井の頭通り
- P.142 OFFICANA di Enrico
- 神宮前4
- 東急ストア
- 代々木競技場
- P.113 キャットストリート
- 表参道ヒルズ P.111
- GYRE
- 表参道
- 南青山3
- NHKホール
- DEFONICS P.111
- 善光寺
- Echika表参道
- NHKスタジオパーク P.109
- 表参道茶寮 P.111
- 表参道駅
- NHK
- 神宮前5
- 北青山3
- C.C.レモンホール
- 渋谷区役所
- 電力館
- 青南小
- 神山町
- 神南小
- たばこと塩の博物館 P.109
- 青山病院
- 南青山3
- P.109 戸栗美術館
- 宇田川町
- 東急ハンズ
- BiOcafe P.107
- 渋谷1
- 国連大学
- 骨董通り P.113
- 根津美術館
- 松濤1
- パルコ
- こどもの城
- (2006年5月～2009年秋まで休館)
- Bunkamura ザ・ミュージアム
- 宇田川カフェ P.107
- P.115 岡本太郎記念館
- P.107 ギャラリーTOM
- 丸井
- P.108 スペイン坂
- 246
- P.115 書斎館
- 鍋島松濤公園 P.107
- 東急
- 西武
- 青山学院大
- P.115 a Piece of Cake
- めがねの博物館
- ⑱ 渋谷 P.106
- 渋谷駅
- 渋谷駅
- 渋谷クロスタワー
- 渋谷
- 駒場東大前駅
- 渋谷区立松濤美術館 P.107
- 渋谷マークシティ
- 東急
- 渋谷署
- 六本木通り
- 首都高3号渋谷線
- 実践女子学園
- 南青山7
- P.108 ハチ公銅像
- 東急プラザ
- 神泉町
- 京王井の頭線
- 神泉駅
- 明治通り
- セルリアンタワー東急ホテル
- 渋谷3
- 東4
- 國學院高
- 東京女学館高・中
- 246
- 渋谷
- 東1
- 池尻大橋駅
- 東急ステイ渋谷 H
- 神泉町
- 桜丘町
- 並木橋
- 東2
- 広尾3
- 首都高3号渋谷線
- 東急田園都市線
- 南平台町
- P.120 OUIJA
- 広尾高
- 渋谷教会
- 鉢山中
- P.120 omni-cafe
- マレーシア大使館
- 乗泉寺
- キャットストリート
- Wanon P.120
- 青葉台3
- 鉢山町
- 広尾小
- 目黒区
- 菅刈小
- P.121 代官山アドレス
- プライムスクエア
- 青葉台2
- 青葉台1
- P.120 かまわぬ
- 猿楽町
- 代官山駅
- 恵比寿駅
- 東3
- ↓P.219

凡例

- 見どころ
- 博物館・美術館
- 寺院
- 神社
- 教会
- デパート・ショップ
- 飲食店
- カフェ
- 宿泊施設
- アミューズメント
- 劇場／ホール

銀座・深川

1:18,000
0　　200m

周辺図P.6

216

地図 P.217

エリア番号
- ⑤ 京橋・日本橋 P.40
- ⑥ 銀座 P.44
- ⑦ 築地・月島・佃島 P.50
- ㉑ 東京タワー・芝大門 P.122

主な駅
- 東京駅
- 日本橋駅
- 二重橋前駅
- 桜田門駅
- 日比谷駅
- 有楽町駅
- 銀座一丁目駅
- 京橋駅
- 宝町駅
- 銀座駅
- 東銀座駅
- 新富町駅
- 築地駅
- 築地市場駅
- 霞ヶ関駅
- 国会議事堂前駅
- 虎ノ門駅
- 内幸町駅
- 新橋駅
- 汐留駅
- 御成門駅
- 大門駅
- 浜松町駅
- 竹芝駅
- 芝公園駅
- 愛宕神社
- 神谷町駅

主な施設・スポット
- 生物学研究所
- 新宮殿
- 伏見櫓
- 二重橋
- 石橋
- 皇居前広場
- 馬場先濠
- 大手町駅
- 新丸ビル
- 丸ビル
- 大丸 東京店
- 大丸ミュージアム・東京
- GranSta
- 八重洲口
- 山本山 P.41
- 日本橋長門
- 日本橋髙島屋
- 日本橋3
- 皇居正門
- 憲政記念館
- 桜田門 P.57
- 警視庁
- 国土交通省
- 総務省
- 法務省旧本館
- 東京高等裁判所
- 祝田橋
- 出光美術館
- 帝劇
- 丸の内パークビルディング
- 三菱一号館
- 東京国際フォーラム
- ブリヂストン美術館 P.41
- 江戸歌舞伎発祥之地
- 警察博物館 P.41
- 京橋の親柱 P.41
- 日比谷公園 P.57
- Hibiya Saroh 食 P.55
- 日比谷松本楼 食 P.55
- 日生劇場
- 有楽町イトシア
- マロニエゲート
- 銀座Velvia館
- ブランタン銀座
- ZOE GINZA
- 「数寄屋橋此処にありき」の碑 P.47
- プルガリ銀座タワー
- 煉瓦亭 食 P.49
- 銀座タニザワ
- トラヤ帽子店
- 京橋ガス灯 P.49
- 旧銀座アパートメント P.46
- 銀座発祥之地 P.46
- ヨネイビル P.48
- タント・マリー P.48
- Patisserie Mon chouchou P.48
- 泰明小学校 P.45
- ル マノアール ダスティン
- 日本の酒情報館
- イイノホール
- 外務省
- 財務省
- 金刀比羅宮
- HOUSE OF SHISEIDO P.45
- GINZA LA TOUR 食 P.145
- 交詢ビル P.45
- アルマーニ/銀座タワー
- グッチビル
- 松坂屋
- 和光 P.48
- 歌舞伎座 P.49
- 銀録館
- 三越
- 銀座4
- 銀座キャピタルホテル
- 中央区役所
- 築地署
- 茶房 鳴神 食 P.49
- 銀之塔 食 P.49
- 銀座 佐人 食 P.45
- 東劇
- つきぢ 田村 食 P.147
- 銀座の柳二世
- 柴井御門跡
- 萬年堂本店
- 銀橋演舞場
- 築地本願寺 P.51
- 瀬川 食 P.51
- 築地場外市場 P.51
- 松下電工本社ビル
- 汐留シティセンター
- 旧新橋停車場
- 松下電工汐留ミュージアム
- 日テレタワー
- カレッタ汐留
- 銀座局
- 汐留メディアタワー
- 汐留タワー
- コンラッド東京
- 朝日新聞社
- 波除稲荷神社
- おさかな普及センター資料館
- かちどき橋の資料館 P.51
- 勝鬨橋 P.51
- 中央築地局
- 築地市場
- 浜離宮恩賜庭園 P.12
- 浜離宮乗場
- 新橋演舞場山東急イン
- 愛宕 P.125
- NHK放送博物館 P.125
- 青松寺
- 慈恵医大
- 正則高
- 赤十字社
- 汐留シオサイト5区 イタリア街
- 浜町1
- アートホテルズ浜松町
- レストラン タテル ヨシノ 芝 P.146
- 芝パークホテル
- 港区役所
- 東京プリンスホテル P.123
- 増上寺 P.123
- 芝大神宮 P.122
- 三解脱門 P.123
- 都営大江戸線
- 世界貿易センタービル
- 芝商高
- 旧芝離宮恩賜庭園 P.20
- ノースタワー
- ホテルアジュール竹芝
- メルパルク東京
- 東京グランドホテル
- 東京ガス
- ヴァンテアン乗場
- ホテルインターコンチネンタル東京ベイ
- 東京プリンスホテル パークタワー
- 旧台徳院霊廟惣門
- 赤羽橋駅
- 芝公園 P.123
- 月島小
- 豊海小
- 朝潮小
- 新島橋
- 東陽
- 勝どき5
- 勝どき6
- 月島駅
- 豊海町
- 晴海埠頭
- 晴海
- 芝3
- セレスティンホテル
- 芝2
- 芝小
- みなと
- 戸板女子短大
- 三田駅
- 田町駅
- 浜崎橋Jct
- 新浜崎橋
- 東芝
- 日の出桟橋乗場
- シンフォニー乗場
- 隅田川
- 朝潮運河
- 豊海町

目黒

1:18,000
0　　　200m
周辺図 P.6

24 白金・高輪 P.136

11 北品川 P.70

218

地図

目黒区

- エジプト大使館 ↑P.215
- 渋谷駅
- 渋谷橋
- 明治通り

A / **B** 代官山 / **C**

- P.144 リストランテ ASO 食
- 東山1 青家 P.121
- 猿楽塚古墳
- P.121 ヒルサイドテラス
- 代官山プラース P.121
- 渋谷区
- 洋書 ハックネット 代官山店
- 恵比寿駅
- 恵比寿1
- アトレ恵比寿
- 東山中
- 目黒川
- 旧朝倉家住宅 P.121
- ゑびす像
- 恵比寿神社 P.120
- 上目黒1
- 代官山アドレス P.121
- ZAPADY-DOO P.120
- **⑳ 恵比寿・代官山 P.116**
- 恵比寿駅
- エビスネオナート
- KKRニュー目黒
- 烏森小
- 中目黒駅
- 東急ストア
- 目黒学院
- P.117 恵比寿麦酒記念館
- 中目黒
- 三越
- サッポロビール

1

- 上目黒3
- 恵比寿南橋
- 恵比寿南2
- P.121 パティスリー ポタジェ
- 目黒区役所
- 正覚寺
- 共済病院
- 防衛省研究所
- 厚生中央病院
- P.117 東京都写真美術館
- 上目黒4
- chamble claire P.11
- 上目黒2
- 中目黒小
- 二中
- 金属材料研究所
- ポーランド大使館
- 三田2
- 三田1
- P.145 LA TABEL de Joël Robuchan 食
- 日の丸
- 祐天寺駅
- 祐天寺1
- 目黒高
- P.117 恵比寿ガーデンプレイス

2

- 上目黒小
- 祐天寺2
- 祐天寺
- 中目黒4
- 清掃工場
- 教育研究所
- 学芸大学駅
- 現代彫刻美術館
- **⑩ 目黒 P.66**
- 中町2
- 目黒区美術館
- 目黒1
- 日出高
- 目黒駅
- アトレ
- 高福
- 中町1
- 目黒3
- 下目黒小
- P.67 大圓寺
- 目黒駅
- 中央町2
- 目黒寄生虫館
- 目黒大鳥神社
- P.67 行人坂
- コロンビア大使館
- 中央町1
- 目黒4
- 目黒雅叙園
- 目黒通り
- 下目黒3
- 下目黒2
- 蟠龍寺
- 十四世喜多六平太記念能楽堂
- アルコタワー
- 杉野服飾大

3

- 目黒郵便局前
- 海福寺 P.68
- 目黒局
- 東京学園高
- 下目黒4
- 五百羅漢寺 P.67
- P.69 目黒不動尊
- らかん茶屋 P.67
- 目黒本町1
- 教育研究所
- 成就院 P.69
- 不動小
- 西五反田

- 目黒本町2
- 林試の森公園 P.69
- 西五反田4
- 第四日野小
- 行元寺
- **見どころ**
- **博物館・美術館**
- 寺院
- 神社
- デパート・ショップ
- 飲食店
- カフェ
- アミューズメント
- 劇場/ホール
- 教会
- 書店
- 宿泊施設
- 目黒本町4
- 小山台2
- 小山台1
- 不動前駅 西五反田5
- 攻玉社工科短大
- 後地小
- 第一日野小
- ホテルルートイン五反田
- 櫻井クリニック

4

- 目黒本町5
- 武蔵小山駅
- 後地
- Patisserie de bon Coeur P.67
- 目黒本町6
- 武蔵小山商店街「Palm」P.68
- 小山台高
- 小山小
- 星薬科大
- 藤原航空
- 荏原1
- 荏原
- 西小山駅
- 小山4
- 荏原3
- 荏原2
- 中原街道
- 品川区保健所
- 戸越
- 戸越銀座駅

219

	掲載ページ
マレーチャン	159
Manhattan Deli	131
みや古	185
明神下 神田川本店	147
もんじゃはざま本店	51

ら 掲載ページ

LA TABEL de Joel Robuchan	145
リストランテ ASO	144
Ristorante HONDA	142
龍の子	111
ル ブルギニオン	143
ル マノアール ダスティン	145
レストラン タテル ヨシノ 芝	146
Restaurant FEU	144
煉瓦亭	49

● カフェ ●

あ 掲載ページ

青家	121
浅草 梅園	29
a Piece of Cake	115
天野屋	33
あんみつ みはし	37
宇田川カフェ	107
omni-cafe	117
表参道茶寮	111

か 掲載ページ

cafe 茶酒 kanetanaka	141
café Frangipani	133
café Lotta	83
鬼太郎茶屋	199
紀の善	95
京はやしや 東京ミッドタウン店	130
金魚坂	33
銀座 佐人	45
珈琲屋ほるん	181
こぐま	173
言問団子	171

さ 掲載ページ

茶房 鳴神	45
chamble claire	117
書斎館	115
千年茶館	141
ZOZOi	159

た 掲載ページ

大坊珈琲店	114

茶席 万亭	195
長命寺桜もち	171

な 掲載ページ

NIGIRO café	195

は 掲載ページ

BiOcafe	107
Flaneur	114
BOWLS café	93
pause	158

ま 掲載ページ

マンヂウカフェ mugimaru2	98
梅舎茶館	158

や 掲載ページ

山本山	41

ら 掲載ページ

らかん茶屋	67

● ショップ ●

あ 掲載ページ

青柳	192
あきおか	71
麻布十番 紀文堂	133
荒井文扇堂	29
OUIJA	120
榮太樓總本舗本店	43
江戸相撲小物 両国高はし	178
岡田屋履物店	178
御菓子司 松月堂	192

か 掲載ページ

かまわぬ	120
菊寿堂 いせ辰 谷中本店	27
旭昇園	192
玉栄堂	86
銀座タニザワ	49
群林堂	155
駒屋商店	137

さ 掲載ページ

サトウ	197
ZAPADY-DOO	120

た 掲載ページ

たいやき わかば	104
高木屋老舗	189
竹工芸 翠屋	27
たぬき煎餅	133
旅猫雑貨店	155
タント・マリー	48

佃源 田中屋	53
佃煮 天安	53
つくだに 丸久	53
ティアドロップ倶楽部	168
DEFONICS	111
とうふの双葉	86
とらや	189
トラヤ帽子店	49
とらや 赤坂本店	130

な 掲載ページ

ニイミ洋食器店	86
日本橋長門	41
ねじめ民芸店	168
根津のたいやき	26

は 掲載ページ

パティスリー ポタジェ	121
Patisserie de bon coeur	67
Patisserie Mon Chou Chou	48
フラウラ	83
BLUE & WHITE	133

ま 掲載ページ

まいづる本店	86
松ヶ枝屋	29
マルジ	192
満願堂	29
まんだらけ中野	165

や 掲載ページ

薬師 但馬屋	165
谷中せんべい	23
吉澤商店	168

ら 掲載ページ

駱駝	168
両国力士もなか とし田	179

わ 掲載ページ

Wanon	120

	掲載ページ
パレットタウン	148
日枝神社	127
氷川神社	162
樋口一葉旧居跡	33
檜町公園	130
日比谷公園	57
兵庫横丁	99
平塚神社	152
ヒルサイドテラス	121
深川不動堂	187
フジテレビ	148
ブリヂストン美術館	41
弁財天	195
報土寺	130
ボロ市通り	84
本所松坂町公園	178
品川寺	73
本門寺公園	75

ま 掲載ページ

水際の散歩道	80
三鷹の森ジブリ美術館	195
宮城道雄記念館	99
向島百花園	173
武蔵小山商店街「PALM」	68
明治学院大学インブリー館	140
目切坂	119
目黒不動尊	69
毛利庭園	135
廻沢のガスタンク	80
森美術館	135
問答河岸碑	72

や 掲載ページ

矢切の渡し	191
薬師アイロード	165
靖国神社	61
谷中霊園	27
柳橋	177
山本有三記念館	197

弥生美術館・竹久夢二美術館	33
遊就館	61
夕焼けだんだん	25
湯島聖堂	35
湯島天神	35
横十間川	181
横綱町公園	178
横山大観記念館	33
四谷見附橋	102
ヨネイビル	48
代々木公園	109
萬屋酒店	76

ら 掲載ページ

六義園	16
良観寺	189
両国国技館	175
両国橋	177
林試の森公園	69
麟祥院	34
霊雲寺	34
蘆花記念園	81
蘆花恒春園	81
六本木ヒルズ	135

わ 掲載ページ

若宮八幡神社	96
和光	48
和田堀緑道	162
ワタリウム美術館	114

● レストラン / 食事処 ●

あ 掲載ページ

青葉 本店	165
赤坂 砂場	127
赤坂離宮 赤坂本店	144
アクア	59
浅草今半 国際通り本店	147
飛鳥山さくら亭	151
IL MANGIARE	143
エドキャノ	101
江戸蕎麦 ほそ川	175
エノテカ ノリーオ	105
OFFICANA di Enrico	142

か 掲載ページ

神楽坂 鳥茶屋	95
カド	98
CANAL CAFE	59

川魚料理 川甚	191
川むら	23
元祖 嶋田家	199
北島亭	146
京料理 京ゆば麺うどん さくらさくら	140
GINZA LA TOUR	145
銀之塔	49
Cuisine française JJ	143
黒船亭	37
古家庵	127

さ 掲載ページ

妻家房 四谷本店	105
しながわ翁	71
新宿 割烹 中嶋	146
随園別館	92
瀬川	51

た 掲載ページ

ダイニングアウト .53	89
たいめいけん	43
ちゃんこ川崎	179
つきぢ田村	147
てん茂	147
東京純豆腐	93
東京モダン亭	175
利庵	140
どぜう飯田屋	31

な 掲載ページ

並木薮	31
野田岩	123

は 掲載ページ

ピッチーファー 2th	89
Pizzeria-Trattoria Napule	131
Hibiya Saroh	55
日比谷松本楼	55
フェアファックス・グリル	101
深川浜	185

ま 掲載ページ

国立西洋美術館	37
国立天文台	201
護国寺	155
骨董通り	113
五百羅漢寺	67

さ　　掲載ページ

西応寺	105
西念寺	105
桜田巽櫓	57
桜田門	57
桜橋	172
笹寺	105
猿江恩賜公園	181
サントリー美術館	131
三宝寺	161
三宝寺池	161
実相寺	77
品川神社	73
不忍池弁天堂	39
芝公園	123
芝大神宮	123
柴又公園	190
柴又帝釈天	189
柴又ハイカラ横丁	189
渋谷区立松濤美術館	107
清水観音堂	38
清水門	60
石神井公園	161
自由学園明日館	159
松陰神社	85
松蔭神社通り商店街	84
祥山寺	104
成就院	69
昭和館	61
神宮外苑イチョウ並木	112
新宿御苑	93
新宿ゴールデン街	92
新宿末廣亭	92
新宿遊歩道公園[四季の道]	89
新宿歴史博物館	101
深大寺	199
深大寺城跡	199
神代植物公園	201
神代植物公園水生植物園	199
SCAI THE BATHHOUSE	26
須賀神社	105

「数寄屋橋此処にありき」の碑	47
スターの広場	30
すぺーす小倉屋	26
すみだ江戸切子館	181
住吉神社	53
関神社	151
世田谷区立郷土資料館	85
世田谷城阯公園	83
世田谷代官屋敷	85
世田谷文学館	79
泉岳寺	137
善國寺	95
全生庵	23
浅草寺	29
禅定院	163
善福寺	71
雑司が谷旧宣教師館	155
雑司が谷霊園	158
増上寺	123
袖摺坂	97
ソニー・エクスプローラサイエンス	148
損保ジャパン東郷青児美術館	89

た　　掲載ページ

大圓寺	67
代官山アドレス	121
太宗寺	93
台東区立下町風俗資料館 付設展示場	26
台東区立下町風俗資料館	39
台場一丁目商店街	148
大坊本行寺	77
大本山永平寺別院 長谷寺	115
大名時計博物館	23
泰明小学校	45
高橋是清翁記念公園	129
凧の博物館	43
たばこと塩の博物館	109
田安門	60
千鳥ヶ淵	59
長命寺	171
築地場外市場	51
築地本願寺	51
月島もんじゃストリート	53
佃波除稲荷神社	52
哲学堂公園	167
デックス東京ビーチ	148

天守台	57
天王寺	27
天文台歴史館	201
東海寺	73
東京国立近代美術館	59
東京国立博物館	37
東京シティビュー	135
東京タワー	125
東京都江戸東京博物館	175
東京都写真美術館	117
東京都庁	89
東京都庭園美術館	141
東京ミッドタウン	131
東京レジャーランド	148
道場寺	163
東禅寺	138
21_21 DESIGN SIGHT	131
戸栗美術館	109
富岡八幡宮	187
鳥越神社	179

な　　掲載ページ

中野サンプラザ	165
中野ブロードウェイ	165
名主の滝公園	151
鍋島松濤公園	107
西仲通レトロ交番	52
日蓮聖人像	76
日本基督教団安藤記念教会	134
日本銀行本店	43
日本国道路元標	42
日本サッカーミュージアム	35
日本橋	43
日本橋魚市場発祥の碑	42
二本松榎の碑	138
根津神社	26
乃木神社	131

は　　掲載ページ

ハーモニカ横丁	196
HOUSE OF SHISEIDO	45
芭蕉庵史跡展望庭園	185
ハチ公銅像	108
初音の森	25
八芳園	140
鳩の街通り商店街	173
花園神社	92
浜離宮恩賜庭園	12

索引

● 観光スポット ●

あ　　　　　　　　　掲載ページ

項目	ページ
青物横丁商店街	72
青山霊園	114
赤城神社	98
akasaka Sacas	127
秋葉神社	172
アクアシティお台場	148
赤穂義士の墓	137
浅草演芸ホール	31
浅草観音温泉	31
浅草神社	31
浅草花やしき	31
麻布山 善福寺	133
飛鳥山公園	153
愛宕神社	125
吾妻橋	31
アメ横商店街	39
新井薬師	167
新井薬師公園	166
有栖川記念公園	133
池上梅園	77
池上本門寺	75
威光山 法明寺	159
市谷亀岡八幡宮	101
一心寺	71
伊能忠敬測地遺功表	124
井の頭恩賜公園	195
井の頭自然文化園	197
上野大仏	38
上野東照宮	37
牛嶋神社	171
永代橋	186
回向院	179
江戸木目込人形博物館	171
NHKスタジオパーク	109
NHK放送博物館	125
荏原神社	71
恵比寿ガーデンプレイス	117
恵比寿神社	120
ゑびす像	118
恵比寿麦酒記念館	117
恵比寿南橋	118
於岩稲荷田宮神社	104
於岩稲荷 陽運寺	104
王子稲荷神社	151
王子神社	151
大石良雄外十六人忠烈の跡	137
太田記念美術館	111
大手門	55
大鳥神社	156
岡本太郎記念館	115
小栗横丁	96
尾崎紅葉旧居跡	98
お台場海浜公園	148
音無親水公園	153
表参道ヒルズ	111
olinas錦糸町	183

か　　　　　　　　　掲載ページ

項目	ページ
海福寺	68
科学技術館	59
神楽坂	95
かくれんぼ横丁	99
粕谷の竹林	80
粕谷八幡神社	81
勝鬨橋	51
かちどき 橋の資料館	51
葛飾区 山本亭	191
葛飾柴又寅さん記念館	191
歌舞伎座	49
雷門	29
亀戸天神	183
亀戸天神通商店街	182
亀島弁財天	200
烏山川緑道	83
烏山神社	79
烏山念仏堂	79
願行寺	73
神田明神	35
観音寺	24
北桔橋門	56
鬼子母神堂	158
北の丸公園	59
吉祥寺サンロード	197
ギネス世界記録博物館	125
きみちゃん像	134
キャットストリート	113
ギャラリー TOM	107
旧朝倉家住宅	121
旧岩崎邸庭園	33
旧銀座アパートメント	49
旧大番所	55
旧芝離宮恩賜庭園	20
旧同心番所	55
旧乃木邸	131
旧百人番所	55
旧古河庭園	153
旧安田庭園	178
行人坂	67
京橋のガス灯	41
京橋の親柱	41
清洲橋	186
清澄庭園	18
銀座発祥の地	46
錦糸堀公園	182
銀録館	45
楠木正成像	56
九段会館	60
久米繊維	183
警察博物館	41
小石川後楽園	14
皇居二の丸庭園	55
交詢ビル	45
光照寺	98
江東区芭蕉記念館	185
江東区深川江戸資料館	185
豪徳寺	83
弘福寺	171
国立印刷局 滝野川工場	153
国立科学博物館附属自然教育園	141
国立科学博物館	37
国立新美術館	135

STAFF

企画・編集・制作 株式会社K&Bパブリッシャーズ

栗野 康和	内野 究	篠塚 和子
谷口 裕子	山田 尚志	吉村 重実
浅野 裕美	尾崎 健一	牛越 さやか
後藤 孝宏	吉野 美晴	佐久間 葉子
西山 京太	大久保 歩美	早川 太一郎
勢田 朋来	渡辺 薫	山口 育恵
長谷川麻稚子	標 英俊	

取材・執筆・撮影
遠藤優子	成沢拓司	柿沼隆
安田真樹	阿部勇司	真嶋和隆
村山博則	村山春樹	松井丈二

地図制作 トラベラ・ドットネット株式会社
地図制作 DIG.Factory　北海道地図　星 賢治
アットミクスト　アルトグラフィックス

イラスト モリナオミ

プロデューサー 河村季里

SPECIAL STAFFS 大日本印刷(株)　大浜 武　上田 敏雄
(株)DNPメディア・アート　小原 一宏
大日本商事(株)　和田 直人
(株)DNPトータルプロセス前橋

総括責任者	大沢 隆司	製版管理	小林 裕介
進行担当	小林 睦美	品質保証	渡辺 貴元
PD	牛口 智子	分解担当	小山 雅樹
データ管理	田中 成人		

東京 散歩マップ

発　行／2009年12月1日
編　集／散歩マップ編集部
発行人／風早健史
発行所／成美堂出版
　　　　〒162-8445 東京都新宿区新小川町1-7
　　　　☎(03)5206-8151
　　　　FAX(03)5206-8159
印　刷／大日本印刷株式会社

©SEIBIDO SHUPPAN 2009
PRINTED IN JAPAN
ISBN978-4-415-30508-0

本書で掲載した地図の作成に当たっては、国土地理院長の承認を得て、同院発行の5万分の1地形図及び数値地図2500（空間データ基盤）を使用したものです。(承認番号 平20業使、第398号)
※落丁、乱丁などの不良本はお取り替えします。
※定価はカバーに表示してあります。